組織の壁を越える

「バウンダリー・スパニング」6つの実践

BOUNDARY SPANNING LEADERSHIP

Six Practices for
Solving Problems, Driving Innovation,
and Transforming Organizations

クリス・アーンスト
ドナ・クロボット＝メイソン
Chris Ernst & Donna Chrobot-Mason
三木俊哉＝訳　加藤雅則＝解説

英治出版

本書を家族に捧げる。

子どもたち――マドレーヌ、ウィルソン、アレックス、エマリーへ。境界があるところに橋を架ける勇気と思いやりのある人になってください。

両親ときょうだい――エメリー、クリス、アンディ、サラ、ディック、キャロル、ラリー、ウィニフレッド、アグスティン、リア、メアリーへ。みんなは、私たちが新しいフロンティアを見つけるエネルギーの源です。

そして夫のデイブ、妻のウィニフレッドへ。境界のない無限の愛とサポートをありがとう。

BOUNDARY SPANNING LEADERSHIP

Six Practices for Solving Problems, Driving Innovation, and Transforming Organizations

by

Chris Ernst and Donna Chrobot-Mason

Japanese translation rights arranged with
McGraw-Hill Global Education Holdings, LLC.
through Japan UNI Agency, Inc., Tokyo

組織の壁を越える　目次

編集部注

＊理解を深めるための一助として、原書にはない改行の処理を施した。

＊原書では冒頭に位置づけられている謝辞を巻末に移動した。

＊訳注は〔　〕内に記した。

序文

現代の組織には昔ながらの階層《ヒエラルキー》があり、情報は指揮命令系統に沿って上下に整然と流れる。組織内の集団《グループ》はそれぞれの境界線《バウンダリー》のなかに分断される。場所や機能ごとにまとまった集団メンバーはきわめて同質性が高い。情報やリソースなど、さまざまなものの流れをコントロールするために、われわれは組織の階層を利用する。上下の階層の人たちと仕事をどう調整したらよいかはわかっているし、特定の部門、場所、地位の人たちに何を期待できるかも知っている。しかし技術的、地政学的、社会的な変化によって、情報は縦方向だけでなく、横にも斜めにもらせん状にも流れるようになった。その結果、新しいコミュニケーションチャネルが生まれ、長年の慣習が変化し、「誰が何を知っているか」に基づくパワー配分が分散し、組織は大きく混乱している。

組織のこの変化が意味するのはつまり、リーダーの役割を担う人は、垂直方向に加えて、職業、階層、場所、家柄、国籍、宗教、その他さまざまな特徴や信条にかかわらず、あらゆる方向のあらゆる人々といかに働くかを理解しなければならないということだ。いまの社会でリーダーシップの優位性を手にするのは、他人と密接に結びつき、さまざまな地位、経歴、場所の幅広い人たちと仕事ができる人である。そのためにはアーンストとクロボット＝メイソンが

「バウンダリー・スパニング・リーダーシップ（境界・壁を越えるリーダーシップ）」と呼ぶ新しい実践が必要になる。これによってリーダーは異なる情報源や視点を組み合わせて、著者が言う「ネクサス効果」を生み出すことができる。ネクサス効果とはすなわち、各集団が一致協力して達成できる（単独では達成できない）無限の可能性や優れた成果をいう。

本書を読めば、この新しい環境で一歩先んじるのに必要なスキルを理解できる。その理解の端緒となるのは、マキシン・ダルトンと私が企画し、センター・フォー・クリエイティブ・リーダーシップ（ＣＣＬ）の何人かの社会科学者が行った野心的なプロジェクト「リーダーシップ・アクロス・ディファレンシズ（ＬＡＤ、違いを越えたリーダーシップ）」である。当初のねらいは、歴史的に対立してきた各集団が協力しなければならないという点に焦点を当てることだった。だがやがて、現代の組織は歴史的に対立または緊張関係にあった人々同士を緊密に接触させ、彼らに協業を求めていることがわかった。私たちは、組織のリーダーがさまざまな見解や視点を持つ人々をどのように歓迎し、受け入れ、統合すればよいかというモデルを開発したいと思った。全世界の著名な専門家（ドナ・クロボット＝メイソンがその代表）やパートナーと協力して、ＬＡＤのプロジェクトチームは、組織のメンバーを束ねて特定の目標や目的に責任を持たせるためのスキル（いわば二一世紀のリーダーシップスキル）を知ろうとした。ねらいは、前の世代なら大きな対立の原因になったかもしれないさまざまな経歴やアイデンティティの持ち主の共同作業をふまえて、リーダーシップに関するケーススタディを作成することだ。

このプロジェクトではスペイン、香港、スコットランド、南アフリカ、ブラジル、フランス、米国、ヨルダン、インド、日本、シンガポール、ドイツの組織を調査した。いろいろな国の組織の実態を知ることで、リーダーと言われる人たちが深い溝を越えて人々をとりまとめる際の一助になるノウハウを抽出できる、と考えたのだ。大手多国籍企業、政府機関、大学、NGOなど、プロジェクトの資金提供者も同じ思いだった。

本書はこの調査の成果である。社会科学者のチームが収集した二五の組織のデータをもとに、著者は「違いを越えたリーダーシップ」のための「使える戦術」を突き止めた。またそのなかで、この戦術や実践術が、さまざまな歴史や視点、価値観、文化を持つ人々が集まることで生じる各種の溝のほか、組織内の人間関係に見られるさまざまな溝を埋めるのに役立つと気づいた。その後のCCLのプロジェクト「リーダーシップ・アット・ザ・ピーク（最高のリーダーシップ）」では、経営幹部クラスの人たちにバウンダリー・スパニング全般について尋ねた。その結果、先ほどの戦術が、アイデンティティの対立が深く根づいている場合だけでなく、さまざまな部門や場所から集まった人たちのあいだにもっとよく見られる、ちょっとしたアイデンティティの衝突にも役立つことがわかった。変化を続ける現代の組織に多いのは、むしろそんな小さな衝突である。

本書は非常にタイムリーだ。リーダーシップの優位性は、異なる情報や人間をうまく統合できる人や組織が手にする——そんな印象が日に日に強くなっている。高いレベルのバウンダリー・スパニングを必要とするリーダーが増えるなか、本書で紹介される、相互協力やつながりを重視するアプローチはますます重要性を増している。現代のリーダーは、組織内の多様な壁を越えてリーダーシップを発揮する術《すべ》を理解しなければならない。かつて憎き敵だった人同士で生産的な組織をつくるという意味でも、ビジネスのライバルだった人たちを協力させて組織を前に進めるという意味でも、これはきわめて重要である。人はどこにいようが安全地帯から抜け出し（勝手知ったる垂直方向のやりとりに依存せず）、もっと情報に通じた大きなコミュニティと関わりを持たなければならない。

リーダーシップに関する本は数多いが、本書の実践的なアドバイスは群を抜いている。本書は研究・調査に基づくアプローチ――仮説や希望的観測ではなく、CCLをはじめとする厳格な調査に基づく解決案――を提供しながら、差異をはらむ人間同士の健全な交流を支える原理・原則を明らかにしようとする。アーンストとクロボット＝メイソンはこの一連の研究を、組織内の各人が利用できるツールや枠組みに落とし込んだ。さらに、これらの戦術を読者が実際に応用するための質問、活動、内省の機会も用意する。本書は、アイデンティティをはじめとする人間の特徴が組織の目標とどう関わり合うかを知るための実際的アプローチを提供する。情報が豊かな多文化社会に生きる人々の創造性や生産性を高める――そんなリーダーシップ能力を築くための方法を伝授する。

CCLシニアフェロー
マリアン・N・ルーダーマン

はじめに

いまのグローバルな世界は境界がなくフラットだと言われるが、人間関係にはまだまだ厳然たる境界や制約があるというのが私たちの認識である。

トーマス・フリードマンのベストセラー『The World Is Flat』が二〇〇五年（訳書『フラット化する世界』は日本経済新聞社より二〇〇六年）に刊行されて以来、ビジネスの世界はけっしてフラットではなかった。グローバル金融危機、気候変動、エネルギー危機、政情不安に宗教不安……。なぜ世の中はますますでこぼこ化するのか？ もちろん答えはひとつだけではないが、いまや物理的世界のつながりが人間同士のつながりを凌駕した感がある。インターネットやコラボレーション技術の進歩により、人々の協業を妨げていた物理的境界の多くが取り払われる一方、人間関係の境界はいまなおくっきり存在しつづけている。フラットな世界では、集団間の境界を橋渡しするのがリーダーの新しい重要な仕事である。

われわれがいま直面する重要課題は相互依存の関係にあり、各集団が一致協力することでしか解決できない。企業や政府、組織、コミュニティが現状の問題を解決し、新たな機会を実現するためには、リーダーは集団の境界やアイデンティティを越えて考え、行動しなければならない。「バウンダリー・スパニング・リーダーシップ」は、より高いビジョンやゴールをめざし、集団の境界を越えて方向性《ディレクション》、団結力《アラインメント》、責任感《コミットメント》を築く能力である。それにはまず、垂直・水平方向の境界、ステークホルダーとの境界、人口属性の境界、地理的な境界に対する理解を新たにしなければならない。そのためには「バッファリング（Buffering, 和らげること）」「リフレクティング（Reflecting, 映し返すこと）」「コネクティング（Connecting, つなげること）」「モビライジング（Mobilizing, 結集させること）」「ウィービング（Weaving, 織り合わせること）」「トランスフォーミング（Transforming, 変容させること）」という六つの実践が必要である。そしてその結果、いまある境界があすには限界なきフロンティアに変化する。

私たちが学んだのは、異なる集団が衝突し、交わり、つながる場所には、無限の可能性や素晴らしい成果を引き出す連結点《ネクサス》が形成されやすいということだ。集団をつなぐネクサスには、喫緊の問題を解決するための方向性、団結力、責任感が築かれる。イノベーションを促すための新たな協業が築かれる。あなたの仕事、事業、コミュニティを変えるチャンスがそこには待っている。

私たちはどのようにしてこの結論にたどり着いたのか？　どのようにして「バウンダリー」を、境界や限界としてだけでなく、先進的・画期的な思考が存在するフロンティアとして捉えるようになったのか？　そこへ至る道のりでは、私たち自身が著者として境界を越えて協力する必要があった。一〇年間のハードワークが必要だった。その途上、やはり制約に直面した。それは私たち自身のなかの制約であり、全世界のあらゆる同業者たちとの協働につきまとう制約である。世界の六つの地域（アフリカ、アジア、ヨーロッパ、中東、北米、南米）にまたがる研究プロジェクトを行う共同チームの一員として、私たちは境界を越えるのが一筋縄ではいかないことを経験的に知っている。だがまた、集団をつなぐネクサスに、新しいアイデアやわくわくする可能性が現れることも身をもって理解している。

しかし何よりも、私たちはあなたのような人たち——境界を越えて考え行動しようとするリーダー——から学んできた。世界中のリーダーおよび彼らの組織と仕事ができたのは、とても光栄なことだった。そしてそれは、研究者として、実務家としての私たちの思考に大きな影響を与えた。

研究者としては、得られたデータに衝撃を受けた。私たちは、二八〇〇を超える調査回答と三〇〇近いインタビューのデータベースを作成した。多くの国にまたがり、多くの方法が関わるプロジェクトだったため、たったひとつの国、たったひとつの方法を用いた場合よりも包括的で力強い結論を引き出すことができた。そのデータを分析し、他の分野の研究や理論と照合した結果、リーダーがもっと大きな目標を達成するためにさまざまな境界にまたがって——世界中のいろいろな文脈や文化を越えて——行動する必要がある場合、本書で紹介する六つの実践が必ず役に立つことがわかった。

実務家としては、得られたストーリーに感銘を受けた。全世界のリーダーから聞いたストーリーには重要な教訓が含まれていた。それはリーダーシップへの新しいアプローチを示す道しるべである。CCLのチームが集めたデータ、私たちが見直した既存の理論や研究が本書執筆の土台になった。しかし、リーダーたちの生のストーリーを聞いて私たちは、重要な意味を持つだけでなく、行動のヒントにもなるような本を書けると確信した。自分たち自身の境界を越えて思考・行動し、現状を打破し、新しいやり方を試すことができるはずだと気づかされた。そして、これらのストーリーは他の人たちにも同じ影響を及ぼすことができると思いはじめた。

ドナは南アフリカのストーリーにとりわけ心を動かされた。ある大手保険会社（仮にA保険とよう）の黒人グループと白人グループのあいだに根強い壁が存在することを知った。A保険のような企業の社員はいまなお、ネルソン・マンデラが大統領に選ばれた一九九四年の「激変」——アパルトヘイトや五〇年近くも法的に認められた人種差別の終焉を予感させた——と折り合いをつけきれずにいる。第4章で見るように、政権交代は文字どおり一夜にして起きたが、同社のリーダーや社員は、人心を変えるにはまだまだ時間がかかることを思い知らされている。

ドナは言う。「A保険のリーダーが経験している痛みや、彼らが社内の深い溝を埋めるための十分な環境を与えられていないことに心を動かされました。私はこの一〇年、研究・執筆・教育活動を通じて、リーダーは差異をメリットや競争上の強みと捉えるべきだと言ってきましたが、南アフリカの話を知って、差異を越えた協力がいかに難しいかを本当に——おそらくは私のキャリアのなかで初めて――理解することができました。テクノロジーは協力を可能にする要因ではあるけれど、それ自体が答えではないことがはっきりしました。答えはもっと深いところにあります。われわれは、人の心を分断しつづける境界線の心理的・関係的な側面に対応できる能力を身につけるまで、今後も境界を越えて手を携えるのは難しいでしょう。学生たちやリーダーがこうした境界を克服する力を身につけ、集団同士の協力がもたらすポテンシャルを活かせるよう、私は学者そして教育者としてもっとできることがあると気づきました」

クリスはインドのNPO「チャイルド・リリーフ・アンド・ユー（CRY）」のリーダーたちや、彼らに聞いたストーリーを忘れることはないだろう。彼は言う。「バンガロール、デリー、カルカッタ、ムンバイ、あるいは地方のさまざまなオフィスで、二週間にわたってCRYのスタッフにあわただしくインタビューをしました。CRYは支援対象である子どもたちの近くにいることを重視してインドの貧しい地域にオフィスを置いているので、移動には飛行機、列車、バス、タクシー、モペッド、トゥクトゥク、自転車タクシーなど、ありとあらゆる交通手段を使いました。各地のオフィスに着くと、そのオフィス独自の活気をすぐに感じ取ることができます。でもインタビューをしていると、そうした地域ごとの特色を越えた連帯感みたいなものがとても大きいのだとわかります。それぞれのオフィスにはその集団ならではの経験や経歴、専門性があるのですが、第8章で述べるように、CRYは地域ごとの境界を越えて創造的に協力しあい、胸躍る新たな戦略的フロンティアを実現していました」

「インドでリーダーたちに教わったストーリーから、私は仕事上の大きな刺激を受けました。当時、私はCCLのシンガポールオフィスに駐在していました。仕事は、アジア太平洋地域でCCLの研究・イノベーションユニットを立ち上げること。それには中国やインド、東南アジアから集まってくる研究者をマネジメントしながら、ヨーロッパや米国におけるCCLのグローバルな研究活動にもキャッチアップしなければなりません。わが研究チームは三年間で（CRYのように）さまざまな分野の経験や専門性を統合し、新しい可能性を実現することができました。各人の文化的体験を共有する、メンバー間で依頼や自慢をし合う、共通の関心事について深掘りする、などの日常的なチーム活動が、新しい知見や貴重な成果につながることもしばしばでした」

「しかし率直に言って、そうした幅広い文化や経験、専門分野を越えてチームをまとめるのは大変でした。どうしていいのかわからず途方に暮れ、自分の限界に苛立ち、この先どうなるのか心許なく感じる時もありました。そんな時はインドで聞いた話に勇気づけられました。そうしたストーリーと、わがチームが実現した数々の成果を思い出して、集団をつなぐネクサスで何が起こり得るのかをあらためて自分に言い聞かせました」

私たちは、研究者および実務家としての一〇年間の活動を通じて、かつてないほどでこぼこな（非フラットな）世界でリーダーが直面する多くの課題を鳥瞰できるようになった。本書では、その間に学んだこと——成功のカギ、避けるべき落とし穴——をお伝えしたい。

バウンダリー・スパニング・リーダーシップは、個人、集団やチーム、そしてもっと大きな組織やシステムのなかに、そしてそれらの枠組みを越えた場所に存在する。私たちが焦点を当てるのは、あなただ。あなたがバウンダリー・スパニング・リーダーシップの協創的なスキル、考え方、行動をどうマスターするかだ。企業のＣＥＯ、中間管理職、プロジェクトマネジャー。ＮＰＯのスタッフ、地域のまとめ役。人事の専門家、教育者、コンサルタント。いろいろな仕事があるだろう。ブラジル、中国、ドイツ、米国。働く場所もさまざまだろう（一年間にその四カ国すべてで働いたという人もいるかもしれない）。でもそれらに関係なく、私たちが伝えたいコアメッセージはひとつである。すなわち、先に挙げた六つの実践により、いまある境界線を限界なきフロンティアに変え、革新的なソリューションを生み出し、組織を成功へ導くことができる――。つまり本書のほかならぬねらいは、集団をつなぐネクサスであなたが優れた成果をあげられるようサポートすることである。

はっきりさせておこう。バウンダリー・スパニング・リーダーシップにはそれなりの覚悟がいる。組織図の縛りを外れ、ステークホルダーの利害を度外視し、所属する部門や集団の壁を越えてリーダーシップを発揮するのは容易ではない。「私たち」と「彼ら」の壁を越え、「私たちみんな」をめざすには、たゆまぬ努力が必要である。あなたという人間を形づくる文化的、組織的、宗教的、政治的、国家的な世界観から抜け出し、身近な場所で起こるアイデアの衝突を受け入れるのは生半可なことではない。

それでも、バウンダリー・スパニング・リーダーシップは実行可能である。米国南東部の田舎町から香港のきらびやかな摩天楼まで、あるいは近代シンガポールの高台からヨルダンの雑踏まで、バウンダリー・スパニングのリーダーが、人々を分断する境界を無限の可能性や別の未来に転換しているさまを、私たちは研究させてもらうことができた。

フラットな世界の境界線をナビゲートし、複雑で不透明な時代に適応するための新しい知見や実践を、本書が提供できればと思う。本書で紹介するアイデアをぜひ実行に移し、みんながもっと協力しあえる未来を築いてほしい。世界中のリーダーたちが語ってくれたストーリーの持つ危うさと明るい展望、その両方を体感してほしい。私たちが彼らのストーリーに鼓舞されたのと同じくらい、読者のあなたもそのストーリーに刺激を受けることを願っている。

序章

ニューヨーク市にあるインターナショナル・ファイナンシャル・グループ（ＩＦＧ）のグローバル本社の七九階。ポール・アンドリュース（仮名）は電話会議室にひとりで座っていた。ここ何年かで最も野心的といえる全社プロジェクトが進んでおり、それに関する会議を終えたばかりだった。新しい金融サービスソリューションを、半年以内に南北アメリカ、ヨーロッパ、アジアで同時に立ち上げるというプロジェクトである。何分か前まで、五つの部門、三つのマネジメント層、一一の国、四つのサプライヤー、顧客グループ、そしてありとあらゆる多様な人々の顔が、まるで面と向かって並んでいるように壁一面のスクリーンに映し出されていた。

革新的なサービスを開発・提供する適任者として、会社はこの意欲的で才能と経験豊かなメンバーを選んだのだが、目下のところ、ポールには戸惑いがある。このドリームチームは、会議のなかで見受けられた溝や亀裂を果たして克服できるだろうか？　自分のリーダーシップでメンバーをもっと協力させられるだろうか？　多様なメンバーがいっしょに働いていることのメリットとデメリットについて、思うところを書き出し、原因について考えてみる。

自分のチームについて考えるなかでポールは気づく。コラボレーションの可能性が大いにあるはずの世界でも、人々を区分する強力な境界線が厳然と存在する、と。IFGであれ、あなたが属する組織やコミュニティであれ、境界は人々を「私たち」と「彼ら」に分断する。一時的なもの、深く根づいたものを含め、こうした境界は垂直方向や水平方向に、また、さまざまなステークホルダーの集団、人口属性の集団、地理的な集団の周囲に築かれる。理想としては、組織やコミュニティは、幅広い専門性、多様な経験、さまざまなアイデンティティに由来するコラボレーションやイノベーションを活用できる。しかし実際には、「バウンダリー」は制約や制限を生み、無駄な対立や非生産的な分裂につながる障壁として機能することが多い。

バウンダリー（boundary）という語にはふたつの意味がある。

① 境界や限界を示すもの。国境線、境界線。
② フロンティア。最も先進的な、または新しい活動領域。
――『Random House Dictionary』二〇〇九年版より

本書では、バウンダリーが組織やコミュニティのなかで、ふたつの異なるものとして経験される可能性があるという点について検討する。ひとつは、人間の可能性を限定し、創造性や革新性

デメリット	メリット
溝：上層部と中間管理層のあいだの信頼の欠如。	パートナーシップ：アジアの上層部と中間管理層はビジョンを共有し、足並みがそろっている。
サイロ〔組織の縦割り・タコツボ化〕：研究開発部門と事業部門の認識の違い。敬意の欠如。	協調：マーケティングと営業のつながりは良好。多大なイノベーションポテンシャル。
縄張り争い：サプライヤー同士の主導権争い。サプライヤーはいわば部外者で、目的を共有していない。	共通の土台：顧客グループからの優れたフィードバック。顧客が当社にどのようなソリューションを望んでいるかが明確。
ジェネレーションギャップ：若手メンバーは最先端テクノロジーを好むが、ベテランはそれを脅威と感じる。脅威を克服するための安全弁が必要。	エンゲージメント：幅広い視点を共有する意欲があり、多様性が強みと見なされる。
文化の衝突：ヨーロッパ人に不足する当事者意識。米本社の次なるプロジェクトにすぎないとの思い。	グローバルな発想：グローバルなソリューションを生み出そうとする活力。地域を越えた思考へのコミットメント。

を制限し、ビジネスや社会にとって必要な変化を抑え込む障壁として。もうひとつは、最も先進的な思考やブレークスルーの可能性が存在するフロンティアとして。可能性を制限する境界線と、限界なきフロンティアとの違いを説明するものは何か？　それはリーダーシップである。

今日の見慣れぬ「地形」を旅するにあたって、われわれは自身のチームや組織を取り囲む境界線を越えて思考・行動することを求められる。革新的なソリューションを提供するためには、現状の境界を越えること、集団が衝突し、交わり、つながる結節点《ネクサス》に新たなフロンティアを見いだすことが必要になる。

ＩＦＧのポールのように、われわれの多く――経営幹部、役員、工場長、地域のまとめ役――は、変化の激しいリーダーシップ環境のなかでどう考え、振る舞うべきか迷っている。バウンダリーという課題に向き合うには、集団の新しいまとめ方、そしてリーダーシップの新しい実践法を知らなければならない。

バウンダリー・スパニング・リーダーシップを構成するのは、集団をつなぐネクサスにおいてリーダーであるための六つの実践――「バッファリング」「リフレクティング」「コネクティング」「モビライジング」「ウィービング」「トランスフォーミング」――である。これらの実践により境界線を新たなフロンティアに変え、その結果、問題を解決し、革新的なソリューションを生み出し、組織をフラットな世界で成功へ導くことができる。

そのなかで、以下のような新しい可能性や成果が得られる。

- 市場の変動に対応できる機動性の増大。
- 組織全体のイノベーションプロセスの高度化。
- 目標利益の達成。
- あらゆる階層で活性化した職場の実現。
- 問題を解決し変化に適応するための、柔軟で部門横断的な学習能力。
- 全員の力を最大限に引き出す、快適・多様・包括的な組織。
- 顧客ともっと深くてオープンな関係を築く能力。
- 部門を越えた持続的なパートナーシップによる、リスク・リワード管理の向上。
- 合併・買収した組織の統合強化。
- 組織の社会的責任の向上。
- バーチャルチーム〔物理的に離れた場所で仕事をするメンバーで構成されたチーム〕のパフォーマンス向上。
- グローバルなマインドセット、地域を越えた協力。
- 組織全体で団結し、方向性や責任感を共有する能力。

こうした成果の実現は理想であると同時に、必要不可欠なビジネスの現実でもある。垂直・水平方向の境界、ステークホルダーとの境界、人口属性の境界、地理的な境界を越えて人々をリードするための新しいアプローチが必要である。私たちはこれをバウンダリー・スパニング・リーダーシップと呼ぶ。

バウンダリー・スパニング・リーダーシップ概論

バウンダリー・スパニング・リーダーシップとは、より高いビジョンやゴールをめざし、集団の境界を越えて方向性《ディレクション》、団結力《アラインメント》、責任感《コミットメント》を築く能力である。[1・2] リーダーシップの六つの実践により、集団のなかに方向性、団結力、責任感を築き、組織の重要な成果を実現する。これらの実践は、集団やチーム、部門、ユニット、組織、コミュニティを越えたやりとりのなかに存在する。バウンダリー・スパニング・リーダーとしてのあなたの仕事は「橋を架ける」ことであり、その仕事のなかで求められる役割は、六つの実践のための「スペース」を提供することである。図Ⅰ・１に例を示す。

ＩＦＧのポール・アンドリュースの任務は、さまざまな部門、

図 I.1　バウンダリー・スパニング・リーダーシップ

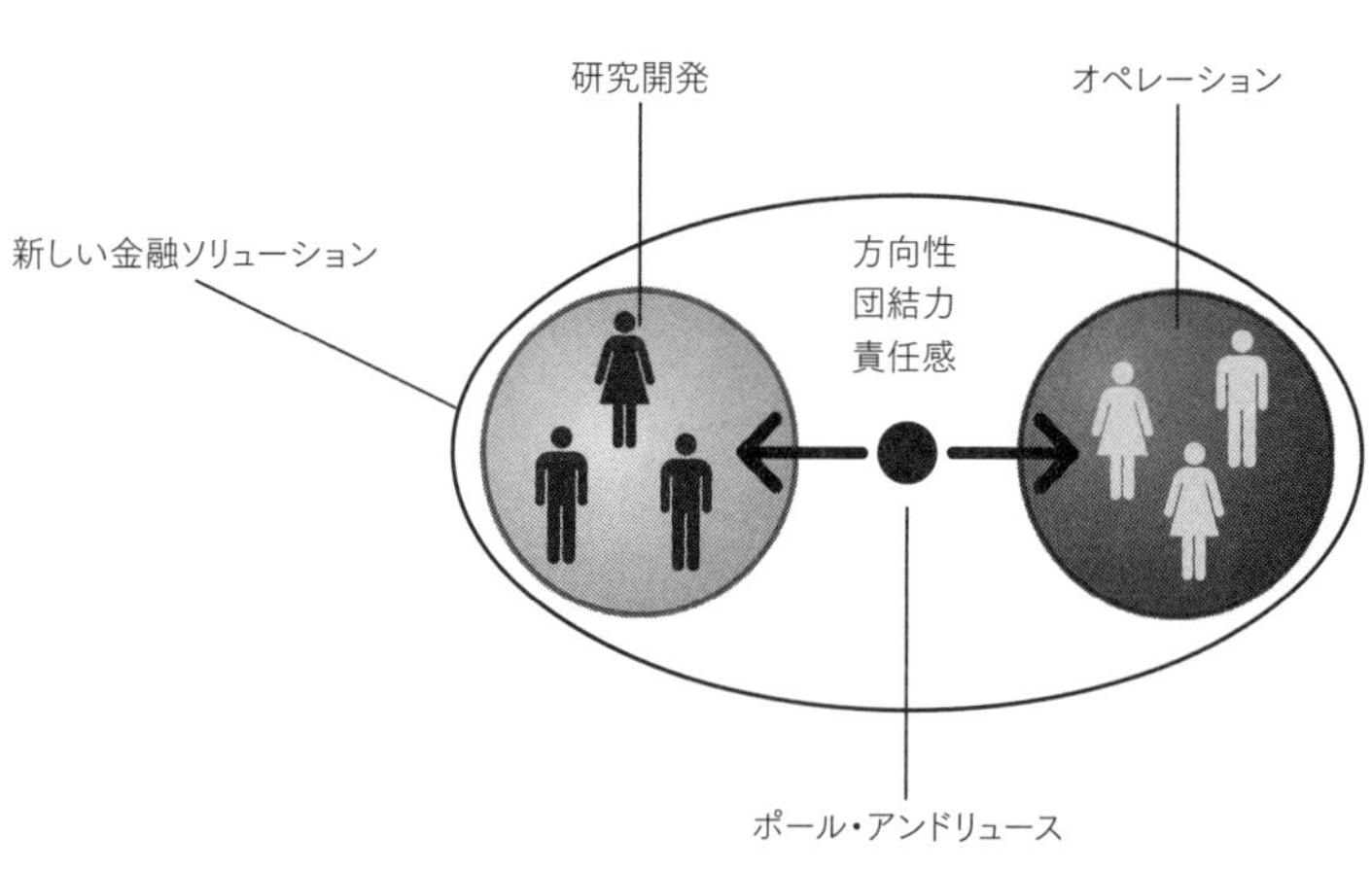

地域、ステークホルダーの集団を束ねて、新しい金融サービスソリューションを開発することだ。図ではこれらの関係を簡潔に示している。第一に、研究開発とオペレーション（事業部門）というふたつの集団がある（他の集団は便宜上割愛した）。第二に、ふたつの集団は協力してもっと高い目標――新しい金融サービスの創出――を達成しなければならない。しかし、これは容易ではない。ふたつの部門は縦割りのサイロと化し、両者のあいだに信頼や尊敬の念はほとんど見られない。目標を達成するには、ここに橋を渡し、集団を越えた効果的なリーダーシップを発揮する必要がある。ＣＣＬでは、リーダーシップを以下の三つの成果を出すものとして定義している。

- ディレクション（方向性）……目標や戦略に対する共通の理解
- アラインメント（団結力）……リソースや活動の組織的動員
- コミットメント（責任感）……ひとつの集団ではなく組織全体の成功に責任を負う姿勢[3]

こうして簡潔に表現したものの、実際のバウンダリー・スパニング・リーダーシップはとても複雑である。研究開発とオペレーションというふたつの部門にまたがって方向性、団結力、責任感を築くのさえ難しい。ましてや多数の集団と境界線の真ん中に身を置いたとき、その目標達成が困難をきわめるのは明らかだ。単刀直入に言えば、さまざまな集団の真ん中で指揮を執ろうとするなら、「ついてこい」式のやり方はもはや通用しない。リーダーと部下がひとつの集団のなかで同じ文化、価値観、利害を共有する時代は過去のものだ。

いまのリーダーは、幅広い経験、多様な専門性、さまざまなアイデンティティが交わる場所で、多くの集団にまたがって役割を果たさなければならない。バウンダリー・スパニングの六つの実践を通じてコラボレーションやイノベーションを促進し、組織を変革することができるのは、まさにここ、「差異化」と「統合化」というふたつの力がせめぎ合う場所である。六つの実践についてはのちほど詳しく紹介するとして、その前にまず、本書の構成や概要、バウンダリー・スパニング・リーダーシップの基本モデルにふれておきたい。

本書の概要

パート1　人を引き裂く力、束ねる力

あなたのすぐ足元で事態は劇的に変化している。テクノロジーの進歩、世界の人口属性の変化、グローバル化の拡大によって、世界中の組織の境界線が急速に取り払われている。第1章では、境界線を越えた思考・行動の必要性を検討する。越えるべき境界は次の五種類だ。垂直方向の境界、水平方向の境界、ステークホルダーとの境界、人口属性の境界、地理的な境界。また、あなた自身の「ネクサス課題」を明らかにするためのアクティビティを紹介し、本書のなかで適宜それを使って、あなたの組織に本書のコンセプトを応用できるようにする。

五種類の境界について説明したあと、第2章では、あなた自身と、リーダーとしてのあなたのアイデンティティに焦点を当てる。アイデンティティとは、あなたをあなたたらしめている特徴、属性、スキル、関心事。それを「マッピング」する機会を提供する。アイデンティティが人間の基本的・普遍的なふたつの欲求の相互作用からつくられることがわかるだろう。そのふたつとは、差異・独自性に対する欲求と、統合・所属に対する欲求である。ポジティブなアイデンティティを築きたい――どこかに所属しながらも唯一無二の存在でいたい――という、この根源的な欲求が本書の考え方のベースとなっている。[4]

第3章では、アイデンティティについて学んだことをもとに、「グレート・ディバイド」の可能性が残念ながら非常に現実的であることを説明する。グレート・ディバイドとは、集団が「私たち」と「彼ら」に分裂したときに生じる、破壊的かつ非生産的な事象である。技術的・構造的な境界はフラット化しつづける世界で希薄化するが、人間関係に残る境界はむしろ先鋭化する。いま最も重要なのは組織的・構造的な境界ではなく、心理的・心情的な境界である。「私たち」と「彼ら」のあいだのグレート・ディバイドは、とりもなおさずアイデンティティの問題である。核となる価値観（コアバリュー）、自分自身に対する定義、社会への適格性に関する認識――。ポール・アンドリュースはチーム内の溝や亀裂をシステムや構造、テクノロジーのせいにせず、人間関係のもっと深いダイナミクスに起因すると考えた。すなわち、信頼や敬意の欠如、目的共有の不足、脅威を克服するための安全弁の欠如、当事者意識の欠如。こうした問題を小手先で手っ取り早く解決することはできない。小手先の解決法とは、「何」を「どのように」行うかではなく、それを行うのが「誰」かに重点を置いた対処法をいう。

人間関係のそうした複雑な境界を越え、そこへ橋を渡すには、「境界のマネジメント」「共通の土台づくり」「新たなフロンティアの発見」という三つをマスターしなければならない。それが本書の肝であり、パート2〜4の主要テーマである。

パート2 境界のマネジメント

境界は、あるものが終わり、別のものが始まる区切りを表す。境界のマネジメントとはすなわち、各集団の違いを明らかにし、理解することだ。本書が最終的にめざすのは、さまざまな集団を束ねていかに素晴らしい成果を出すか——。境界を越えるための第一歩は、皮肉にも、境界をつくること、または強化することである。集団間の境界がはっきり見えなければ、そこに橋を渡すこともできない。パート2では、境界のマネジメントを可能にするふたつの実践「バッファリング」と「リフレクティング」を取り上げる。

「バッファリング」とは、境界を明確にして集団間に安全・安心をもたらすこと。バッファー（緩衝材）は境界を越えた情報やリソースの流れを監視・保護する。バッファリングの実例として第4章で、ジョー・ペティットとザネレ・モヨが、アパルトヘイト後の南アフリカの組織になお残る黒人と白人の境界をどうマネジメントしたかを見る。

集団間に安全な状態を築いたら、次の「リフレクティング」では、境界線を理解して集団相互の敬意を深める。リフレクター（反射体）は視点の違いを映し出し、集団間の知識の交換を促す。第5章ではノースカロライナ州チャタム郡の事例を紹介する。リック・ギブンス、さらには彼が率いるコミュニティのなかに生じた大きな変化を目撃する。自身の「内なる旅」のなかで、ギブンスはリフレクティングを実践してバウンダリー・スパニング・リーダーになった。

あなたの組織やコミュニティのなかで、各種の境界を越えて、無条件の思いやりや心理的安全性、相互尊重が築かれたらどうだろう？　どんな新しい機会が生まれるだろう？　この基礎がしっかりできれば、次は共通の土台づくりをめざす番だ。

パート3　共通の土台づくり

共通の土台づくりとは、集団をひとつにまとめて大きな目的を共有し、達成すること。先述したように、人間は独自性に対する欲求があるが、所属の欲求も同じように強い。パート3では、自分よりも大きなものに属したいという欲求を利用するためのふたつの実践「コネクティング」と「モビライジング」を取り上げる。

「コネクティング」に必要なのは、境界線をいったん棚上げし、集団間に信頼を築くことだ。コネクター（連結者）は人々を結びつけ、分断した集団の橋渡しをする。コネクティングの実例として第6章では、ダニエル・サットンがヨーロッパにおいて三つの異なる集団――エネルギー企業の幹部、環境保護論者、政府指導者――のあいだに信頼を築くことでタスクフォースを成功させ、持続可能性の高い新しい都市プランを立案した様子を紹介する。

集団間の境界が目立たなくなると、次なる「モビライジング」で境界線を構成し直し、集団同士のコミュニティを築く。モビライザー（動員推進者）は境界を越えた共通の目的やアイデンティティをつくり上げる。二〇〇五年、中国のコンピュータ企業レノボがＩＢＭのＰＣ事業を買収したと発表して世間を驚かせた。第7章では、レノボのリーダーたちが世界で最も革新的なＰＣをつくるため、コミュニティを築くことで東西の境界を越えようとしている様子を見る。

あなたの組織やコミュニティのなかで、各種の境界を越えて集団がうまく協力し、相互の信頼やコミュニティ、一致団結した行動が生まれたらどうだろう？　イノベーションや創造性のどんなきっかけが新しく見えてくるだろう？　コネクティングとモビライジングに続いては、新たなフロンティアの発見へとさらに歩みを進めよう。

パート4　新たなフロンティアの発見

フロンティアは新しい可能性が生まれる場所である。誰も到達したことがない、最も先進的・画期的な思考が存在する場所である。そこでは「差異化」と「統合化」という人間のふたつの大きな欲求がまったく新しい交わり方を見せる。パート4では、このふたつ（同質性と異質性）が出合う新たなフロンティアを発見するためのふたつの実践「ウィービング」と「トランスフォーミング」を取り上げる。

「ウィービング」は、境界線が織り合わされて集団間の相互依存が進んだときに生じる。ウィーバー（織り手）は集団の差異をもっと大きな全体のなかに統合する。第8章ではインドで活動するNPO「チャイルド・リリーフ・アンド・ユー（CRY）」のCEOがウィービングの実践によって、組織のミッションを支える戦略転換をいかに成功させたかを見る。

集団の相互依存が定着したあとの最後の実践「トランスフォーミング」では、境界を切断して集団の改革を可能にする。トランスフォーマー（変革者）は多数の集団を新たな方向へと束ね、新しい可能性を実現する。エネルギーの持続可能性の問題はおそらく、現代のバウンダリー・スパニングにとって最大のジレンマだろう。第9章では、集団間リーダーシップの世界的権威であるマーク・ガーゾンが境界を切断して、現在とは明らかに違う別の未来をつくっている様子を紹介する。

あなたの組織やコミュニティのなかで、持ちつ持たれつの協力関係、集団的学習《コレクティブラーニング》、プラスの変革が生まれたらどうだろう？　どんな未来が新しく築かれ、変化しつづける世界で成功・適応できるだろう？

パート5　ネクサス効果

本書の最後のパートでは、すべてのピースをつなぎ合わせる。本書で説いた考え方を第10章で実行に移してもらう。そのためにジョン・ヘレラの注目すべきストーリーを紹介するとともに、「ネクサス効果」――各集団が一致協力して達成できる（単独では達成できない）無限の可能性や優れた成果――について解説する。ジョンはバウンダリー・スパニング・リーダーシップの六つの実践を通じて、米国で最も成長の早い信用組合「ラティーノ・コミュニティ・クレジット・ユニオン」を創設することによって、ネクサス効果の持つ力を実証してみせた。それは万人の期待を上回る成果だったが、そのためには共通のビジョンを掲げ、多くのコミュニティリーダーが境界を越えて協力する必要があった。

最後に、エピローグでは未来に目を向ける。コミュニケーション技術や輸送技術の進歩により、人間同士の交流はいまや全地球を覆う規模になった。だが同時に、人間のコラボレーションの可能性がまだまだ実現していないのも事実である。本書に登場する現実の物語は残念ながら、あくまで例外である。普通のリーダーたちが集団をつなぐネクサスで異例の成果をあげているにすぎない。エピローグでもう一度彼らのストーリーを思い出し、持ちつ持たれつの未来の可能性について考える。

どうか本書のエキサイティングな道程を楽しんでほしい。リーダーシップをめぐる状況が大きく変化するなか、バウンダリー・スパニング・リーダーシップがいまほど必要とされている時代はない。

バウンダリー・スパニング・リーダーシップ・モデル

バウンダリー・スパニングの六つの実践を用いることで、リーダーはグレート・ディバイドがもたらす破壊的・非生産的な結果を、ネクサス効果による限りない可能性と優れた成果に変えることができる。図I・2のバウンダリー・スパニング・モデルは、リーダーが集団間のコラボレーションを高めるためにたどるべき上昇スパイラルを表している。境界のマネジメントから共通の土台づくりへ、さらにはネクサスにおける新たなフロンティアの発見へと、リーダーが進歩を遂げるさまを描いている。六つの実践を通じてリーダーはネクサス効果を生み出し、その結果、問題を解決し、革新的なソリューションを見いだし、自身の組織を変革するのである。

図I.2　バウンダリー・スパニング・リーダーシップの6つの実践

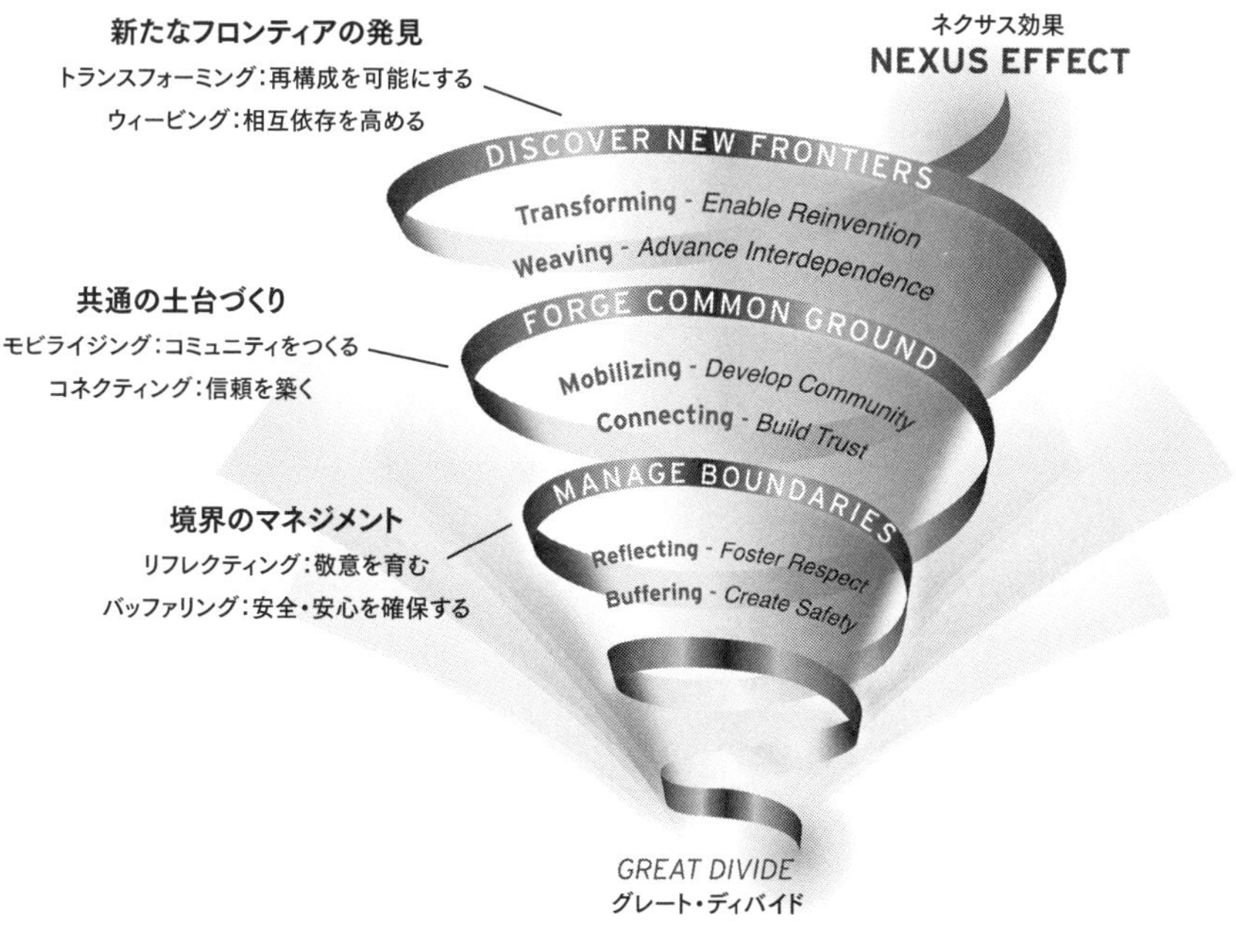

パート1

人を引き裂く力、束ねる力

テクノロジーの進歩、世界の人口属性の変化、グローバル化の拡大によって、世界中の組織の構造的境界が急速に取り払われている。だが人間関係の境界は根強く残り、協業の可能性を狭めている。パート1では、リーダーシップをめぐる状況の変化について述べる。コラボレーションや画期的な思考の可能性が無限にありそうなのに、その実、対立や分裂、孤立がたびたび発生する――それがいまの厳しい現実だ。リーダーが協業を促し、集団を束ねようとしても、境界は集団を引き裂く力として働く。リーダーは気がつけば、さまざまな価値観、信念、視点を持った集団の板挟みになっている。集団を束ねてより高いゴールやビジョンを実現するには、集団をばらばらにする力について知らなければならない。

第1章では、リーダーが克服すべき境界にはどんなものがあるかを説明することで、リーダーシップをめぐる状況の変化を知ってもらう。第2章では、それらの境界がアイデンティティにどう表出するか、人間の基本的・普遍的なふたつの欲求――差異や独自性に対する欲求と、統合や所属に対する欲求――の相互作用にどう影響するかを説明する。第3章では、アイデンティティについて学んだことをもとに、「グレート・ディバイド」の可能性が残念ながら非常に現実的であることを説明する。グレート・ディバイドが意味するのは最悪のシナリオである。つまり集団が「私たち」と「彼ら」に分裂し、対立などの非生産的な行為に全エネルギーが費やされる状態だ。この場合、協創やイノベーションの可能性は限定され、ネクサス効果などとうてい望めない。

第1章 リーダーシップをめぐる状況の変化

現代の喫緊の諸問題は国境を越えて発生するが、リーダーシップもやはり境界を越えなければならない。センター・フォー・クリエイティブ・リーダーシップ（CCL）の最近の調査から、現代のリーダーが越えてゆかねばならない数多くの境界の全貌が明らかになった。リーダーシップをめぐる状況はでこぼこや曲がり角がいっぱいで、絶えず変化している。それが心配の種、行動のきっかけになる。CCLの調査に参加した一二八人の経営幹部《シニアエグゼクティブ》のうち八六％が、いまのリーダーとしての役割のなかで境界を越えた協業が「非常に重要」だと答えた。しかし、それが「非常によくできている」と答えたのは七％にすぎなかった。[1] CCLではこれまで何十年もシニアエグゼクティブを対象に調査を実施してきたが、七九％もの大きな「ギャップ」は見たことがない（図1・1）。調査に参加したリーダーは、世界の名だたる企業のCEO、社長、シニアバイスプレジデントなど。彼らの率直な回答をふまえて、われわれは行動を起こさなくてはならない。

同じ調査では一二八人の経営幹部に、越えるべき境界にはどんなものがあるかも尋ねた。重複はあるものの、いろいろな角度から答えが寄せられた。具体的には次のようなものだ。組織の階層間の垂直の境界、部門間の水平の境界、顧客やサプライヤーなどステークホルダーとの境界、多様な集団の出身者と働く際の人口属性上の境界、働いている場所の違いなどの地理的な境界（図1・2）。[2]

この分野の研究から確信を持って言えるのは、これら五種類の境界が文化や文脈、時間を越えて普遍的であり、過去、現在、未来を問わず通用するということだ。[3] だが、一二八人の幹部が明らかにしたように、リーダーシップの現状に必要なのは、境界を越えて思考・行動し、幅広い経験、多様な専門性、さまざまなアイデンティティが衝突する新たなフロンティアを受け入れることである。なぜ五種類の境界を越えて仕事をするのが重要かと

図 1.1　大きなギャップ

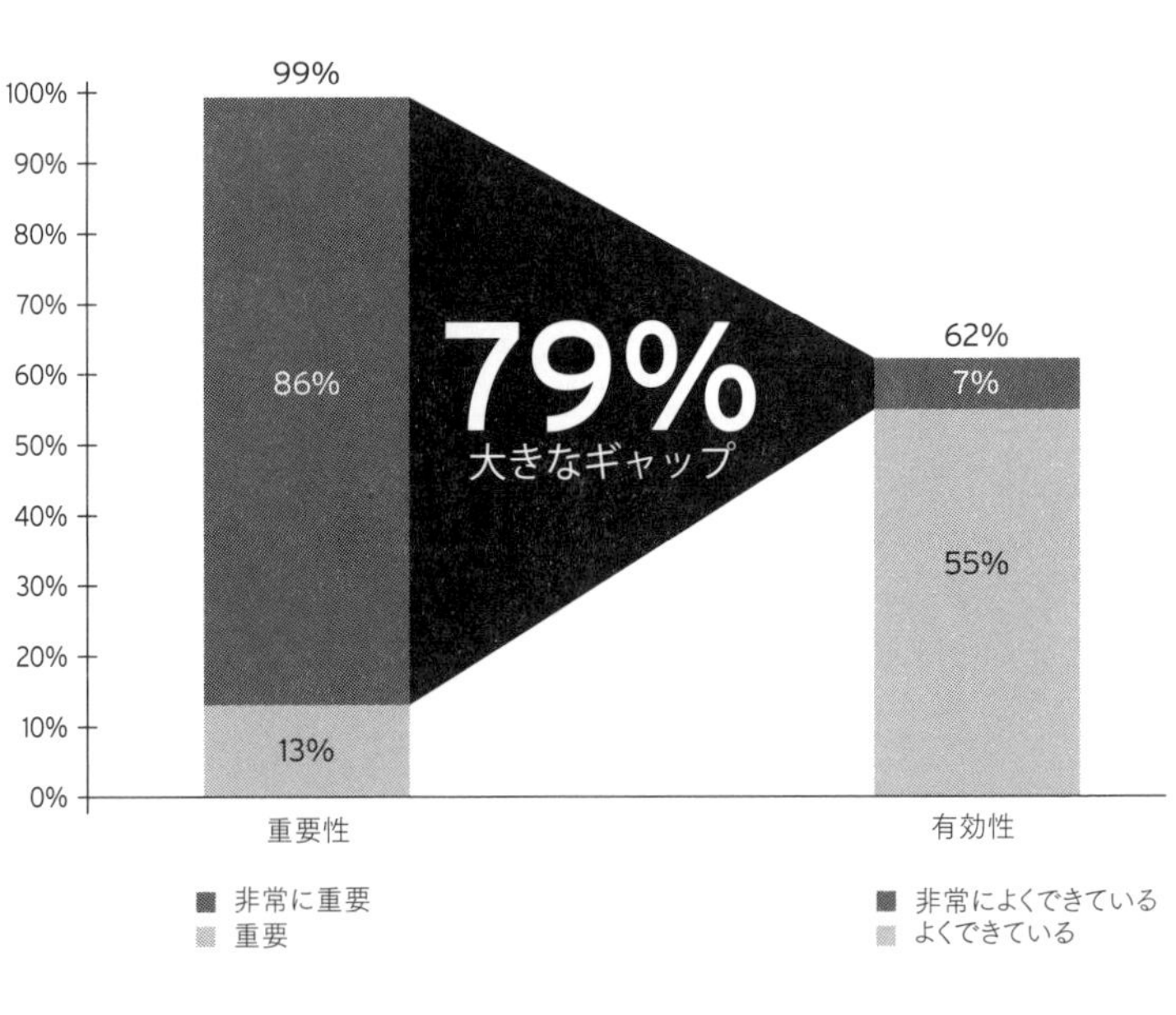

問うと、彼らは人間関係について口にした。リーダーを夜も眠れないほど悩ませる境界は、組織図を書き換えたり指揮命令系統を再整備したりするくらいでは解決できない。リーダーにとって最も厄介な境界は、もっと心理的なものだ。人間関係に関わるものであり、だから忠誠心、誇り、敬意、信頼といった強い感情と関わりがある。

エグゼクティブたちのさまざまな回答を、彼ら自身の言葉で紹介しておこう。

「タスクの統合には良好な人間関係が必要」

「縦割りのサイロを越えたコミュニケーションツールをつくり出さなければならない」

「大規模なプロジェクトを実行するには、社内のあらゆる層からのサポートとコミットメントが必要」

「コラボレーションや多様な考え方の統一が、パフォーマンス改善のカギ」

「仕事をやり遂げるにはステークホルダーとのパートナーシップが不可欠」

「境界を越えないと全体像が見えない」

「みんなを一致団結させる必要がある。平均的な結果と偉大な成果の違いを生むのはコラボレーション」

「シナジーを探し、互いの利害が共通する分野を見つけるのが大変」

「リーダーは毎日ずっと境界を越える必要がある」

図 1.2　5種類の境界

リーダーシップの五つの境界

バウンダリー・スパニング・リーダーシップに関わる五つの境界を以下に説明する。五つに分けてはいるが、どれも密接にリンクしている。それぞれの境界について、定義と事例を示し、その起源を説明する。そして、バウンダリー・スパニング・リーダーが現在の境界を越え、集団をつなぐネクサスでいかにリーダーシップを発揮するかを検討する。

垂直方向の境界

階層、地位、年功、権限、権力を越えたリーダーシップ

「組織図の上下を隔てる境界があります」と、ある小売企業のシニアバイスプレジデントは嘆く。「経営幹部と中間管理層や下位層とのやりとりを改善するためには、やるべきことがまだまだあります」。変化が激しいリーダーシップ環境に必要なのは、組織のさまざまな階層のあいだに方向性《ディレクション》、団結力《アラインメント》、責任感《コミットメント》を築くことである。垂直方向の境界とは、肩書、地位、権限で集団を分断する、天井や床みたいなものだ。垂直の境界を象徴する言葉としてよく使われるのは、「ス

パン・オブ・コントロール（統制範囲）」「階層図」「年功」「トップダウン／ボトムアップ」「上司／部下」「管理職／非管理職」「出世の階段」など。集団をトップ層、中間層、下位層に分け、それぞれに相応の権限を持たせるやり方は、ほぼすべての組織に見られる。「私が育ったのは、『情報は力』と昔から言われるように、完璧な情報を持っていることが力の源泉となるような環境です」と、米軍のある司令官は語る。「階級が上になるほど、開放的な《インクルーシブ》環境に変わるのがためられます」

上司が分担して何人かずつの部下を管理するというスパン・オブ・コントロールは、階層間の境界のマネジメントに昔からよく見られる手法だ。戦略は上から下へ流れ、成果物は下から上へ流れる。「大手銀行では官僚的なヒエラルキーがいまも厳然と存在します」と、中国の国有銀行のジェネラルマネジャーは説明する。「シニアマネジャーはその境界を維持しようと懸命です」。そう、ヒエラルキーは持続するのだ。

だがそれでも、リーダーシップをめぐる状況の変化が垂直方向の境界を変容させ、上層部と下層部の新たなやりとりを可能にしているのは間違いない。たとえばイノベーションを推進するには、あらゆる層のスタッフの心を捉える必要がある。事業をグローバルに拡大するには、本社の幹部と各国の現場マネジャーが継続的に対話しなければならない。情報技術やコミュニケーション技術の急速な変化によって、情報のスピードや到達範囲が増し、コストが減り、多くの組織が公正な条件で戦えるようになった。つまり、スパン・オブ・コントロールにおける「コントロール」

が明らかに再定義されつつあるのだ。

バウンダリー・スパニング・リーダーシップは権限や権力の境界線を越えて、共通の方向性、団結力、責任感を築こうとする。CCLの調査によると、経営幹部はヒエラルキーからパートナーシップ、トップが担うリーダーシップから共同責任としてのリーダーシップへの変化を求めている。バウンダリー・スパナーは伝統的な地位や権力、ステータスに対する関心が薄く、ただアイデアやスキルを探し求めている。組織内のどこにあろうが関係ない。権限はもっぱらトップからボトムへ流れるという古い考え方にもはや束縛される必要はない。どの階層にいようと、有能な人材には協業を通じて力を発揮する機会を与えなければならない。その意味で、思考・行動の権限は多方向へ流れるものだ。その結果、組織内の各層の意欲的なスタッフが、もっと迅速で優れた意思決定を下すようになる。

水平方向の境界

部門、ユニット、同僚、専門性を越えたリーダーシップ

「うちの組織は八つの部門と七つの研究所で構成されますが、学際的なソリューションを必要と

する問題がますます増えています」と、政府系研究開発機関のトップは言う。「残念ながら、それぞれの研究所には独自のカルチャーがあり、それが連携を難しくしています。私にはこの難題に取り組む権限がありません」。リーダーシップをめぐる状況の変化により、部門やユニット、学問分野など、水平方向の境界を越えたコラボレーションを促進し、共通の目的を持つことが必要になる。企業の合併や買収に際しても水平の境界はよく見受けられる。これは経験や専門分野で集団を分ける壁である。

水平の境界を象徴する言葉としてよく使われるのは、「分業」「業務の差別化」「サイロ」「ストーブパイプ」「縄張り争い」「マトリックス構造」「フロントオフィス／バックオフィス」「プロフィットセンター／コストセンター」「レガシー組織」「部門」「ユニット」など。こうした言葉からわかるように、ある部門が別の部門より重用されるとき、あるユニットや製品ラインの仕事が別のユニットや製品ラインの存在を脅かすとき、あるいは各部門間に行き違いがあるとき、水平の境界のマイナス面が顕在化する。集団同士の協業ではなく対立が前面に出るのである。「うちの部門の各グループは縦割りで、自分たちだけで仕事を完結したいと考えています」と、ある小売企業のマーケティング・営業担当幹部は言う。「もっと全体のことを考えてほしいですね」

機能集団（企業の各部門）のあいだに存在する境界のマネジメントは、分業の必要性に端を発している。現代の組織には、マーケティング、オペレーション、営業など、数多くの部門がある。組織が成長・拡大を続け、複雑化・グローバル化すると、水平の境界線を統合するうえでの課題は悪化する。「この三年間急成長するなかで、役割や責任が明確化されなかったため、主導権争いが少なからず起きています」と、ある教育機関の最高科学責任者は説明する。

マトリックス構造の支持者は、社内の上下関係が複数あると境界を越えた協力や情報共有が促され、一体化が進みやすくなると言う。一方でマトリックス構造批判派は、そうしたメリットよりも、あちこちに忠誠を立てなければならない矛盾による混乱のほうが大きいと言う。いずれにせよマトリックス構造は、水平の境界を越えたリーダーシップをさらに難しくするのは間違いない。「マトリックス化したリソースで結果を出さなければなりません」と、アメリカの製薬会社のＣＥＯは説明する。「直接の指揮命令系統がないので、優先順位の決定やリソースの調整が複雑になります。人に影響を与えるスキルやコラボレーションのスキルが強く求められます」

関連の課題としては、合併や買収のあとに集団を統合しなければならないケースが挙げられる。中国のある保険会社のマネジャーは次のように言う。「われわれの最大の課題は、合併後に新しい一体的な組織文化をどう築くかです。それぞれの価値観や習慣をひとつにまとめる方法を探さなければなりません」。合併で特筆すべきは、それまでのライバルが一夜にして協力者に変身するということだ。「当社は別の小売組織と合併しました」と、ある医薬品会社のエグゼクティブは言う。「以前は競争相手だったのが、いまやいっしょに新製品を開発して市場に送り出しています」

アメリカを代表するビール会社アンハイザー・ブッシュは最近、ベルギーのコングロマリット企業インベブに買収されたし、イギリスの高級車ジャガーはインドのタタ・モータ―ズの傘下にある。こうした合併においては、技術システムやオペレーションシステムの統合に関して多くの問題が生じる可能性がある。とはいえ、バドワイザーをつくる現場の担当者がベルギーのルーベンを拠点とする会社で働くとき、また、ジャガーの幹部社員が親会社との打ち合わせでムンバイに出張するときに最も厄介なのは、アイデンティティや人間関係マネジメントの問題である。実際、分業の必要性よりも、いまは「統業」の必要性のほうが差し迫った課題になりつつある。

バウンダリー・スパニング・リーダーシップは、さまざまな専門性や経験のフロンティア全体に及ぶ方向性、団結力、責任感を必要とする。エグゼクティブへの調査によると、これらのリーダーは、部門別のリーダーシップから部門を越えたリーダーシップへ、縦割りのユニットからオープンネットワークへの移行に際して、新しい考え方や行動のしかたを前面に押し出している。バウンダリー・スパナーは、さまざまな部門、ユニット、分野が交わる場所で最も本領を発揮する。組織にとっての新たなソリューションを生み出すために一次元の専門性を提供することにはあまり価値を見いださない。むしろ、集団同士の接点に生じる多次元の専門性を利用しようとする。知識や経験の違いは、対立の原因ではなく、新鮮なアイデアの源泉と見なされる。その結果、組織横断的なコラボレーションを活用し、アイデアや情報、人材、リソースを最も必要とされる場所へ動かすのに必要な連携が築かれる。

ステークホルダーとの境界

組織とその外部パートナー（提携先、ネットワーク、バリューチェーン、顧客、株主、支持団体、政府、コミュニティなど）が交わる場所でのリーダーシップ

「顧客とベンダーの有効な関係づくりに苦心しています」と、アメリカのあるＣＥＯは言う。「共通の目標をつくりたいとは思うのですが、しょっちゅう対立してしまって」。リーダーシップをめぐる状況の変化により、組織とその外部パートナーとのコラボレーションに対しては、いままでとまったく違う手法で臨む必要がある。ステークホルダーとの境界は、いわばあなたの組織の扉や窓である。その扉は顧客やサプライヤー、コミュニティに開かれているか、それとも閉じられているか？　組織は実にさまざまなステークホルダーと関わり合うようになっている。たとえば、株主、取締役会、パートナー、提携先、サプライヤー、ベンダー、顧客、支持団体、政府、非政府機関、地域社会、国際社会。ステークホルダーとの境界を表す言葉として考えられるのは、「ネットワーク」「鉄のカーテン」「密室」「企業中心」「インサイダー／アウトサイダー」「セクター横断」「企業の社会的責任」など。組織が外部パートナーの利益を考慮せず（またはこれを犠牲にして）自身の利益を最大化しようとすれば、ステークホルダーとの境界は大きな溝を生む可能性がある。

バリューチェーン――企業が原材料を受け取り、これに価値を付加し、完成した製品・サービスを顧客に販売するプロセス――は、組織とステークホルダーとの境界を管理するための主要メカニズムである。従来の考え方では、それぞれの組織が独自にバリューチェーンを規定し、チェーン内におけるパートナーとの相互依存性が考慮されることはほとんどない。ミッションや戦略を明確化するには、どのように独自の価値を創出するかを知るのが重要である。だが極端な場合、すべての組織が自分だけのことを考える結果、ゼロサムゲームに陥り、リソースが非効率な使われ方をし、無駄な対立が起こり、創造的・革新的なソリューションの機会が失われる可能性がある。

リーダーシップをめぐる状況の変化により、組織は今日の協働的なバリューチェーンにおける価値創出のあり方を再考しなければならない。ステークホルダーのネットワークが拡大を続け、境界線が曖昧になると、さまざまな組織のあいだに線を引き、誰がどこの従業員かを特定し、彼らが貢献するコミュニティを確定するのがますます難しくなる。たとえばインドのタタ・モーターズは、世界一安い車「ナノ」を発表した。ナノの数あるイノベーションのなかでおそらく最も特徴的なのは、そのモジュラー設計である。ナノはキットで販売され、それらを全国各地の企業家や修理工場が流通させ、組み立て、修理する。社内外の人的資本の広範なネットワークを組み合わせることで、タタ・モーターズはこの新しい車をインドの何百万という消費者の手が届く値段で提供することができる。二五〇〇ドルという価格は二番目に安いライバル車の約半分であり、欧米の高級車にオプションで付けるＤＶＤプレーヤーの価格にほぼ等しい。こうした現実は今後も加速する一方だろう。組織の正式な境界線の内外にいる集団がまとまれば、とてつもない成長機会が新たにもたらされる。同時に、新しいリスクや課題も生まれる。要するに一蓮托生なのだ。

バウンダリー・スパニング・リーダーシップは多様なステークホルダーのあいだに共通の方向性、団結力、責任感を築こうとする。新しい価値ソースを利用するため、リーダーはコラボレーションの現代モデルを受け入れるようにしなければならない。そこに含まれるのはたとえば、セクターを越えたパートナーシップ、顧客中心のビジネス、オープンソースイノベーション、企業の社会的責任（ＣＳＲ）など。バウンダリー・スパナーは組織の外縁部で新しいアイデアやイノベーションの機会を物色する。従来の近視眼的な思考にとらわれず、バリューチェーン全体の協創価値を最大化しようとする。現代の組織は「人それぞれ」というメンタリティが特徴の「一方的な利益」を超越しなければならない、と気づいている。彼らバウンダリー・スパニング・リーダーは「多面的な利益」を体系的・持続的にめざすことで、新たなフロンティアを拡大している。その結果、ステークホルダーの「利益の合流」が生じ、企業は顧客やサプライヤー、ベンダー、株主、地域社会と協力して新しい価値の源をつくり出す。

人口属性の境界

性別、人種、学歴、思想などの多様性をふまえたリーダーシップ

人口属性の境界は、性別や人種から学歴、思想まで、多様な人間集団のあいだに存在する。垂直の境界が床や天井、水平の境界が壁、ステークホルダーとの境界が扉や窓とするなら、人口属性の境界を象徴するのは職場で働く多様な集団、ビルのなかの人々である。リーダーシップをめぐる状況の変化により、価値創出（イノベーション）の推進力としてさまざまな経歴や知識を活用することが求められる。

しかし、このテーマに関する幅広い調査・研究によると、属性の多様性は諸刃の剣である。一定の条件下では、多様なチームや組織は創造性やイノベーションプロセスにおいて明白な優位性を発揮できる。[4] だがこうした条件が満たされないときは、多様性がほとんど効果を持たないか、悪くするとマイナスの効果を生む。製薬会社のあるエグゼクティブはこの現実を把握している。「かつては単一文化の組織でしたが、いまはどんどん多様性を採り入れています。大きなメリットがある一方、マネジメント上の課題も発生します」。組織内の属性上の境界に関係する言葉に

は、「不均質性」「多文化」「モザイク」「ガラスの天井」「ジェネレーションギャップ」「不寛容」「多様性の壁」「イデオロギー闘争」「パーソナリティの差異」「文化的衝突」などがある。

属性の境界がどのように築かれるかは、組織の価値観や信条に影響される。ＣＣＬのこれまでの調査で、多様性のマネジメントに関わる文化的価値観ないし信条には三種類あることがわかった。ひとつ目は、属性の境界のマネジメントに消極的な「無干渉」。ふたつ目は、属性の境界を積極的に監視・強化する「指示・制御」。三つ目は、健全で創造的、協創的な集団間関係が生じる環境・条件を整備する「促進・育成」[5]。どのタイプも一般的だが、世界的な雇用形態の変化を活用するうえでは、三つ目の「促進・育成」を採用する組織が有利である。

近年、全世界の労働者の人口統計に変化が見られる。たとえば、二〇〇七年には一五歳以上の三〇億人が働いていた。これはその前の一〇年間と比べて一七％の増加である。二〇〇六年から二〇〇七年のあいだに創出された四五〇〇万の雇用のうち、五七％がアジア、二一％がアフリカ、一〇％が中南米およびカリブ諸国で創出された。対照的に、二〇〇七年に全世界で創出された雇用のうち、先進国で創出されたのは四％にすぎない[6]。こうした傾向は今後も続くだろう。世界の人口は七〇億を数える時代である。現在の若者一二億人のうち、ほぼ九〇％が発展途上国に住み、うち八割をアフリカとアジアが占める[7]。これがごく近い将来の労働人口構成だ。

バウンダリー・スパニング・リーダーシップはこうした変化を受け入れながら、多様な集団のあいだに方向性、団結力、責任感を築く。バウンダリー・スパナーは人間同士の違いを、持続可能な成長の源として大切にする。CCLの調査に参加した経営幹部は、組織のパフォーマンスを向上させるため、人口属性の変化を利用しようとする。多様性の壁、ガラスの天井、ジェネレーションギャップを最小限に抑え、多様な視点、意見、アイデアによる創造的緊張を最大化するのである。単一文化の均質的なチームをつくるのではなく、彼らは多文化によってパワーアップした不均一なチームをつくろうとする。その結果、多種多様な経験、経歴、視点がぶつかる場所でクリエイティビティやイノベーションの可能性が広がる。

地理的な境界

距離、場所、文化、地域、市場を越えたリーダーシップ

「広大な中国全土、さらには世界中のいろいろな人と協力することを学ばなければなりません」と、中国のある通信会社のジェネラルマネジャーは言う。リーダーシップをめぐる状況の変化により、幅広い地域や場所、市場を越えて方向性、団結力、責任感を築くことが必要になる。地理的な境界は、物理的なオフィス所在地に加えて、時間や距離を越えるために使う電話、ファクス、インターネットに象徴される。組織のなかの地理的な境界を表す言葉は、「地域」「市場」「西側

／東側」「ネイティブ／外国人」「グローバル／ローカル」「本社／現場」「母船／衛星」「言葉の違い」「バーチャルチーム」「地理的分散」など。さまざまな場所の人が手を携える必要があるとき、地理的境界は制約を生む。「わが社は七カ国に一五のオフィスがあり、その場所によって分断されています」と、あるアメリカ企業のＣＥＯは言う。「場所の違いが境界を生み、その境界を越えて仕事をしなければなりません」

　地理的な境界のマネジメントは、プロセスやシステム、構造の統合化と差異化のあいだの緊張関係をベースにしている。かつて組織は、地元の市場がつくったものであると同時に、地元の市場のためにつくられたものでもあった。いまや消費者市場、組織運営、労働力はグローバル化している。[8] たとえばアメリカのスポーツウェアの会社は、生地を中国から入手し、米国でデザインやマーケティングを行い、バングラデシュで製品を製造し、全世界の店舗チェーンを通じて販売するかもしれない。地理的な境界をなくせば、調達の効率化、規模の経済が実現し、新しい市場や資金源が得られる。だが、どんなプロセスを全地域で統合し、何を地元ニーズに合わせてカスタマイズするかがやはり問題である。「グローバルなプロセスを最適化しながら成長し、収益性を伸ばすのが成功のカギです」と、ある製薬会社の社長は言う。「世界中のあらゆる場所で同じレベル、同じ質のサービスを届ける能力を阻みかねない、地理、市場、文化の違いと闘わなければなりません」。グローバル化の影響が世界の隅々まで行き渡るなか、このような緊張関係は今後も増大するだろう。

四〇年前、世界を代表するグローバル企業の六割は米国を拠点としていたが、現在、その割合は三割程度に減っている。[9] BRIC諸国（ブラジル、ロシア、インド、中国）をはじめとする国々が競争力をつけ、世界の表舞台に登場してきた。二〇〇九年の第一・四半期、米国のGDPが六・一％下落したのに対し、中国のGDPは同じ六・一％増加した。[10] グローバリゼーションにより、ヒト、モノ、価値観、情報がかつてないほどのスピードで自由に国境を越えている。障壁がなくなると国境は有名無実化し、さまざまな集団の人々がこれまでにない方法で交わってクモの巣のように複雑な関係を築いている。

バウンダリー・スパニング・リーダーシップはさまざまな場所、国、市場をつなぐフロンティアで、協創を旨とする方向性、団結力、責任感を築こうとする。新しい価値ソースを手にするため、CCLが調査したエグゼクティブは地域横断的な協業を強化し、グローバルな考え方や世界観を持ったマネジャーを育成しようとしている。[11] バウンダリー・スパナーは物理的な距離や市場の違いを、解決すべき問題としてだけでなく、ものにすべきチャンスとしても捉える。リーダーシップに関する思考や行動はもはや単一地域に基づくアプローチの制約を受けない。いま一般的なのは、地域差が組織学習の機会、新たな成長市場と見なされる多地域型アプローチである。その結果、問題解決のスピードを速め、もっと創造的な製品を生み出し、顧客への貢献度を高めるためのバーチャル集団のネットワークが全世界で構築されている。

地図にない世界を行く

リーダーシップに関して歴史的に難しかったのは、組織図の範囲内――ここまで論じた境界の内側――で効果を出す方法を見つけることだった。いま難しいのは、こうした伝統的な境界を越えたところにある新しいアイデアやチャンスをどうやって実現するか、その方法を見つけることだ。CCLの調査に参加したリーダーは五種類の境界を越えて働くことの難しさをとくに強調したが、それぞれの境界について同じ頻度で語ったわけではない。一二八人のエグゼクティブからは、境界をめぐる一八一の事例が明らかになった。平均するとひとり最低一種類の境界を引き合いに出し、多い人は四種類の境界について述べた。以下に分析結果と、今日の「地図にない世界」でリーダーであることに関する三つの結論を記す。

- 水平の境界（七一％）は、他の四つの境界に比べてかなり言及頻度が高かった。これはさほど意外ではないだろう。水平方向の部門横断的な協業をいかに促すかは、CCLがクライアントから最もよく相談を受ける問題のひとつである。現在のように地域ごとにマトリックス化した構造がもたらす思わぬ影響として、本来は協力すべき集団のあいだに壁ができている。その結果、「サイロバスティング（縦割りの壁つぶし）」がマネジャーやエグゼクティブの格好の気晴らしになっている。

- これに対して、垂直の境界（七％）への言及は一番少なかった。かつてはもっと比率が高かったはずだ。いまでも、さまざまな組織の病の根本原因としてヒエラルキーが指摘される。しかし、おそらくは何十年にもわたるディレイヤリング（階層削減）やコミュニケーションシステムの改善のおかげで、垂直の境界は他の四つほど深刻ではなくなっているのだろう。
- 地理的な境界（二六％）、属性の境界（一七％）、ステークホルダーとの境界（一七％）に対する言及頻度は比較的似通っていた。垂直の境界とは対照的に、今後、これらの比率は飛躍的に高まるはずだ。組織が活動範囲を全世界に拡大し、多様な人材を雇用し、複雑なアライアンス、ジョイントベンチャー、パートナーシップを通じて新しい競争優位性をめざすようになると、リーダーシップは、地理的境界、属性の境界、ステークホルダーの境界が交わる場所で発揮されるようになるだろう[12]。

本章では五つの境界を別々に紹介したが、これらは互いに絡み合っている。バウンダリー・スパニング・リーダーシップで難しいのは、われわれを規定し、分断し、結びつける各種の境界を理解し、越えることだ。この地図にない世界を旅するとき、そこには大きな溝が立ちはだかる可能性がある。XとY、ふたつの集団を束ねればすむというケースはめったにない。まず間違いなく、A、B、C、Dなど、たくさんの集団のあいだで競合・対立する方針やテーマに同時に対応しなければならない。トム・ランバート（仮名）も同じような現実に直面している。彼は自身の課題を次のように表現する。

大手ライフサイエンス企業の生産責任者として、望まれる顧客サービスを提供するため、需要予測についてマーケティングや営業と密接に協力する必要があります。コストや品質を守って新製品を提供しつづけるには、研究開発との協業が不可欠です。また、うちのチームが必要なリソースを確保できるよう、私と同じ経営幹部の面々とも協力しなければなりません。最後に、大手多国籍企業の一部門としては、全世界のさまざまな地域が関わってくるため、こうした協働もきわめて複雑になります。

しかし、目先の難題の向こうには、とてつもない新しいチャンスがトムを待っている。一つひとつの協働を試みる際、彼は幅広い選択肢、新しいアイデア、そして境界線の制約を受けたままの場合よりもはるかに優れた進歩的思考を手にすることができる。トムにとって、あなたにとって、そして全世界のリーダーにとって、未来のチャンスは幅広い専門性、多様な経験、さまざまなアイデンティティが合流する場所に存在する。

境界がぶつかるところには、新しい機会、素晴らしい成果が必ず待っている。だが、集団が「私たち」と「彼ら」に分かれるときに生じる非生産的な成り行きが待ち構える危険性もある。

それを決めるのは主に、あなたと組織のなかのリーダーたちだ。集団と集団のあいだにネクサスを築くうえで、あなたは重要な役割を担っている。それをふまえて本章の締めくくりに、あなた自身の「ネクサス課題」——境界を越えたリーダーシップでしか解決できない課題——を知るためのアクティビティを紹介しよう。

あなたのネクサス課題

あなたがいま直面する、境界を越えたリーダーシップでしか解決できない喫緊の課題は何か？　ＣＣＬの調査に参加したエグゼクティブと同じような現実に向き合っているあなたなら、答えはいくらでもあるはずだ。あなたが探しているのは、その課題を最終的に解決するための実効性あるアイデアやアプローチだろう。このアクティビティはまさにそれを手助けするためのものだ。数分だけ時間をとって以下の質問について考えれば、本書を読み進めるなかであなたが重視すべき「ネクサス課題」——境界を越えたリーダーシップでしか解決できない課題——を特定できる。その後適宜、このネクサス課題を思い出してもらいながら、本書のアイデアを応用しやすいようサポートする。本書を読み終わる頃には、自分のチーム、部門、地域または組織全体に応用できる短期・

長期の具体的アクションが明らかになっている。アクティビティは五つのステップで構成される。

［ステップ1］

あなたが直面している、最も差し迫ったリーダーシップの課題は何か？　細かいレベルではなく、「個人や組織を成功に導くために本当に重要なものは何か」というふうに大きく考えよう。たとえば、組織の重要な問題を解決する。新しい革新的なプロセス、製品またはソリューションを開発する。または重要な組織変革を主導する。頭に浮かぶ課題を三つから五つ書き出そう。

［ステップ2］

書き出した課題のなかで、境界を越えたリーダーシップでしか解決できないものはどれか？　自分のチームや部門、地域のなかだけでリーダーシップを発揮しても解決できない課題。以下の基準を最もよく満たすものをひとつかふたつ選び出そう。

- さまざまな集団のなかに大きな方向性、団結力、責任感を築くことで、境界を越えなければならない。

●システムや構造だけでなく、もっと深い人間関係やアイデンティティの変革（「何をするか」だけでなく「われわれは誰か」にも関わる変革）を必要とする。

●リーダーシップに対する新しいアプローチを必要とする。過去に機能したものがいまも十分役立つとはかぎらない。新しい技能や戦術、ツールが必要になる。

［ステップ3］

ここで、バウンダリー・スパニング・リーダーシップのアイデアやコンセプトを応用するのに一番ふさわしい課題はどれかを決定する。これがあなたの「ネクサス課題」である。以下のヒントをもとに、ちょうどいい「見出し」をそれにつけよう。見出しができたら図1・3の真ん中の円に記入しよう。

●あなたの課題を短めの見出しで表現する。
●「いかに〜するか」の形式。
●行動を示す動詞を必ず入れる。

たとえば、「部門の垣根を越えたコラボレーションを促し、もっと顧客中心の製品やソリューションを開発・提供する」が課題だとしたら、「いかにサイロを壊すか」「いかに部門横断的なコラボレーションを促して顧客ニーズに応えるか」といった見出しが考えられる。

［ステップ４］

図１・３の外側の円にある四つの問いかけ（「何？」「なぜ？」「どのように？」「もし〜なら？」）に即して課題を表現する。円のなかにそれを書き入れよう。

［ステップ５］

あなたの「ネクサス課題」を念頭に置いて本書を読み進めよう。本書に登場するリーダーたちの課題が唯一無二のものであるように、あなたの課題も唯一無二のものだ。だが、リーダーたちのストーリーには文脈や文化を越えた汎用性がある。グローバル企業で働いていようが、地方政府機関で働いていようが、彼らの経験から広く学ぶことができる。それが優れた物語の持つ力である。バウンダリー・スパニングの六つの実践を説明する各章（第４〜９章）で、こちらからさらに問いかけをし、その章のストーリーをあなた自身の課題に結びつけやすくする。第10章では、知識を整理し、具体的なアクションを起こせるよう、最後にもう一度あなたの課題を確認する。

図 1.3　あなたのネクサス課題

第2章 「私たち」と「彼ら」——なぜアイデンティティが重要か

私は誰？　本章ではこの疑問について考える。これが境界を越えたリーダーシップとどう関係するのか、といぶかしんでおられるかもしれない。答えは、「境界を越えたリーダーシップの中心にあるのはアイデンティティだから」。アイデンティティ（あなた自身のアイデンティティ、あなたが率いる集団のアイデンティティ）は、人間の根源的なふたつの欲求——差異や独自性に対する欲求と、統合や所属に対する欲求——の相互作用からつくられる。[1] 経営幹部への調査で課題と認識された五つの境界のマネジメントが難しい理由は、それらが集団を分断する物理的・技術的な違いを表すからではなく、「われわれは誰か」というアイデンティティ、「自身をどう規定するか」という方法の違いを表すからだ。

世界がフラットになり、集団の協業を阻んできた境界（地理的な距離、限定的な技術などの物理的境界）の多くが取り払われたあとに残されるのは、人間関係に関わるもっと強力かつ有害な境界、「私たち」と「彼ら」を隔てる境界である。その「私たち」と「彼ら」を分ける境界、私たちがバウンダリー・スパニング・リーダーシップの強敵と考えるものの中心にあるのが、統一と分離の微妙なバランス、アイデンティティである。[2] 会社の役員室に入ったり、グローバルな電話会議に参加したり、主要なステークホルダーと会議を開いたりすれば、そこにはたしかに「私たち」と「彼ら」のあいだの境界が存在する。重要なのはアイデンティティだ。本章の目標は、アイデンティティに関する新しい知見を提供することである。アイデンティティとは何か、それは他者とのやりとりにどう影響するか、なぜそれはリーダーとしてのあなたを困らせる、「私たち」と「彼ら」のあいだの境界をつくるのか？　アイデンティティについて理解し、それが職場で重要な理由を知るため、まず冒頭の問いから始めよう。私は誰？

答えを出すにあたって、紙の上に大きな円を描こう。この円があなたの全体、あなたをあなたたらしめている全要素だと考えてほしい。円のなかに、あなたのアイデンティティのさまざまな側面を書き込んでいく。現時点で重要だと思われるものは大きめの字で、それほど重要でないものは小さめの字で書こう。たとえば私たちの場合なら、「リーダーシップ専門家」「組織心理学者」「親」「男性／女性」「アウトドア派」。「親」と「リーダーシップ専門家」が大きな文字になる。では、あなた自身のアイデンティティサークルを完成させよう。[3]

おそらくほとんどの人は、家族や地域での役割、趣味、所属、関心事、属性などを書いいたのではないか。そして、字の大きさにも違いがあったはずだ。多くの時間を割いたり、重要性が高かったりするものは大きな字で表される。ここからアイデンティティについて大切なことがいくつかわかる。第一に、われわれのアイデンティティは次のような要素の複雑な組み合わせで構成される。(1)他者との関係で果たす役割、(2)その人ならではの関心事・趣味・活動、(3)所属する(他人からそう見られる)属性集団。

アイデンティティを形づくるこの複雑な組み合わせは、統合化と差異化というふたつの基本ニーズを満たす手助けをし、われわれ一人ひとりの重要な目的の達成に貢献する。他人との関係で「私は誰か」を規定することで自己認識や自尊心に寄与するとともに、帰属意識を植え付ける。同時に、自身の独自性や他人との違いを明らかにする役割も果たす。その人ならではの役割、関心事、趣味、活動は個人的なアイデンティティを表し、所属する集団は社会的アイデンティティを表す。逆説的に聞こえるかもしれないが、所属と差異というどちらの要素も、自分が何者で、社会にどう適応するのかという健全な意識を養うのに不可欠である。

皮肉なことに、われわれは自分というものを規定するうえで他人に依存している。無人島で一生を送ったとしよう。あなたはどんな人間になるだろう? 自給自足、ハンター、平和、孤独など、いろいろな答えが浮かぶかもしれないが、実際にはどうなるかわからない。アイデンティティの大部分は他者との社会的比較を通じて決まる。他者との関係において所属やつながりが明らかになり、自分の独自性も明らかになる。「溶け込みたい」と思いながら「ユニークな存在とも見なされたい」と願う自分が時折いるはずだ。実際、状況によっては、アイデンティティの同じ要素がふたつの目的に役立つことがある。

たとえば、社外のカンファレンスやワークショップに参加する場合を考えてみよう。一週間に及ぶワークショップを終えれば、「シックスシグマ〔経営管理手法の一種〕」の専門家と認定される。今年は研修予算が限られているため、遠方で開催されるワークショップに参加できるのは職場のチームであなただけだ。帰ってきたらシックスシグマの知識を他のメンバーにも伝えることになっている。いざ会場に着くと、なにやら心細く場違いな感じがする。遠方ということもあるし、他の出席者のほとんどが同僚といっしょに来ていると思えるからだ。すると驚いたことに（そしてうれしいことに）、部屋の向こうのほうに同じ会社の社員らしき人物が見える。ただし所属部門は違う。ふたりはお互いの襟元の社章に気づいてにっこり笑い、さっそく会話を始める。社内ではほとんど交流がなかった相手だが、すぐに親近感を覚える。社内の共通の知り合いや共通の出来事について話が弾む。

このように会社では接点のない人間が突然「私たち」の仲間入りをすることがよくある。すぐに連帯感や一体感がわいてくる。しかしいざ会社に戻ると、この同僚に強烈な連帯感を覚えることはもはやない。会社への帰属意識をもとにこの人物やチームの他のメンバーとつながる代わりに、あなたはワークショップでもらったシックスシグマ専門家の認定バッジを身につけ、自分は違うということをアピールする。自身を他の社員と差別化し、独自性を前面に出そうとする。

認定バッジをつけることがこの目標達成に一役買う。

アイデンティティ――自分という人間、コアとなる価値観や信念、他者とのつながりをどう捉えるか――は、職場の人たちとの日々のやりとりのなかで作用しはじめる。[4] アイデンティティの多様な側面はさまざまな状況における行動の指針となり、そのほとんどは（すべてとは言わないまでも）他人に比べて自分自身を肯定的に捉える助けとなり、プラスの自己認識に寄与する。とはいえ、アイデンティティのあらゆる側面が同じ重みを持つとはかぎらない。

アイデンティティサークルに戻って、文字の大きさを見てほしい。大きなものもあれば小さなものもあるだろう。つまり重要性に違いがあるということだ。そして、これは時間や状況によって変化する。[5] ある時期、高齢の親の介護が精神的・時間的に大きなアイデンティティの要素だとしても、親が亡くなればその要素は消失する。営業部の一員であるというアイデンティティは、毎年の営業合宿ではとくに意識されない。なぜなら他のメンバーも営業部員だから。ところが部門横断的なプロジェクトに加わったときは、それが自己認識の中心になる。自分が唯一の営業部員として、部を代表する意見を言わなければならないからだ。

重要度以外に考慮すべき大事なアイデンティティの側面は「支配性」である。つまり、支配的な集団（内集団）の一員なのか、非支配的な集団（外集団）の一員なのか。あなた自身のアイデンティティサークルを見て、組織のなかの支配的集団に入りそうな要素をチェックしてみよう。たとえばエンジニアリング企業など、男性優位の環境で働いている女性は、職場の非支配的集団の一員ということになるかもしれない。しかし病院で働く女性幹部は、その業界に女性が多いため、支配的集団に入る可能性がある。[6]自身のアイデンティティサークルを見て、次のことを考えてみよう。アイデンティティの支配性・非支配性（内集団の一員か外集団の一員か）は、あなたのリーダーシップにどんな影響を及ぼすか？

内集団か外集団かという問題は、アイデンティティについて考えるとき、またアイデンティティのダイナミクスが職場の人々に及ぼす影響について考えるとき、重要になる。不幸にも人生から逃避せざるをえないとき、少数派ないし部外者の気持ちにならない人はまずいないだろう。これは非常に人間的な体験である。われわれは、時には支配的な集団に属し、時には非支配的な集団に属している。しかし、部外者になったときの気持ちはすぐに忘れやすいし、外集団にいる人の立場を推し量るのは難しい。内集団にいるときはそれが当たり前だと思ってしまうからだ。[7]われわれ人間はアイデンティティのこの側面についてあまり考えない。自分たちにとっては境界とは無縁の当たり前のことなので、考えなくてもすむのである。それは多数派の支配的集団、最大の権限や発言力を持つアイデンティティ集団の態度である。

自分が所属し、一体感を持つ集団はプラスの自己認識の形成に役立ち、帰属意識や独自性に寄与するが、アイデンティティ集団にはマイナスの影響もある。残念ながらアイデンティティは集団のあいだに大きな壁を築き、メンバー同士の協働を難しくする。人を分断し、疑念や不信をあおり、相互理解の大きな障壁を築きかねない。要するに、アイデンティティは社会でも職場でも

「グレート・ディバイド」——集団が「私たち」と「彼ら」に分裂したときに生じる、破壊的で非生産的な結果——を生み出すことがある。小学生を対象にしたある有名な「実験」から、集団が簡単に分裂すること、そしてアイデンティティの違いが破滅的な結果を招くことがわかる。

アイデンティティの影響——「私たち」と「彼ら」

一九六〇年代後半、アイオワ州ライスビルの小学校教師ジェーン・エリオットは、自分が受け持つ三年生のクラスに「グレート・ディバイド」をつくることにした。彼女はマーティン・ルーサー・キング・ジュニアの暗殺のニュースを見ていたが、さまざまな指導者の人種差別的な発言や、米国の黒人と白人の関係が険悪な状態にあるというコメントを聞かされて、ニュース報道を見るのがつらくなった。スー族〈ネイティブアメリカン〉のこんな言葉を思い出す。「相手のモカシン〈ネイティブアメリカンが履いていた靴の一種〉を履いて歩いてみるまでは、その人を判断してはならない」。そのときエリオットは決心した。他人のモカシンを履いてみるとはどういうことか、三年生の子どもたちに学んでもらおう、と。

アイオワ州ライスビルはほぼ白人だけの町だったから、人種差別や偏見の影響について生徒たちに話したところでほとんど効果がないのはわかっていた。彼ら自身に体験させる必要があった。そこでエリオットは自分のクラスに「内集団対外集団」の状況をつくり出したのである。[8] 一九六八年四月五日、キング牧師が暗殺された翌日、ジェーンは生徒たちに、青い目の子は茶色い目の子より優れていると発表した。青い目の生徒のほうが賢くて清潔で行儀がよいので、給食のお代わり、長めの休憩がとれるといった特典を与えられる。茶色い目の子は首の回りにフェルトの襟をつけなければならず、青い目の子と同じ水飲み場で水を飲むことが許されず、休み時間に遊具を使うことができず、トイレは青い目の子が使い終わるまで待たなければならない。

　すぐに「グレート・ディバイド」ができた。青い目の子はだんだん偉ぶるようになり、茶色い目の子はおどおどするか、自分の置かれた状況に怒るかのどちらかだった。茶色い目の男子生徒のひとりは、自分を「茶色野郎」呼ばわりした青い目の生徒の腹をなぐった。ある茶色い目の女子は、青い目の生徒たちが遊具を使っていたため、校庭の片隅にうずくまってひとり泣いていた。ある青い目の男子は先生に指示棒を渡し、茶色い目の子たちが手に負えなくなったらこれを使ってくださいと言った。翌日、ジェーンは「きのうは間違っていました」と発言をひるがえした。本当は茶色い目の子のほうが賢くて行儀がよいので、いろいろな特典を得ることができる、と。茶色い目の生徒は大喜びでフェルトの襟を取り去り、きのう自分たちを愚弄した青い目の子にそれを渡した。

彼らもまた優越感を持つようになり、前日は振るわなかった勉強の出来も飛躍的に改善した。二日目の終わりにジェーンは実験を終え、なぜこんなことをしたのかを話して聞かせた。肌の色が違う人を見たら今回のことを思い出し、目の色が違うせいでひどい扱いを受けてどんな気持ちがしたかを思い起こしなさい、と言った。

三年生のクラスで二日間だけ行われた実験だったが、これはわれわれ人間がすぐに集団を形成し、同じ集団のメンバーをひいきしたがるという象徴的な事例になった。ジェーン・エリオットの実験は全国から注目を浴びた。彼女がいとも簡単に子どもたちの相互認識を操作したこと、またその結果、差別や対立がただちに表面化したことに、人々はショックを受けたのである。エリオットが行ったことはシンプルながら核心をついていた。子どもたちのあいだの差異を強調し、一方の集団のステータスを他方より引き上げる——相手への接し方や勉強の出来に影響を及ぼすには、これだけで十分だった。

この実験によって生徒たちは大きく変化した。公共放送サービス（PBS）のドキュメンタリーで本人たちがそう語っている。彼らとエリオットは一七年ぶりに再会するのだが、そこで元生徒の多くが、この異例の実験に参加できて幸運だったと述べている。その後の人生で他の人種に対して寛容になることができたし、親として次の世代にもこの寛容の姿勢を引き継いでいる、と。多くの参加者が同じ感想を持っていた。自分たちが「外集団」のメンバーに対して簡単にひどい扱いをしてしまうことに驚いていた。仲のよかった生徒が一日もたたないうちに敵に変わるのだ。エリオットはひどい接し方をしろと指示したわけではない。優れた集団とそうでない集団に生徒たちを分けただけで、彼らがそのレッテルに基づく反応を見せたのである。「私たち」と「彼ら」を隔てる境界がいかに簡単に築かれ、カテゴリー分類が生じるかを、この実験は物語っている。

　個人的・社会的なアイデンティティは自尊心に寄与し、自身を他人と差別化するのに役立ち、連帯感や帰属意識をもたらす。これはきわめてポジティブな側面だが、アイデンティティにはマイナスの影響もある。われわれは自分と他者をおのずと比較し、「私たち」と「彼ら」を区別する。同じようなアイデンティティの持ち主は「私たち」すなわち内集団のメンバーと見なされ、違うアイデンティティ集団に属する人は「彼ら」すなわち外集団のメンバーと見なされる。いや実際には人間はもっと開放的《インクルーシブ》だと考えたいかもしれない。しかし、心理学者は、われわれがともすれば無意識のうちに自分や他者を内集団と外集団に分類してしまうことを実証している。[9]

　まるでコンピュータのように、われわれは内外から受け取ったあらゆる情報をカテゴリー（「フォルダー」）に分類しようとする。脳はそのようにして、時々刻々と受け取る多数の感覚入力を整理し、理解するのだ。われわれは目の前の情報をただちに処理し、いま経験しているものが何かを明らかにしようとする。これは五感のすべてで発生する。風に乗って独特の香りが漂ってきたら、花や果樹など、何かなじみのあるものとしてそれを認識しようとする。動物園で珍しい動物を見たら、それをネコ科だろうか、両生類だろうかと分類する。向こうから誰かが歩いてくるのを見たら、すぐさま、自分と同類か違う種類の人間かを判断する。肌の色、性別、民族、衣服、言語などが似ていたら、その人はたぶん「私たち」の一員となる。

このようにわれわれは他人についてつねに「即断」を下しているわけだが、残念ながらその多くは間違っている。これは脳の情報処理のしかたに即した現象であり、自然に、そして本能的に生じるものだ。この区別は瞬時になされるが、アイデンティティの無意味な側面からきていることも少なくない。ジェーン・エリオットは目の色の違いだけで「私たち」と「彼ら」の強力な溝をつくり上げた。集団分化がいとも簡単に起こり、人々が外集団のメンバーよりも内集団のメンバーを好意的に見るという事実は、社会心理学の一貫した研究結果のひとつである。[10]

内集団のメンバーには一種のハロー効果〔認知バイアスの一種〕が働き、プラスの資質や属性をたくさんそなえているように見える。この効果は他者に対する認識を歪め、自分と似た人に対する強力なプラスのバイアスを生じさせる。研究によると、マネジャーは自分に似ていると感じる人を信頼し、支援し、採用し、昇進させ、そばに置く傾向があり、その結果、リーダーシップに関する意思決定が偏ってしまう。こうした力に影響されるのは、われわれ大人もジェーン・エリオットの生徒たちと同じである。[11]

不安定なリーダーシップ基盤

集団を「私たち」と「彼ら」に分けるアイデンティティのダイナミクスは、五種類の境界を越えたマネジメントが直面する中心的課題である。異なる集団との協働には、「差異化」と「統合化」というふたつの根源的欲求の微妙なバランスが必要であるが、それはアイデンティティが理由である。アイデンティティは職場で毎日のようにぶつかり合う。従業員はみんな他人より抜きん出た存在でありたいと考え、同時に帰属意識や連帯感も持ちたいと考える。アイデンティティのダイナミクスは職場で問題を引き起こす。従業員は価値観や視点、信念が違っても他の集団と協力する術を見つけなければならない。五種類の境界について、各集団が差異に基づいて自己を規定し、「私たち」と「彼ら」に分かれるとき、アイデンティティのダイナミクスがどのように問題を生み出すかを検討してみよう。

垂直の境界の場合、経営陣と第一線のマネジャーの考え方や視点が違うなかでアイデンティティが機能すると、そこに壁ができかねない。経営幹部のアイデンティティは社内での立場や視点が主なベースになっている。つまり全社的な戦略を長期的に実現しようとする。第一線のマネジャーは当然、立場も視点も異なる。彼らの役割やアイデンティティのベースになるのは、日々の業務が優先される場所から見た景色である。アイデンティティが異なり、会社の利益に対する捉え方が異なるふたつの集団のあいだには大きな問題が生じる可能性がある。

水平の境界の場合は、たとえば営業部門とエンジニアリング部門のアイデンティティの違いが問題になる。営業部員は「会社の顔」としてどこよりも売上・利益を引っ張っているという自負があり、自分たちこそ会社の成長エンジンであると考える。一方、エンジニアリング部員も自分たちが成長エンジンだと考えている。将来の市場シェアを左右する新しいアイデアや製品を生み出しているからだ。こうしてアイデンティティの違いが壁となり、専門性の違いによる問題が生まれる。

さまざまなステークホルダーを協業させなければならないときにも、アイデンティティのダイナミクスが作用する。彼らは当然、関心事がそれぞれ違っているし、時にはそれが対立することもある。人口属性の境界では、たとえば世代間の違いを越えたマネジメントが必要になる。ベビーブーマーは忠義、職業倫理、断固たる決意を大切にするが、X世代は過労死するくらいなら人生を楽しみたいと考える。この場合、世代が違うと組織へのコミットメントのしかたも大きく異なるため、リーダーにとっては、双方の集団を公正に評価しなければならないという課題が生じる。最後に地理的な境界は、距離に基づく集団の分断を招きかねない。たとえば、欧米人は起業家精神を誇りにするが、東洋人は伝統や融和を重んじる。こうしたアイデンティティの違いは、多国籍チームを束ねるリーダーにいろいろな課題をもたらす。

「私たち」と「彼ら」という複雑なアイデンティティダイナミクスに対処するには、次のふたつの微妙なバランスをとる必要がある。すなわち、いつ境界を前面に出し、差異化や独自性に対するメンバーの欲求を満たすべきか、そして、いつ境界を越えた連帯を促し、統合や所属の欲求を満たすべきかを知らなければならない。これだけでも大変だが、リーダー自身のアイデンティティも大きな役割を果たすため、境界を越えたリーダーシップはますます難しくなる。アイデンティティのダイナミクスや「私たち」と「彼ら」の分断から、あなた自身も自由ではいられない。それどころか、あなたのアイデンティティが問題を引き起こすこともある。

リーダーは内集団のメンバーであることが多いので、アイデンティティ集団のダイナミクスを認識していないケースがよくある。先に、人はアイデンティティの支配的な側面についてあまり考えないと述べた。考える必要がないのだ。慣れっこになっているから、わざわざ貴重な認知資源を使って、「自分のアイデンティティが昇進や顧客の確保や目立つ仕事の獲得に影響するだろうか」と心配する必要もない。だから多くのリーダーが、境界の中心に存在するアイデンティティの問題を認識できない。アイデンティティの違いが方向性、団結力、責任感を築こうとする努力の妨げになっていることに気づかなかったり、アイデンティティの違いが価値観や見解、信念、仕事のしかたの対立を生み、境界が障害になっているときに、その板挟みになって身動きできなかったりする。

リーダーシップの研究者によると、われわれは有能なリーダー像というものをあらかじめ抱いている[12・13・14]。言い換えれば、あなたが率いようとする各集団は、あなたの見た目や行動、他人への接し方について一定の期待を持っている。その期待に絶えず沿っていれば、彼らはあなたについてくるだろう。だが、その期待に沿えず、「私たちのひとり」と思ってもらえなければ、彼らのやる気を高め、集団に影響を及ぼすのは難しい。これは大きなジレンマをつくり出す。リーダーの役割に就いたとき、あなたはそのジレンマを自覚しなければならない。[15] アイデンティティが同じ人たちの集団はまとまりやすい。その集団の価値観や理想を代表していると思われたら、そこでは方向性、団結力、責任感を築くのに成功する可能性が高い。しかし集団内のまとまりは代償を伴う。別の集団との競争を助長するからだ。ある集団に「私たちのひとり」と思われればと思われるほど、別の集団からは「彼らのひとり」と思われやすい。あなたがどちらかの集団に属しているのが明らかな場合、両者のあいだに橋を渡すのは（不可能ではないにしても）難しい。異なるアイデンティティ集団に橋を架けようとしても、事態をかえって悪化させる可能性がある。

たとえば、香港にある多国籍投資運用企業のオペレーション担当バイスプレジデント、バージニア・シェフィールド（仮名）のストーリーを見てみよう。英国人である彼女は少数派「欧米」グループの一員と見なされている。同僚や部下の大半は中国人だ。そんな同僚のひとり、周瑛（仮名）がバージニアについて――そのリーダーシップスタイル、同僚や部下への接し方、そして彼女のアイデンティティや他者への対応がチーム内に深い溝をつくったことについて――話を聞かせてくれた。バージニアはこの会社に入ってから長く、香港にも一〇年住んでいるが、広東語はほとんど話さない。周瑛によると、彼女はオーストラリアや英国出身の同僚や部下など、他の欧米人とのつきあいに時間を割き、地元の中国人スタッフとはめったに話をしないという。どうやらこうした状態は二年ほど続いており、周りの人たちにもよくわかっていたらしい。職場にいる一二〇人のうち、先の欧米人一〇人に特別の配慮を示していたからだ。中国人メンバーのあいだには、バージニアが「欧米人を大事にする」との共通認識ができている。

あるとき、周瑛はインフォーマルな集まりの場でバージニアに、部下ともっと話をしてもらえないかという希望を伝えた。彼女は了解し、部下のことをもっと知るようにしたいと答えたが、いまだにその努力をしていないと傍《はた》からは見られている。その結果、残念ながらオペレーション部門では欧米人と中国人のあいだに明らかな溝ができ、同部門は少なくとも地元の中国人にとって、社内で働きたくない部署と見なされている。周瑛や中国人の同僚は、自分たちがビジネス上の重要な意思決定から外されていると感じている。そして、自分たちが不満で疎外感を覚え、やる気を失っていることをリーダーは知らないと思っている。多くのメンバーがオペレーション部門を離れたい、会社を辞めたいと考えている。

内集団に対するえこひいきがあるとの認識が、チームに問題を引き起こしているのは間違いない。バージニアは本当に自分がこしらえた溝に気づいておらず、内集団をひいきしていると思われていると聞いたら驚くのかもしれない。欧米人とつきあうか中国人とつきあうかということをほとんど考えず、本能的かつ無意識のうちに同じ言語や文化の人たちと時間を過ごしている可能性がある。あるいは、自分が欧米人だという自覚があり、中国人ばかりの職場に自分はなじまないと感じ、欧米人とつきあうことに安らぎを見いだしているのかもしれない。何百人ものリーダーと仕事をしてきた私たちの経験から言うと、バージニアも他の多くのリーダーと同様、「私たち」と「彼ら」の溝を意識的につくったのではないと思われる。むしろ、自分のアイデンティティが他者に対する見方や他者とのつきあい方に影響を及ぼしていることを自覚していないのではないか。

グレート・ディバイドを越えて方向性、団結力、責任感を築くうえでバージニアはたくさんの難題に直面しているが、私たちは、あなたが本書を読んでそんな難題を回避できることを願っている。バージニアの例を挙げたのは、自分自身のアイデンティティを理解することの重要性をただ知ってほしかったからだ。自分が「私たち」と「彼ら」のあいだの壁を築く可能性があること、アイデンティティのダイナミクスが境界を障害に変え、集団を越えた協働を難しくすることを知ってほしかったからだ。

第3章
集団間の境界
――グレート・ディバイド

一九五四年の夏の盛り、一一歳の少年二二人がオクラホマ州サンボア・マウンテンズの深い山林地帯にあるロバーズ・ケーブ州立公園に保護者の車でやって来た。これから三週間、彼らは保護者と離れて生活するのだが、興奮してそんなことは気にもならなかった。早くテントを張り、ヘビを探し、泥だらけになりたくて待ちきれない。ただ、本人たちは知らないのだが、研究者の一団も別の理由で少年たちと同じくらい興奮していた。少年たちは心理学のある実験の被験者になろうとしていたのだ。これはその後、歴史的に有名な実験になる。

二二人の半分は六月一九日に到着し、同じ小屋にすぐ入れられた。残る半分は六月二〇日に着き、別の小屋に入れられた。最初のグループとは離れているため、どちらも相手の存在を知らない。最初の週、各グループのメンバーはお互いを知ることに時間を費やした。いっしょに食事をとり、泳ぎに行き、カヌーをし、ハイキングに出かけた。とくに楽しんだのは野球である。すぐに友情が築かれ、数日もすると彼らは別々の個人ではなく、ひとつの集団として行動し、決定を下すようになった。どちらのグループにも同じことが起き、それぞれが自分たちのグループに「イーグルス」「ラトラーズ」という名前をつけた。

二週目、少年たちはもうひとつのグループもキャンプしていることを知る。[1]キャンプの指導員はイーグルスとラトラーズを近い距離に置いた。[2]ほとんど本能的に、両グループは自分たちをたたえるコメントを発しはじめた。自チームのほうが野球が強いと自慢し、それを証明するために相手に試合を申し込んだ。「うちら」と「やつら」の違いが鮮明になり、少年たちはみずからの「領有物」や「領地」を守ろうとするようになった。つまり競争が始まった。野球からテント張り、綱引きから部屋の点検まで、あらゆる面で両者は競い合った。悪口を言い合い、同じ食堂で食べるのを拒み、相手の小屋を襲い、殴り合いのけんかをするなど、状況はどんどん悪化。イーグルスはラトラーズの旗を盗んで焼くことまでした。人種、教育、社会経済的地位、地域など、ほぼあらゆる点が共通している少年たちのふたつの集団が、まるで共通点などないかのように振る舞った。「うちら」と「やつら」に分裂し、グレート・ディバイドを形成した。

表向きは混乱や対立がエスカレートしていたとはいえ、このロバーズ・ケーブ実験は、実際には厳しくコントロールされた科学実験だった。「接触仮説」という著名な理論をテストするのが目的である。[3]この理論によれば、集団間の対立を和らげるには、彼らを互いに接触させるのがよいという。集団が交流し、いっしょに過ごす機会を持てば、相手への態度がプラスに転じるのだ。[4]この時点までは、ほぼ研究者の予測どおりのことが起こっていた。同じ小屋にいるというだけで、少年たちのあいだにすぐアイデンティティ集団が築かれた。彼らは自身のグループに強いプラスの感情を抱き、相手のグループにはもっと強いマイナスの感情を抱いた。競争し合うことが許されてからはなおのことだった。[5]実験の次なるパートは、グレート・ディバイドをどう修復するかが眼目であった。

次の数日間、イーグルスとラトラーズは相互交流の機会をいくつか持った。だが接触仮説が予測するように対立が和らぐどころか、交流の機会を増やすと火に油を注ぐ結果になった。ひとつ例を挙げると、いっしょに食事をとりながら「和解」するチャンスを与えられたのに、両者は口論をやめず、あげくは食べ物を投げ合う事態になった。なぜここでは接触仮説が機能しなかったのか？　なぜイーグルスとラトラーズはいっしょに過ごすうちに互いの共通点を見つけるのではなく、マッシュドポテトを投げ合う羽目になったのか？　残る夏を彼らは戦争状態で過ごす運命にあったのだろうか。

イーグルスとラトラーズについては本章で追ってまた取り上げる。いまはとりあえず、長年の研究から事はそれほど単純ではないことがわかっている、と言うにとどめておこう。たいていの場合、効果的な協業を実現するには「集団をいっしょに過ごさせる」だけでは足りない。これはオクラホマ州のサマーキャンプだけでなく、あなたの組織にも当てはまる。

「リーダーシップ・アクロス・ディファレンシズ（LAD）」プロジェクトや、世界中の組織を対象にした私たちの研究からわかっているのは、競争や対立の歴史があるときに集団をいっしょにするだけでは、グレート・ディバイドに関して不満足な結果を招く可能性が高いということだ。つまり、創造性や革新性が抑え込まれ、連携や提携が失敗し、問題解決能力が低下し、部門やユニット間の縄張り争いが始まり、不信や不関与が文化として定着し、組織の生産性が大幅に低下する。先に述べたように、本書の目的はバウンダリー・スパニング・リーダーシップの能力を読者に身につけてもらうことだ。この新しいアプローチを使えば、破壊的・制約的な境界を建設的で前向きなニューフロンティアに変えることができる。だがまず、目の前に立ちはだかるであろう課題を理解するのが不可欠だ。

集団がぶつかり、交わり、つながる場所にはとてつもなく大きな可能性がある。破壊的な対立が起きる可能性、または創造的な協働が生じる可能性だ。本章では前者、つまり集団間の境界がぶつかり合うという破壊的な側面——グレート・ディバイド——に焦点を当てる。集団が他の集団に脅威を覚え、差異ばかりに注目して共通点に目が向かないとき、「私たち」と「彼ら」の分裂は、やりとりを重ねるごとに深まっていく。共通の方向性、団結力、責任感を築くのはますます難しくなり、制約的で非生産的な結果を招く。集団の境界がぶつかり、新たなフロンティアがつくられる際に起こりうるプラスの現象がネクサス効果だとすれば、グレート・ディバイドは最もマイナスの現象と考えられる。それはすなわち最悪のシナリオだ。アイデンティティの違いが際立つせいで、集団は非生産的な行動に並々ならぬエネルギーを費やす。貴重なリソースが、生産的な仕事ではなく、対立そのものに費消される。この場合、集団はそれぞれ別々に行動したほうがうまくいく。以下のページでは、グレート・ディバイドの可能性を見分けるのに必要な知識を提供する。その知識があれば、集団のあいだの溝を埋めるなり、溝を避けるなりするための手段を講じることができる。

グレート・ディバイド越しの不信

不信感があると集団同士はうまく協力できない。過去に「ネガティブな関係」があった場合はとくにそうだ。[6] ロバーズ・ケーブ実験の少年たちはキャンプで会うまでお互いを知らなかったが、職場の集団は互いにネガティブな先入観を持っていることが少なくない。たとえば、ジョイントベンチャーが新たに創設され、かつての競合企業が協力しなければならなくなったとき、初の顔合わせが行われる部屋には相当な緊張感が漂うだろう。相手企業とは価値観や哲学が違うという認識が広く浸透している場合や、双方のあいだにかつてネガティブな関係があった場合は、「彼ら」に対する不信感がとりわけ強くなる。その場合、双方のメンバーはネガティブな結果を予想しやすい。すると当然、そのとおりよくない結果が生じてしまう。

境界を越えるにはそれなりの覚悟がいる。集団のあいだの溝はたいてい深い。自分ではどうしようもない出来事が不信の原因だったりもする。だがそれでも、できるだけ早くこの不信に対処し、溝が広がってしまうのを防いだほうがよい。二〇〇八年の秋にコロラド州グリーリーの精肉工場で起きた出来事を考えてみよう。JBSスイフト社のムスリム従業員一五〇人が会社の処遇に不満を持ち、終日ストライキを実施したというニュースが世間を騒がせた。このニュースは工場の管理者のひとり、バート・ハンターの視点から語られている。[7]

ハンターは金曜の遅い時間に工場に着いた。別の場所で開かれた管理者会議に出ていたためだ。会議は順調に進んだ。二年前、移民税関捜査局の強制捜索を受け、ヒスパニック系従業員二七〇人が拘束されるという事件があったものの、会社の業績は順調に推移していた。JBSはヒスパニック系従業員の代わりにソマリア難民を雇い入れ、生産性は向上した。ハンターはこの五年、夜勤の主任管理者を務めており、金曜の出社が好きだった。週末が近いせいで、みんなたいてい上機嫌だ。でもきょうは様子がおかしい。駐車場に入ると、大勢の従業員が拳を突き上げながら叫んでいる。何か抗議しているらしい。

その群衆から離れたところに人事部長がいたので、駆け寄って事情を尋ねる。あまりのショックにどうしてよいかわからないという様子だった。彼女の説明によると、二〇〇人以上のムスリム従業員が日没時の礼拝休憩がとれないことに抗議しはじめたのだという。ラマダン（断食月）のあいだは日没時の礼拝をするまで飲み食いができないので、日没に合わせてちゃんと祈らなければならない、というのが彼らの言い分だった。

この何週間か、ムスリム労働者と工場職員（ほとんどが白人のクリスチャン）のあいだで緊張が高まっているのをハンターは感じていた。ここは米国でも保守的な地域なので、九・一一の同時テロ以来、ムスリムへの不信感が高まっていた。イスラム教徒とキリスト教徒の対立は全米各地で問題になっており、それがこの工場でも噴出した格好である。従業員の一団がハンターのところへ来て休憩時間の変更を要請したが、彼はそれを受け流した。時間がたてば忘れるだろうと思ったのだ。正直なところ、どんなグループにも特別な計らいをしたくなかったし、ソマリア出身のイスラム教徒とヒスパニック系のキリスト教徒のあいだの緊張関係をこれ以上悪化させたくもなかった。全員が今後もなんとかうまくやってほしい、工場の操業がスムーズに行ってほしい、と彼は願った。しかし忘れ去られるどころか、問題はさらに大きくなった。最初の抗議者たちが周りの者を勧誘した結果、もっとたくさんの従業員が彼のオフィスへ押し寄せ、休憩時間の変更を要求したのである。重圧に耐えかねるかたちで彼らの要求を上司に伝えると、上司は従業員向けの連絡文書を作成し、そのなかで休憩時間を午後九時から午後八時に変更すると述べた。これで片がついたはずだった……。

ところが、この処置はムスリムたちの怒りを増幅させるだけだった。これでもまだ休憩時間は遅すぎる、経営側は礼拝の必要性を何もわかっていない、と彼らは不満をぶちまけた。ハンターは苛立ちが募るのを感じながらも、次のように説明した。グリーリーでは交代勤務で働く一三〇〇人のうちムスリムが三〇〇人以上。まとまった礼拝休憩をとると、残りの従業員にしわ寄せがいく。連絡文書のなかで、ハンターの上司は次のように述べていた。午後八時より早く休憩をとると、四時間近く休みなしで働くことになる。一時間に四〇〇頭近い牛を解体処理する現場で、これは危険な事故を招きかねない――。ハンターは従業員たちが母国語で話し合っているのを耳にして、彼らがこの件に相当腹を立てていると思ったが、それでもまだ、時間がたてば丸く収まるだろうと考えていた。それに、ほかにやりようがなかった。

……だがいま、ハンターには打つ手がなかった。これだけ多くの従業員が出社しないなか、どうやって夜勤シフトを回せばよいのか。工場はこの日、操業をやめていた。週末、ハンターら管理者は緊急ミーティングを開き、月曜までに彼らが仕事に戻らなければクビにすることを決めた。強制的に復帰させるしか方法はないとの判断だった。その結果、出社しなかった一五〇人が解雇された。

溝が深まるのはなぜか

バート・ハンターとJBSスイフトの話からは、リーダーが境界を越えて共通の基盤を見つけられなかったときに起こりうる破滅的な結果が明らかになる。ハンターの組織は真ん中に境界線が走っていたため、一丸となることができなかった。何が原因でこうした溝が深まり、組織の可能性を狭めてしまうのか？

圧力が加わると広がってしまう組織内の溝は、地殻プレート同士の境界に似ている。香港中文大学のドラ・ロウとノースウェスタン大学のJ・キース・マーニガンは「フォルトライン（断層線）」という概念を導入して、集団のあいだに境界が生じるしくみを説明している。フォルトラインは「ひとつまたは複数の特徴に基づいて集団を下位集団に分断する仮想の境界線」である。[8] フォルトラインは地殻の断層と同様、フォルトラインはつねに存在するが、外的な力が働かないかぎりは注目されない。境界がぶつかったり、こすれ合ったり、引っ張り合ったりすると、そこに摩擦やエネルギーが生じる。組織内のフォルトラインは、垂直方向のヒエラルキーのなか、水平方向の各部門のあいだ、さまざまな地域や属性のなか、顧客や取引先を含むステークホルダーのあいだに見いだされる。

こうしたフォルトラインはつねにそこにあるものの、休眠状態にあることが多い。JBSスイフト社の場合、クリスチャンとムスリムの境界がすでに存在していたが、それは必ずしも表面化していなかった。しかしムスリム労働者が休憩時間の変更を望んだとき、両者のあいだの溝がはっきりした。不信と不安が表面化し、かつてはコントロール可能だったひび割れが破滅的な亀裂と化した。

私たちは集団間のフォルトラインを活性化させるきっかけがどのようなものかを知ろうとした。[9] 集団を「私たち」と「彼ら」に分けるきっかけ、それを私たちは「トリガー」と呼ぶ。調査の結果、ほとんどのグレート・ディバイドに先立って、フォルトラインを活性化させるなんらかのトリガーが存在することがわかった。集団を区別するフォルトラインが、目に見えない休眠状態から目に見える活性状態に変化する。地殻断層の衝突によってその下の圧力が表面に出るように、以前は水面下にあった緊張関係が表面へと浮上する。トリガーは学習や成長の機会にもなるが、ここではLADプロジェクトで顕著だった四種類のトリガーを紹介し、それぞれがどのようにグレート・ディバイドにつながるかを説明しよう。

LADプロジェクトの一環として、私たちは一六カ国のさまざまな組織で行われた一八七件のインタビューを分析した（詳細は付録Aを参照）。データを分析するなかで、トリガーとなる出来事に「断絶」「摩擦」「潜行」「衝突」の四種類が浮かび上がった。[10]

断絶

地殻プレートは互いに分離し、亀裂を生じさせることがある。ある集団のメンバーが他の集団のメンバーと違う待遇を受けていると感じたとき、断絶が生じる。アイデンティティや集団間の違いが強調され、集団同士が接するたびに相互分離の度合いが高まる。データのなかで最もよく見つかったのはこの種のトリガーである。報酬や罰則、昇進、リソースがある集団にしか与えられないと思われたとき、このトリガーは発生しやすい。言い換えれば、ある集団だけが大切にされたというケースだ。

内集団のメンバーと外集団のメンバーでは、この手の出来事に対する解釈が違うことがわかった。外集団のメンバーはこれをひいきや偏見と捉えるのに対し、内集団のメンバーは自分たちに対する忠義の表れだと考える。これによってもちろん分断や不信がさらに深まる。たとえば、A銀行がZ銀行を買収したとしよう。A銀行の最高財務責任者（CFO）は、経営陣の大部分に自行の長期勤務者を充てると発表する。A銀行の従業員はこの発表を好意的に受け止めるだろう。要するにCFOは、何十年もの努力を通じて今日の会社を築くのに一役買ってくれた従業員に配慮しているわけだ。しかしZ銀行の従業員はこれを、新しい組織で自分たちが軽視されている証拠だと考える。

JBSスイフトの事例に戻ると、ソマリア系ムスリムとヒスパニック系クリスチャンのあいだの境界はもともと存在していたが、そこに断絶が生じたのは、ムスリム従業員がラマダン中に日没時の礼拝ができるようにしてほしいと訴えたときだった。その要請が拒否されると、ソマリア人たちは自分たちが組織のなかで尊重されていないと考えた。しかし工場のヒスパニック系従業員は、ソマリア人の要請は拒否されて当然だと感じていた。彼らを特別扱いすれば他の従業員の仕事が増えるし、ヒスパニック系の従業員を「自分たちは尊重されていない」という気にさせるからだ。バート・ハンターをはじめとする工場のリーダーは深刻なジレンマに直面した。この事態にどう対処しようとも、どちらかの集団に裏切り行為だと見なされるだろう。このようにリーダーが板挟みになるジレンマについては、第4章でまた取り上げる。

摩擦

南カリフォルニアのサンアンドレアス断層のように、ふたつのプレートが反対方向にゆっくり動き、こすれ合っている様子を想像してほしい。集団も同じようにたびたび摩擦を起こし、深刻なダメージをもたらす。ある集団が別の集団を怒らせたり侮辱したりしたときが、この摩擦に相当する。誤解に基づく場合もあるが、相手を露骨に貶《おとし》めようとする発言や行為も見られる。最初はたったふたりのあいだに生じた摩擦でも、すぐにグレート・ディバイドへとエスカレートし、人間関係がぎくしゃくする。

私たちは調査の途上で「摩擦」トリガーのいろいろな事例を見聞きした。たとえばモザンビークでは、白人駐在員である男性マネジャーと黒人受付嬢のあいだに摩擦が生じた。インタビューした相手は次のように述べた。

勤務中は誰かの訪問を受けてはならないという決まりがありました。……ある日、白人ディレクターの奥さんが夫に会いにきました。……受付嬢は言いました。「申し訳ありませんが、ご主人に取り次ぐことはできません。よろしければメッセージをお伝えし、ご主人から電話してもらいます」。すると奥さんは言いました。「だめ、いますぐ夫のところへ行かないと」。受付嬢は言いました。「申し訳ございませんが、これは会社の決まりなのです。ご理解ください」。……奥さんは怒りだし、とうとう携帯電話でご主人に電話をしました。……ご主人は受付嬢のところへ降りてきて彼女を怒鳴りつけ、「この間抜け」とか「つまらん黒人女め」とか、ありとあらゆるののしりの言葉を投げつけました。

インタビュー相手がさらに教えてくれたところによると、黒人従業員たちがこの白人ディレクターに会って「あなたは間違っている」との意見を表明し、白人ディレクターが他の白人幹部を巻き込むに及んで、事態はたちまち悪化したらしい。ある黒人清掃員が組織のヒエラルキーに背いて、この件をマスコミや労働当局にリークすると、溝はますます深まった。白人ディレクターは結局、会社だけでなくモザンビークからも立ち去るよう求められた。

潜行

地殻プレートはお互いに近づくことがある。すると一方のプレートがもう一方の下に潜り込まされる格好になる。この現象は職場の集団でも起こりうる。最も起こりやすいのは、ある集団が別の集団と同じように行動することを求められるときだ。組織に溶け込んでほしい、みんなとなじんでほしいと思われた集団のメンバーは、自分たちのアイデンティティや自我が脅かされていると感じる。自分の本来の姿、価値観、信念、やり方を変えることが求められる。第2章のアイデンティティに関する記述を読んだ方は想像できるかもしれないが、脅威を感じた集団は往々にして強い反応を示し、集団のアイデンティティを保つために反撃に転じようとする。

たとえば、米国とスペインにメンバーが分散しているチームを考えてみよう。午前一〇時から電話会議が予定されているとする。アメリカ人メンバーはその時間にすぐ会議を始め、最初の議題に入るものと考える。しかしスペイン人メンバーは五分から一〇分遅れて会議に臨む。チームリーダーであるアメリカ人は、時間どおりに会議を始め、すぐ議題に入って何が悪いのかと考える。スペイン人メンバーは仕事以外の話を少ししてからでないと、急かされているように感じて落ち着かない。このスタイルの違いが集団間に境界を生じさせ、問題を引き起こす。一方の集団が他方に合わせて行動を変えることを期待されるからだ。このチームは後日、年次合宿で集まった折にも「潜行」トリガーを経験する。合宿はスペインで開催されたのだが、スペインのメンバーが夕食中にカタルーニャ語で会話を始めたため、米国のメンバーは気を悪くする。スペイン人メンバーにとってはいつものことで、誰かを侮辱するつもりなどなかったのだが、米国人メンバーは除け者にされたような気持ちになった。いずれも一方の集団が他方の集団に合わせて行動を変えるよう期待される「潜行」の事例である。

このトリガーは集団メンバーの視点によって捉え方が違ってくる。先の例では、スペインのチームメンバーは、アメリカ人に溶け込むために自分たちの文化や言語をあきらめなければならないという脅威を感じているだろう。一方、アメリカ人のメンバーは、スペイン人はチームの一員であることを拒み、アメリカ人を会話から意図的に締め出そうとしていると思っている。このように両者の感じ方は違うのに、どちらもこれを対立の理由と考える可能性がある。

衝突

ふたつのプレートが互いに近づくと、前述のように一方が他方の下に潜り込まされることがあるが、もうひとつの成り行きとして、どちらも譲らずに押し合いつづけ、最終的にふたつのプレートが上方に押し上げられる場合もある。アルプス山脈やヒマラヤ山脈など、世界最高峰の山脈のなかにはこうしてできあがったものがある。同じように、職場の集団がぶつかり合い、どちらも態度を変えないときに衝突が起こる。このトリガーが見られるのは、集団が正反対の信条や価値観を持っているとき、つまり、片方が「正しい」と考えることが他方にとっては「間違い」である場合だ。これには宗教や道徳、政治などが絡みやすい。

たとえば、データ収集の途上で出会った、ある社会事業組織の従業員は、相談者の妊娠中絶に付き添わされるのが嫌だと言った。宗教的信条に背くからと、彼はこれを断った。なかには味方してくれる人もいたが、それも仕事のうちだと考える者もいた。あるいは、こんな例もある。ある企業の人事マネジャーが、アフリカ出身の重婚者が会社にいると知ってショックを受け、「ありえない。そんな人間は受け入れられない」と言ったという。さらに、昇進の見返りにお金を渡すという行為について見方が分かれた事例もある。倫理にもとる行為だと考える人たちがいる一方、文化が異なれば、お金で礼をするのは敬意の表れで当たり前だと見なされる。

最後に、米国聖公会（TEC）の事例を紹介しよう。TECは最近、関連グループ間の溝が深まったため、その和解を試みなければならなかった。[11] 本拠は米国だが、英国のカンタベリー大主教をリーダーとする全世界のアングリカンコミュニオン（メンバー数七七〇〇万人）ともつながりがある。そのTECが二〇〇三年に、ゲイであることを公言しているジーン・ロビンソンを初めて主教に起用したとき、グレート・ディバイドが生まれた。この決定を受けて、組織からの離脱も辞さないとする教区が相次いだのだ。結局、いくつかの教区や信徒団が離脱し、その多くが集まって独自の保守的なアングリカン教会をつくった。

ロビンソン主教の選出には全世界が強い反応を示した。ザンビアのアングリカン教会はTECとの関係をすべて絶ち、二〇〇四年には五五〇〇万人以上の教徒を代表する一八人の大主教（大半はアフリカとアジア）が、TECは同性愛賛成の方針を三カ月以内に撤回するか、アングリカンコミュニオンからの除名を受け入れよと迫った。いまでもホモセクシャルは聖書に反する行為であり、同性愛は受け入れられないと固く信じる指導者がいる。しかし大部分は包括的《インクルーシブ》なアイデンティティを支持している。多くの反対者が教会を去ったものの、指導者たちはいまなお、この信条の衝突によって築かれたグレート・ディバイドに手を焼いている。

なぜリーダーは行動できないのか

トリガーの扱いを誤ったり、トリガーの存在に無頓着だったりすると、集団間のグレート・ディバイドを生む強力なエネルギーが刺激される。トリガーがグレート・ディバイドにつながると、その波及効果として、ネガティブなやりとりがあるたびに集団はさらに離れてゆく。始まりはほんの誤解だったのが、たちまちのうちに組織全体が閉鎖に追い込まれてしまうケースもある。

バート・ハンターが直面した事態を思い出してみよう。夜勤シフトの管理者だった彼は、日没の礼拝ができないことに対抗して出勤しなかったソマリア人従業員一五〇人を解雇するという、嫌な役目を引き受ける羽目になった。ハンターにとって不幸なことに、空いたポストを埋めて生産水準を元に戻すこと以外にも、やるべき仕事がいろいろあった。地元のマスコミがこの件をかぎつけて報道しはじめると、事態はさらに悪化した。翌日の新聞には、まだ工場で働いている者たちが解雇された従業員の食費や家賃を援助していると書かれていた。ハンターは突然、悪夢のような問題の矢面に立たされることになった。どうやら組合が、差別と不当解雇に対する苦情を会社に申し立てたらしい。全国の報道関係者が工場やグリーリーの町に押しかけた。JBSのトラブルについて報じるメディアのなかで、同社寄りの論調のところはひとつもなかった。ハンターをはじめとする工場リーダーは、残るソマリア人労働者との関係をただちに修復して、会社の悪いイメージを取り払い、工場を元どおりに稼働させるという難題に直面した。[12]

「断絶」「摩擦」「潜行」「衝突」が組織のパフォーマンスに打撃を与える（関係する集団に心理的にネガティブな影響を及ぼすのは言うまでもない）——そんな事例が毎日のようにニュースで報道される。

ではなぜ、フォルトラインがぱっくり口を開け、チームや組織を分断しようとしているときに、リーダーは行動できないのか？　理由は複雑で多面的だが、ＬＡＤ研究プロジェクトから、考えられる理由がいくつか浮上した。

第一に、リーダーが問題の存在を認めないケースがある。問題を指摘し、そこに関心を向ければ、亀裂がもっと広がり、事態を悪化させる可能性があるからだ。まるで「危険：フォルトラインに近寄るべからず」というネオンサインを眺めているかのようだ。リーダーが行動しない第二の理由は、時間がすべての傷を癒やしてくれると考えていることにある。時間がたって気分が落ち着けば、問題は自然に解決する、または忘れられるだろう、と。第三に、ディバイドは最初は小さな亀裂で、その後、深い裂け目に変化する。ふたつの集団が歴史的に競い合い、対立してきた場合、一見些細な出来事やちょっとした挑発が、修復不能なグレート・ディバイドにつながりかねない。たとえば次章で紹介する、南アフリカで起きたある事件。最初は黒人と白人のあいだのつまらない反目（休憩室のミルクを全部使ったのは誰か）だと思われていた。

集団が互いにずっと不信感を抱いてきたとき、あるいは小さな不愉快が長いあいだ続いてきたとき、一見取るに足らない出来事がグレート・ディバイドにつながる可能性がある。こうした小さな不愉快は「小さな不平等」と呼ばれたりもする。[13] 小さな不平等は、バスタブのなかの水滴のようなものだ。一滴一滴はさほど害を及ぼさないが、時間とともにエナメルを腐食させてゆく。職場のトリガーは、小さな水滴のように信頼や敬意、安心を少しずつ蝕む可能性がある。

リーダーが行動できない最後の（そして最大の）理由は、単にどうしていいかわからないからだ。本書でずっと述べてきたように、集団がぶつかる場所でリーダーシップをとるのは難しい仕事である。

ＪＢＳスイフトのバート・ハンターと同じように、リーダーはたいてい、異なるアイデンティティ集団間の対立が放っておけばなくなることを望んでいる。だが残念ながら、多くの場合、小さな対立と見えたものがすぐに激化し、たくさんの人を巻き込み、結果的に生産性やパフォーマンスが落ち、方向性、団結力、責任感など実現不可能になる。いったんフォルトラインが刺激され、組織にグレート・ディバイドが現れると、内集団のメンバーは外集団メンバーのアイデアや意見を軽んじるようになり、創造的・革新的なアイデアを生み出すチャンスはその対立のなかで見失われてしまう。[14] したがって私たちが望むのは、本書を読んだあなたがグレート・ディバイドを早めに見つけて対処し、ネクサス効果の活用機会を逃さないことである。あるいは、なす術なく見ているあいだに緊張が高まり、ＪＢＳの工場労働者が仕事をボイコットしたときのような状況を避けることである。[15]

潜在的なトリガーを明らかにする

本セクションでは、あなたの職場で集団のあいだのエネルギーや熱量、緊張の度合いを測るのに役立つツールを提供する。私たちはそれを「ヒートインデックス」と呼ぶ（表3・1を参照）。アイデンティティ集団間の熱量を、リーダーは継続的に評価しなければならない[16]。組織内の各集団のいわば温度を測り、衝突時に負のエネルギーがどれくらい噴出しそうか、あるいは有効活用可能な正のエネルギーがどれくらいたまっているかを判断するのが重要である。

本章では、グレート・ディバイドのきっかけ（トリガー）や、それがもたらす非生産的な結果に焦点を当ててきた。しかし私たちの研究によると、負のトリガーにより集団間の対立が生まれたとしても、ポジティブな結果を出すことはなお可能である。ただ残念なことに、トリガーがマイナスの結果しか生まないのはよくあることだし、リーダー（たいていは内集団の構成員で、外集団の関心事を知らない）が集団間の軋轢《あつれき》を予測する手がかりを見逃すことも珍しくない。したがって表3・1には、グレート・ディバイドがどの程度発生して非生産的な結果を招きそうかを診断するための質問を盛り込んだ。

表の左列に示すのは、研究から明らかになった四種類のトリガー。中央列は、組織内で各種のトリガーの指標となる信条や感情、行為（たとえば、他人のどんな言動を見聞きする可能性が高いか）。右列は、集団間の温度、熱量または不信感の指標となる質問である。右列の質問のいずれかにイエスと答えた場合は、集団のあいだに亀裂が存在する可能性が高い。そしてイエスの数が増えれば増えるほど、集団間の緊張がグレート・ディバイドにつながる可能性が高い。場合によっては、グレート・ディバイドの可能性が非常に高いので、集団をいっしょにせず、別々に仕事をさせたほうがよい、という判断になることもあるだろう。以下の条件がひとつでも当てはまるときは、おそらくそうするのが正解である。

- これまで組織内の集団のあいだに緊張や対立があった。
- 集団のあいだに、解決しようがない、価値観や信条の根本的な違いがある。
- 仕事の内容は、各集団が別々に、またはあまり接触せずに取り組める種類のものである。
- 集団のあいだに権力や地位、使えるリソースの大きな格差があり、ある集団が他に比べて過小評価されていると感じている。

しかし、以下のことが当てはまれば、集団のあいだに連結点《ネクサス》をつくれる可能性がある。

- 各集団が重要な情報や知識を持っている。
- 各集団が互いに補完し合う重要なスキルを持っている。
- 各集団が独自のリソースを活用できる。

定義	指標（信条、感情、行為）	トリガーの可能性
潜行： ふたつの集団が衝突し、一方が他方に組み込まれることが期待される。	・「彼らは私たちのように振る舞うべきだ／私たちの好きにさせろ」（「私たちのようになれ」） ・アイデンティティに対する脅威 ・他の集団に対する不寛容	・組織の一員となるためにはアイデンティティを捨てねばならない、と感じている外集団があるか？ ・外集団の構成員はチーム／組織の一員になろうとしていない、と内集団は考えているか？ ・他の集団が自分たちと同じように行動することを期待している集団があるか？ ・他の集団と違った行動をとろうとしている、または違った行動がなかなかできない集団があるか？ ・他の集団に脅かされている、と感じている集団があるか？ ・ステータスを失うことを恐れている集団があるか？ ・価値観や信条を実践・表明できない集団があるか？
衝突： ふたつの集団の価値観や信条がぶつかり合い、ギブアンドテイクがない。	・「彼らは間違っている。私たちが正しい」 ・固い信念にそむくという感覚 ・頑固――絶対に譲らない、強情	・両集団の価値観や信条は正反対か？ ・他の集団を異常視する集団があるか？ ・集団間の世界観の対立があるか？ ・信条や価値観のせいで頑なな集団または妥協しない集団があるか？ ・他の集団の価値観や信条、行為を間違いと見なす集団があるか？

表 3.1　ヒートインデックス

定義	指標（信条、感情、行為）	トリガーの可能性
断絶： ふたつの集団が処遇の違いにより引き裂かれる。	・「彼らは私たちよりよい処遇を受けた」（「あの集団のほうが好かれている」） ・不公正／ひいき、忠誠 ・不平等な処遇または機会	・他の集団より悪い処遇を受けた、と考えている集団があるか？ ・ある行動を、えこひいきと考える集団もあれば、忠義の表れと考える集団もあるか？ ・他の集団と同じようにチャンスを得られない、と考えている集団があるか？ ・リソースへのアクセスをめぐって集団間に権力闘争があるか？ ・アイデンティティやステータスのせいで昇進できない、と考えている集団があるか？ ・ある集団に対する偏見が存在するか？（存在すると思われているか？） ・報酬、罰則、便益、機会の配分に不平等さがあるか？ ・発言権がない、議論に参加できない、と感じている集団があるか？
摩擦： ある集団が別の集団を怒らせてしまう（侮辱的な言動をする）。	・「彼らは、私たちが彼らほど優れていないと思っている」 ・侮辱、低評価、仲間外れ ・攻撃的なコメント、非難中傷、他の集団の構成員に対する侮辱	・他の集団に侮辱された、気分を害された、仲間外れにされた、と感じている集団があるか？ ・他の集団またはその構成員を貶めることで、「身のほどを思い知らせ」ようとしている集団があるか？

今後へ向けて
——バウンダリー・スパニング・リーダーシップの役割

本章では、アイデンティティが脅かされ、差異が協業を阻むとき、集団の境界が交わるところで何が起きるか、そのネガティブな側面に焦点を当ててきた。したがって、グレート・ディバイドは避けられない、できることはカオスに備え、ダメージを最小化することくらいしかない、と考えるかもしれない。だが幸い、それは事実ではなく、ネクサス効果（集団の境界線で生じる現象のプラスの側面）の条件を整えることも十分可能である。

本章の冒頭で紹介した、イーグルスとラトラーズのサマーキャンプの話に戻ろう。幸いにも、彼らのキャンプはマッシュドポテトを投げ合って終わりではなかった。ただし、グレート・ディバイドという溝を埋めるには、いっしょに時間を過ごすくらいでは不十分だった。研究者は、少年たちが協力せざるをえないような状況をいくつかつくり出した。たとえば、キャンプ場の給水設備をこっそり故障させ、少年たちには、水道がおかしくなって水が使えないと告げた。これを聞いた両グループの少年は、自主的に原因を突き止めようとして協力し、どうやら蛇口が原因だと探り当て、修理を施した。このタスクではみごとに連携した彼らだが、その日の夕食ではまた食べ物の投げ合いが始まった。

事態が変化しはじめたのは、共通の目標を達成するためにいくつかのタスクで協力し合ってからのことだ。たとえば、一週間分の食料を届けるトラックが故障したと言われたとき、二二人の一一歳の少年は、食べ物がなくなってはかなわないと、一致協力してトラックを修理した。こうして、両グループにメリットがあるタスクで何日間か協力したあと、少年たちはそれまでとは違うつきあい方をするようになった。中傷合戦は終わり、いまやキャンプファイヤーで交代で歌を歌う仲となった。[17] バスに乗って帰宅する頃には、みんな友だちになっていた。ラトラーズの面々は賞金の残りを使って、バスの全員にミルクセーキをご馳走したほどだ。

ロバーズ・ケーブ実験は、私たちが本書の最初に伝えようとしてきたメッセージの多くを語ってくれる。この実験からは、集団のアイデンティティがすぐに形成され、内集団に対するプラスのバイアスが生じること、そして競い合う集団同士が互いにネガティブな態度を醸成しやすいことがわかる。また、集団がいっしょに過ごすだけでは、不信や軽蔑が簡単にはなくならないこともわかる。グレート・ディバイドがなくなり、境界を越えた協力が始まったのは、少年たちが問題解決や共通の目標達成のために連携しはじめてからだった。

ロバーズ・ケーブ実験をはじめとする本章の事例や、全世界の多数のリーダーが関わったLAD研究プロジェクトから学ぶべき教訓は明らかである。そう、境界線を越え、それを新たなフロンティアに転換するうえで、リーダーであるあなたは重要な役割を担うのだ。

パート2

境界のマネジメント

パート1では、主にふたつのことを伝えようとした。効果的なリーダーシップは境界を越えるということ、そして、集団間の境界を越えるのは簡単ではないということ。集団をまとめようとリーダーがどれだけ努力しても、アイデンティティの差異は集団を「私たち」と「彼ら」に分裂させ、潜在的な破壊力を秘めたグレート・ディバイドを生じさせる可能性がある。

以降では、問題の把握から問題解決へ議論を進めよう。パート2、3、4は、相互に関連する三つの戦略を中心に話を展開する。すなわち、「境界のマネジメント」「共通の土台づくり」「新たなフロンティアの発見」である。ここからバウンダリー・スパニング・リーダーシップの六つの実践が生まれ、それがネクサス効果へつながっていく。それぞれの実践を経るたびに、制約要因としての境界から、難題に取り組み、革新的なソリューションを生み出し、組織を変えるための新たなフロンティアとしての境界へ近づくことができる。

パート2では、六つの実践のうち最初のふたつ、「バッファリング（和らげること）」と「リフレクティング（映し返すこと）」を紹介する。これは集団間の境界のマネジメントを可能にしてくれる（図P2・1を参照）。矛盾しているように思えるかもしれないが、集団の境界を越えるためにまずやらなければならないのは、境界を創出または強化することである。パート1で見たように、アイデンティティは、統合・所属に対する欲求と差異・独自性に対する欲求という、ふたつの根源的な力の相互作用から生まれる。バッファリングとリフレクティングは、このふたつ目の力——他の集団とは違うユニークな集団の一員でいたいという欲求——を利用する。境界線の明確な定義や効果的なマネジメントがなされるまで、集団はなかなか協力しあえないし、バウンダリー・スパニング・リーダーシップという目標も達成できないだろう。集団の境界がはっきり見えないと、そこに橋を渡すこともできないのだ。

バッファリングとは、いわば境界を明らかにし、集団のあいだに安心感を築くことである。バッファー（緩衝材）は、境界を越えた情報やリソースの流れを監視・保護する。実際のバッファリングの様子を見るため、第4章では、ジョー・ペティットとザネレ・モヨが、アパルトヘイト後の南アフリカの組織になお残る黒人と白人の境界にどう対処したかを見る。

集団間に安全な状態を築いたら、次のリフレクティングでは、境界線を理解して集団相互の敬意を深める。リフレクター（反射体）は視点の違いを映し出し、集団間で知識や経験を共有する。

図 P2.1　境界のマネジメント

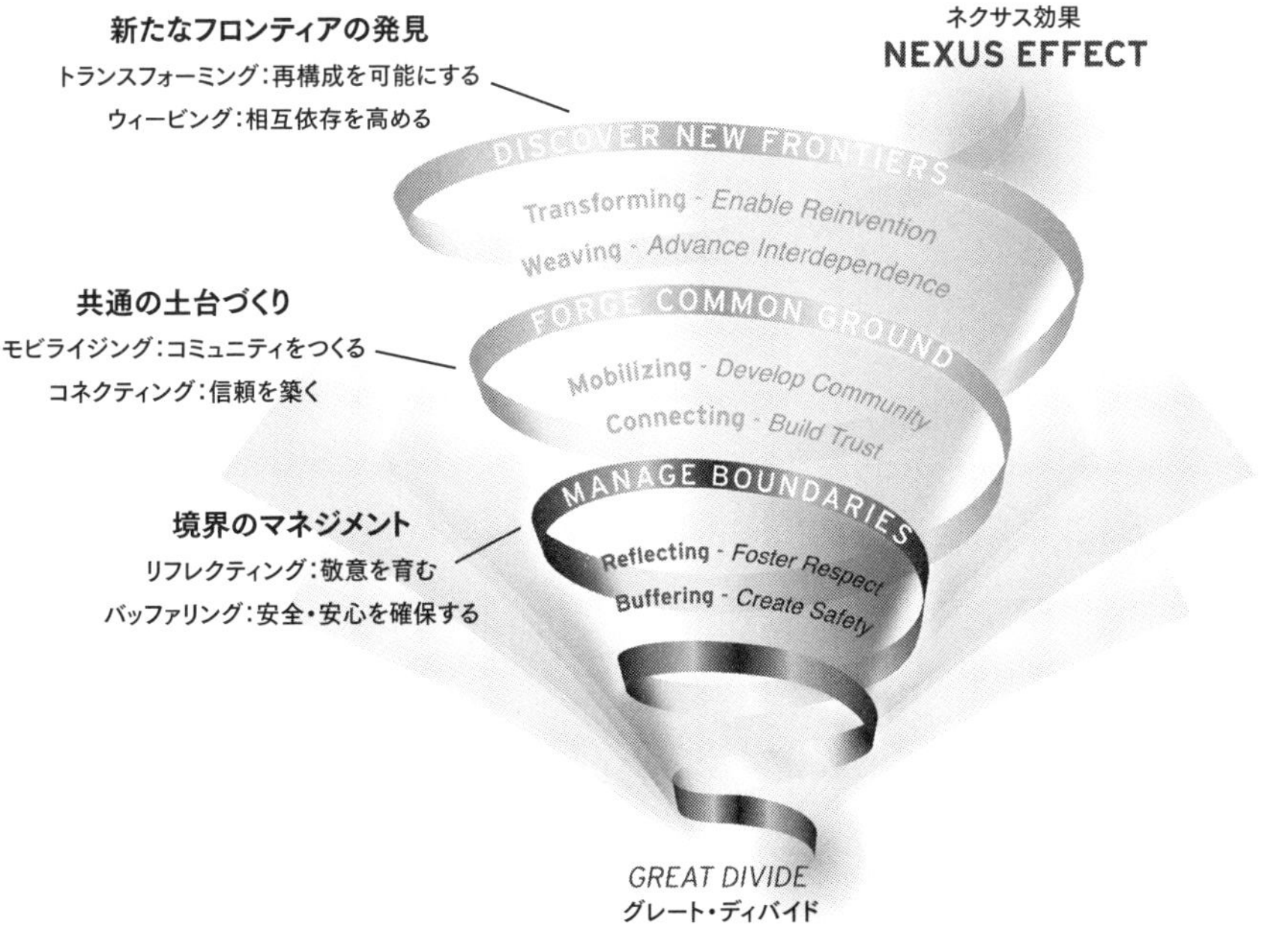

第5章ではノースカロライナ州チャタム郡において、リック・ギブンス、さらには彼が率いるコミュニティのなかに生じた大きな変化を紹介する。自身の「内なる旅」のなかで、ギブンスはリフレクティングを実践してバウンダリー・スパニング・リーダーになったのだ。

第4章 バッファリング
——安全・安心を確保する

二〇〇四年、大手保険会社（A保険としよう）のシニアマネジャーである白人男性ジョー・ペティットは、アパルトヘイト後の南アフリカで、気がつけばグレート・ディバイドの真ん中に身を置いていた。[1] その一〇年前、同国は世界の歴史のなかでもきわめて劇的な政治権力の交代を経験していた。文字どおり一晩で、数字上の少数派（白人）から多数派（黒人）へ政権が移行し、ネルソン・マンデラが初めて民主的に選ばれた大統領になったのだ。その後すぐ、過去の差別を正すための法改正がいろいろ行われたが、人々の考え方は遅々として変わらなかった。A保険の場合、黒人は白人より下位扱いされていると感じ、白人は雇用平等法制によって職が脅かされると感じていた。さらに、白人のマネジャーは黒人後任者の指導・相談役となることが期待され、黒人の昇進候補者はその仕事に向いていないと見なされることが多かったため、事態は複雑化した。

こうした難題を抱えてはいたが、A保険はアパルトヘイトの撤廃後にかなりの進歩を遂げていた。白人が支配する階層的・独裁的な文化から抜け出し、透明性や包摂性、社員参加や説明責任を重んじる文化へ舵を切ろうと努力を重ねていた。しかし、そんな努力は（そしてジョー・ペティットのリーダーシップは）、ミルクと砂糖をめぐる諍《いさか》いをきっかけに試練にさらされることになった。

定例の幹部会で、ある白人男性マネジャーが、休憩室のミルクと砂糖を使いきったとして黒人の女性事務員たちを非難した。お客さんの紅茶に入れるミルクと砂糖がなかったから腹を立てたのだ。会社で朝食をとった黒人の事務員たちが全部使いきった、と彼は考えた。A社の黒人はたいていそうだが、彼女たちも職場から遠くに家があり、毎日、夜明けとともに起きて出勤しなければならなかった。その結果、会社の休憩室でいっしょに朝食をとることが多かった。だから白人マネジャーは、彼女たちがミルクと砂糖を全部使ったと考えた。

どう対処するべきか、誰が悪いのかがわからず、経営幹部は会社で朝食を食べてはならないというルールをつくることにした。黒人の女性事務員たちは、スタッフミーティングの場でこのことを知らされた。当然、彼女らは当惑した。この問題については誰とも話し合っていない。いわれのない罰を受ける気持ちだった。新しいルールができたら、朝食を抜くか、早い朝食をとり、会社に着いた頃にまたお腹がすくかのどちらかだ。黒人女性のほとんどはフェトクックという塩ドーナッツを朝食に食べ、ミルクや砂糖は使わなかった。それに、一部の白人女性が会社で朝食のシリアルを食べ、ミルクと砂糖を使っていることも知っていた。なのに、黒人女性だけが非難された。

最初、ジョー・ペティットは他のシニアマネジャーと同じように、些細な問題だから経営幹部が時間を割く必要はないと思っていた。実際、この件を知らされた人事マネジャーは、ミルクと砂糖をめぐって社員が分裂するなんて「馬鹿げている」とし、人事部がこんな問題に関わって時間を無駄にするのはごめんだと明言した。だが、ザネレ・モヨという会計補佐の黒人女性の訪問を受けてから、ジョーは心変わりした。中間管理層に属するザネレは、ジョーと率直な話し合いを持ち、誰かが黒人女性の側の話を聞いてあげるのが大切だと思う、と説明した。ジョーはザネレの言い分に熱心に耳を傾け、質問し、この件が組織を分裂させていることに気づいた。何も対処しなければ、いずれは生産性にも影響が及ぶだろう。ジョーは次のように言う。「正直なところ、当時はよくわかっていませんでした。……率直に、遠慮なく話し合いました。……文化や人種に基づいてどちらかに肩入れするような問題になぜ発展したのか、と」

ザネレはジョーに、黒人の女性事務員は不当な扱いを受けたと感じているようだ、と言った。事務員たちから直接話を聞いたらしい。彼女たちはどうしたらいいかわからず、できるかぎり「身を引く」ことにした。いまは自分たちのミルクと砂糖を購入し、別途保管している。もはや白人の同僚とティーブレークをとることはせず、会社のイベントへの参加も拒否した。白人のマネジャーにこれが非協力的と映るのはわかっていたが、ザネレによれば、黒人女性は自分たちが不当に非難されたことを経営陣に認めてほしいのではないかという。彼女らは実はチームの一員でいたいのだ、とザネレは考えていた。

ジョーは、勇気をもって話をしてくれたザネレに敬意を表した。他のシニアマネジャーも巻き込もうとしたが、興味を示す者はなかった。結局は自分で引き受けることにし、誤解があったことを認めて謝罪する内容のメールを送信した。これで過去の埋め合わせができるとは思っていなかった。なにしろ、会社での朝食禁止を宣言した当のシニアマネジャーが謝っていないのだ。でも、このメールが黒人と白人のあいだを橋渡しするきっかけとなり、みんながまたチームとしていっしょに働けるようになることを、彼は望んでいた。

バッファリングの実践

A保険でのミルクと砂糖論議は、いわば脅威をめぐるストーリーである。つまり従業員が、まるで自身のアイデンティティや自意識が攻撃されているように感じるのだ。アパルトヘイト後の南アフリカに関する複雑なダイナミクスは、あなたの現実とはかけ離れているように思えるかもしれないが、脅威の問題はおそらくそうではない。A保険のジョーとザネレは、バウンダリー・スパニングの「バッファリング」を実践することで、この脅威に正面から向き合った。ふたりは黒人の女性事務員たちが安心感を取り戻せるよう行動を起こし、傷ついた感情を修復するための対話を始めるよう努力した。彼女らがふたたび、組織のなかで大切にされていると感じてくれるように。他のリーダーたちは、関わっても時間の無駄だ、いずれ丸く収まるだろうと考えていた。しかしザネレは、そしてジョーは、この問題の背景には、アパルトヘイトが原因の黒人・白人間のグレート・ディバイドが横たわっていることに気づいていた。

こうした状況に置かれたリーダーは、集団間の境界をなくし、全員をひとつの大家族として仲よく働かせようとすることが多い。だがジョーとザネレはそうはしなかった。そうするのが正しい場合もあるのだが（これについては第6章で検討する）、アイデンティティが脅かされていると集団の構成員が感じているときは、この方法はうまくいかない。脅威を感じているとき、集団は本能的に相手から離れようとする。A保険の黒人女性事務員もまさにそういう行動をとった。おのずと内向きになり、そこに支援や安心を求めた。彼女らが境界線を強化したのは、トラブルを起こすためではなく、自分自身や集団のアイデンティティを本能的に守ろうとしたためだ。どうやら経営陣は、「チームに何かあれば全部きみらのせいだ」と言いたいらしいから。ジョーとザネレは、チーム内の黒人と白人の橋渡しをする前に、各集団が安心できる環境をまずつくらなければならないと考えた。

幸い、われわれの多くは、アパルトヘイトの名残りで黒人と白人のあいだの緊張や不信感が根深い国で、安心・安全な環境を打ち立てる必要に迫られてはいない。だがそれでも、プロジェクトミーティングやテレビ会議、合宿、株主イベントなどの場で、リーダーはつねに集団のあいだの潜在的な溝や亀裂、連携に対処している。組織に境界線はつきものであり、それをいつ明確に保持すべきか、いつ壊すべきかを知るのは難しい。ザネレとジョーにとって、人種のように厄介な境界線に立ち向かい、これについて話し合うのは多大な勇気を要した。たいていの人はこうしたデリケートな問題を敬遠しようとする。黒人女性事務員たちの味方をするのは、とくに黒人女性であるザネレには難しかったにちがいない。違いを気にするな（平等を大切にせよ）と教える世界にあって、集団を分かつものに焦点を当てようとすれば、相当な勇気や聞く力、感受性が求められる。境界の設定・画定は容易ではない。

あなたの「ネクサス課題」はおそらく、境界を壊すことよりも、境界を管理することだ。たとえば、営業部門とマーケティング部門のあいだに境界を築いて、両者の対立を和らげる。あなたのチームと本社の優先課題の違いが生産性の低下を招くとき、両者のあいだに境界を築く（または境界を強化する）。ふたつの組織が合併してひとつになるとき、リソースの交流を注意深く管理する。情報が光速並みのスピードで行き交うフラットな世界では、集団を越えて情報やリソースのフローを監視・保護するのが、リーダーシップの重要な側面になる。境界を定めて集団間の安全を確保するのが、ネクサス効果へ向けた第一歩である。

境界を画定する

境界線があると人は安心感を覚える。不要な人やモノが締め出され、その空間には似た者同士しかいないからだ。国の境界線を例にとろう。どんな国にも、誰が国民で誰が国民でないかという決めごとがある。世界中には、自分を国籍などによって規定し、同じ国民に強い仲間意識を感じる人が多い。国境が脅かされると、国民は是が非でもそれを守ろうとする。組織の場合でも、階層、部門、属性、地域、ステークホルダーの境界が脅かされると、人々は強烈な反応を示す。こうしたことが起こるのは、境界線が職場で重要な機能を果たすからだ。第1章で見たように、境界はこれからもずっと組織のなかに存在するだろう。テクノロジーやグローバル市場によって世界がいわゆるボーダーレスになっても、アイデンティティの違いが原因の心理的な境界は残り、場合によってはもっと根深くなる。境界は、協業を阻む壁となることもあるが、各集団が組織のなかで果たすべき目的や役割を明確にするために必要となる場合もある。

図4・1は、バッファリングのイメージ図である。バッファリングとは集団のアイデンティティを明確にすることであり、外部の影響やアイデンティティへの脅威から集団を守ることである。図にはふたつの円（集団）がある。そのあいだに引かれた線が、それぞれの集団を保護・差別化するために明確化しなければならない境界である。境界がはっきりすれば、情報や人材、リソースは適宜、そこを行き来できる。バッファリングによって、集団はアイデンティ

図 4.1　バッファリング

ティを保持し、自分たちの存在理由を明確にすることができる。その結果、集団間の安全、すなわち集団の境界が画定されたときに得られる心理的安全性が築かれる。バッファリングを通じて集団間の安全を築くのが、ネクサス効果への第一歩である。

　集団やチーム内の境界を決めることを、境界画定作業《バウンダリーワーク》と呼ぶ。有能なチームは境界を決定・維持し、その境界越しのやりとりをコントロールすることに腐心する。研究者のサマー・ファラジ、閻愛民《ヤン・アイミン》によると、バウンダリーワークは一筋縄ではいかない。リソースや情報は通すが、不確実な要因や競合する要求は通さない、そんなフィルターのような境界をつくらなければならないからだ。[2]バウンダリー・スパニング・リーダーの仕事は難しい。各集団が境界を越えて、境界の周辺で、あるいは境界を通り抜けて仕事をし、組織内外の他の集団と生産的な成果を出せるようサポートしなければならない。同時にまた、集団間のバッファーとして集団を保護し、集団の一体感を維持しなければならない。境界が弱くなりすぎたり、完全に消失したりすれば、あなたがリーダーを務める集団は、「われわれは何者か」というアイデンティティに確信が持てなくなる。

　スマートフォンの新製品を展開するためにつくられたチームを例にとろう。チームリーダーのリサ[3]は当初、この部門混成チームを率いることにわくわくしていた。新製品の展開にとって理想的なチームだと思ったからだ。製品を市場で成功させるには、研究開発、販売、財務、マーケティング、顧客サービスなど、さまざまな部門からのインプットが必要になるだろう。しかし、チームが思うような進捗を見せることができず、そんな興奮もすぐに冷めてしまう。主なステークホルダーすべてからインプットをもらうはずなのに、前の月、チーム全体で顔を合わせたのは一度だけだ。必然的に、メンバーは緊急案件の対応のため自部門に呼び出され、数々の要求事項や優先事項によって引き裂かれた格好になる。集団のアイデンティティを明確にし、メンバーの時間や労力を守る方法を見いださないと、新製品はけっして軌道に乗らないのはわかっている。リサが経験したように、明確な境界がない集団は、外部からの強烈な要求の衝撃を効果的に和らげることができない。

境界は、われわれが誰で、誰でないかを定義する助けになる。集団は、みずからの領域内で守られていると安心できるまでは、境界を越えて効果的に協力することはできない。境界が明確で同じようなメンバーがいる集団に属すると、人は安心感を覚え、差異化や独自性に対する根源的欲求も満たすことができる。境界が不明確だったり、機能が弱かったりすると、他人がやすやすと侵入してくる結果、集団間のやりとりが非生産的になる。

バッファリングの戦術

バッファリングは集団間の境界を監視・管理するための方法である。組織のなかで使えるバッファリング戦術は数多くある。全世界の組織に対する調査研究などで観察された五つの戦術を以下に示す。また付録Bには、バッファリングをはじめとするバウンダリー・スパニングの実践のためにとりうる、それ以外の行動についてもまとめている。

バッファリング戦術1――集団を分ける

集団が特定のタスクをなし遂げるため、状況によって必要となる戦術のひとつは、集団を分けることだ。目標は、境界を越えたやりとりをいっさいなくすこと。集団の境界が侵され、対立が頻繁に生じるときは、集団を物理的に分けるのが、手元のタスクに集中させるための唯一の解決法かもしれない。たとえば、ヒートインデックス（表3・1）に示した質問への回答の多くがイエスの場合、方向性、団結力、責任感の実現のために集団を分離せざるをえないかもしれない。たとえば、ヨルダンの衣料製造施設のリーダーは、ヨルダン人と外国人労働者のあいだのグレート・ディバイドについて、それぞれの集団に違うシフトを任せることで解決を図ったと述べている。一方の集団のメンバーが日勤、他方のメンバーが夜勤を担当したのだ。そうすることで境界が明確になり、両集団は最低限の接触しか持たず、効果的に仕事をこなすことができた。

宗教的な団体の場合、価値観が異なる集団同士の対立を避けるため、創設者や首脳陣と同じ宗教的価値観や信条を奉じる人しか採用しないという方法もある。誰を選び、誰を選ばないかに基づいて、集団の境界を明確にコントロールできるからだ。集団の分離は、状況によっては、境界を守るための効果的な戦術となる。しかし、境界を越えた協力が組織の成功に不可欠な場合や、仕事の性質上、相互依存が必要な場合は、分離によって組織間の対立を合理的に解決できないことも多い。

バッファリング戦術2——外部からの脅威を減らす

本章の冒頭に紹介した、ジョー・ペティット、ならびにミルクと砂糖を使いきったと濡れ衣を着せられた黒人女性グループの話を思い出してほしい。ジョー本人はたぶん認識していなかったと思うが、彼が女性たちに送った謝罪メールは、この状況における脅威を減じるのに大いに役立った可能性がある。黒人女性グループの品位や価値は、無実の罪で非難され、経営者から何の相談もなく罰を受けた（会社で朝食をとれなくなった）ことによって脅かされた。ジョーの謝罪は少なくとも経営の誤りを認めるものだった。この単純な行為はおそらく、女性たちの強いわだかまりを和らげるとともに、閉じこもって自分を守らなければならないという思いも和らげる効果があった。

アイデンティティが脅かされる原因は、多くの場合、ある集団から別の集団への意図的な攻撃ではなく、組織のなかで頻繁に起こる避けられない変化である。この変化のせいで不安が高まるのだ。集団のアイデンティティはいろいろなかたちで脅かされるが、そこには「喪失感」が関わることが多い。職場の集団なら、リソースの喪失、地位や権力の喪失、現状の安定の喪失に脅威を感じる可能性がある。組織に変化があると、人はたいてい脅威を感じる。喪失感を和らげ、脅威や抵抗を減じるための策を講じなければならない。変化を起こす際は、「どんなメリットがあるか」を従業員に理解させ、集団が自分たちの立場に固執したり、自己防御のため内に閉じこもったりしないようにするのが重要である。外部の影響によるマイナスの効果を減らすには、集団を脅威や喪失感から守るのがひとつの方法だ。組織の変化に伴って集団のアイデンティティや役割が進化することを理解してもらえば、たとえ周りが騒がしくても、集団は安全を覚え、安心していられる。

バッファリング戦術3——境界が目に見えるようにする

境界が無視または侵害されているため、それを可視化・明確化しなければならないときがある。先述の南アフリカの黒人女性たちは発言権を持っていなかった。ザネレが行動を起こすまでは、誰も彼女らの言い分を理解しようとしなかった。経営幹部とものが言える黒人女性として、ザネレは彼女らのグループを代弁し、境界が侵されたことを人々に訴えることができる立場にいた。ジョー・ペティットに接触し、問題の根は「誰がミルクと砂糖を使ったか」よりもずっと深いと納得させることで、彼女は黒人女性グループの代弁者となり、彼女たちの視点や懸念、認識、価値観、ニーズをジョーと共有したのである。

世界的な不況のあおりで、企業の売却や買収が盛んである。買収される集団（会社）のメンバーは、これで自分たちのアイデンティティも失われ、もはや尊重されることもないと考えやすい。あるいは、古い会社にいたときの安心感と、新しい会社に貢献したいという気持ちの板挟みになるかもしれない。いずれにせよ、買収される側の人間が新しい組織の一員であると感じるためには、自分たちには発言権がある、自分たちのニーズや価値観が看過されていないと思わせる必要がある。ふたつの組織のあいだに統一のアイデンティティができるまでは、彼らのアイデンティティを守らなければならない。

両者の境界をなくすのを急ぎすぎると、買収される会社のメンバーはアイデンティティや発言権、安心・安全が失われると感じるため、敵対的買収に遭っているような気になるだろう。[4] チーム契約、行動基準の策定、チームのガバナンスモデルの活用、境界をもっと見えやすくするための業務合意など、方法はいろいろある。いずれも、誰が何を、いつ、どこで、なぜ、どのように行うかといった問題に対応することで、境界をまたぐ複雑なやりとりのマネジメントに必要な「仕様明細」を付加するものだ。

バッファリング戦術4――統一のチームアイデンティティをつくる

第四のバッファリング戦術は、集団のミッションやビジョンを明確にし、メンバーの役割やタスクを明らかにして、集団のアイデンティティを構築または強化することである。境界が侵されないよう策を講じる前に、どこに境界があるかを知っておかなければならない。リサを思い出してほしい。スマートフォンの新製品を展開するための部門横断チーム、そのとりまとめに苦戦していたリーダーだ。あらゆる角度から新製品を検討できる理想的なチームをつくったはずなのに、メンバーがあちこちを向いていたため、チームとしての進捗が見られなかった。チーム構成を正しくするだけでなく、リサは時間をとって統一のチームアイデンティティをつくる必要があった。

この時点で彼女がやらなければならないのは、チームのミッションを明確にし、誰が何を担当するかを決めることである。自分たちが何者であるか、何者でないかを定義しなければならない。言い換えれば、それぞれのメンバーが新しいチームの一員として何をすべきか、何をすべきでないかをはっきりさせなければならない。つまりバッファリングにおけるリサの役割は、チーム全体に対する各人の貢献ポイントを明確にすることである。そうすれば、各メンバーは自部門のリーダーとも交渉しやすくなる。これは、チームがミッションを達成できるよう、境界をきちんと認識するための基本的な手段である。

バッファリング戦術5——チームの一体感を築く

チームのミッションを規定し、各メンバーの役割を明らかにしたら、今度はチームとしての一体感を築かなければならない。まず、何がタスクで、それをどう達成すべきかに焦点を当てるのが重要である。だが、チームがタスクの実行に向かうと、対立がもっと生じやすくなる。このときこそリーダーは、チームの一体感を築くことに注意を向けなければならない。[5] 境界を越えて仕事をするようになった多くのチームがそうだが、部門横断チームをつくる過程では新たな境界が出現しなければならないし、メンバーはその新しい集団の一員であることを感じなければならない。チームのミッションやタスクを明らかにすることに加え、メンバーは、自分が新しいチームに所属していること、それがアイデンティティの重要な構成要素であることを感じ取る必要がある。

そのため、リサはチームの一体感を築くことに時間やリソースを費やす必要がある。メンバーが独自のアイデンティティを確立できるよう、チームビルディングの活動やイベントに精力をつぎ込むのだ。市場の代表的な顧客を訪ねる「現地調査」を企画してもよいし、オフサイトミーティングを開催し、メンバーの親睦を図ってもよい。大事なのは、この新しい集団のメンバーがチームの一員であることを喜び、ここは組織内の他の集団とは違うと感じるようになることだ。境界がはっきりし、メンバーの気持ちが前向きになれば、責任感や成功はついてくる。

バッファリングにおけるリーダーの役割

バッファリングをするには、リソース、情報、人間、慣行、知見などの、境界を越えたフローを監視・管理しなければならない。あなたはバッファー（緩衝材）として、外的な脅威、競合する要求から集団を守ることができる。境界越しに流れ込み、集団に悪影響を及ぼす要因をすべて排除はできないにしても、その衝撃を和らげ、メンバーの安全・安心を保持することはできる。ジョー・ペティットもザネレ・モヨも、南アフリカのA保険ではバッファーの役割を果たした。

ジョーは私たちのインタビューに答えて、ザネレの対応の素晴らしさを手放しで称賛した。「彼女は言うわけです。ここに問題がある、だから解決しましょう、と。相当の強さ、相当の責任感がなければできないことです。……彼女はとてつもなく大きな責任を背負ったのです」。ザネレ自身は自分の果たした役割を英雄視することなく、事実をありのままに話してくれた。「A保険はずっと白人の会社でした。私が入ったときは、お客さん――大部分が白人です――に話しかけることは許されませんでした。ですから、一五年くらい勤めているマネジャーはそのようにしつけられたわけです。(南アフリカの) 大統領が黒人になったからといって、簡単には変われません。A保険の文化は、この国の人たちと同じようなペースでしか変われないでしょう。そう、ゆっくりと――」

ザネレはバッファーとしてふたつの重要な成果をあげた。第一に、境界が侵されたこと、それが重大な事態であることをジョーに納得させた。第二に、黒人女性のグループから経営陣への情報フローを監視・管理した。黒人女性たちは、境界が侵されたため、まるで他の集団から疎外されたかのように引きこもってしまった。出入りはいっさいなし。ザネレはバッファーとなり、女性たちの考えが外の経営幹部に伝わるよう、情報の流れをコントロールした。そしてついに、彼女たちは懸念やニーズを表明するチャンスを得た。

同様に、ジョーもバッファーとしての役割を果たし、白人主体のマネジャー集団から黒人の女性事務員集団への情報の流れをコントロールした。変化する南アフリカで雇用確保について心配するのはもっともな話だ。彼は、自チームのメンバーが深くおびえざるを得ない状況にあることを知った。「もう一方の側」の見方も理解するよう幹部たちに頼んだものの、効果がなかったため、みずから誤りの修正に乗り出した。ザネレとの会話を通じて女性たちの懸念に耳を傾け、経営陣に代わって謝罪するメールを送信することで、黒人女性たちが感じた緊張や脅威を和らげた。

人種間の境界や相互作用をモニターし、コントロールするには、ジョーとザネレがバッファーとして協力する必要があった。ふたりは集団を越えた情報の流れを見守り、外部からのマイナスの影響を減じ、黒人と白人、事務員と経営幹部のあいだの緊張をうまく和らげた。この仕事は集団間の安全——集団の境界が画定・維持されたときに得られる心理的安全性——を築くうえで不可欠だった。

注意——バッファリングの落とし穴

バッファリングの実践に際して盲点となるのは「リーダーシップトレードオフ」である。[6]つまり、ある集団を支援するためにとった行動が、他の集団内に緊張や対立をもたらすという現象だ。バッファリングでは集団の境界を画定するが、こうして境界を明確にし、特定の集団からの情報やリソースの出入りを抑えることで、他の集団が犠牲になるケースがよくある。たとえば、ジョーが境界侵犯の事実を認めようとして黒人女性グループに送った謝罪メールは、白人男性のマネジャーからは好意的に受け取られなかった可能性が高い。バッファー役を果たすとき、あなたはある集団のニーズや価値観、考え方、アイデンティティを考慮する。すると他の集団が、自分たちの考え方は考慮されていないと感じてしまう可能性があるのだ。

スマートフォンのデザインチームのリーダー、リサは、自分のチームを将来的に成功させたければ、もっとバッファーとしての役割を果たさなければならない。メンバーの方向性がばらばらになり、せっかくの部門混成チームの全員が集まれないような状況をなくすため、メンバーを守る方法を身につけなければならない。各部門のリーダーと協力して役割を決め直し、チームメンバーが何に責任を負い、負わないかを明確にしなければならない。また、チーム全体のアイデンティティを新たに築いて、チームの境界線を強化するとともに、チームの独自性や主なミッションをメンバーに理解・尊重させなければならない。

同様に、あなたはチームを外部の影響から守り、チームに出入りするものを濾過《ろか》する手段を探さなければならない。境界を越えて出入りする情報、リソース、人材を監視、保護、強化するこco

とを学ばなければならない。時にはバッファーとして機能し、集団のアイデンティティやミッションを脅かすものからメンバーを守らなければならない。同時に、必要に応じて、情報やリソースが集団に入り込むのを認めなければならない。集団の境界でうまくバッファー役を果たせれば、協業が根づき、当たり前になる、そんな安全な環境をつくることができる。

バッファリングと、あなたのネクサス課題

集団間の情報やリソースの流れを監視・保護することにより境界を画定すれば、集団間の安全を築く助けになる（表4・1を参照）。表の左列に記した質問は、バッファリングの実践を、あなたならではのネクサス課題ならびに集団間の境界をマネジメントしようとするときに直面する諸課題に適用する際の指針となる。

認識──現状を評価する

バッファリングは境界を画定して、集団間の安全を築く。あなたのチームや組織の集団間の安全は、一〇段階評価（一〇が最高評価）でどの程度か？

集団間の安全レベルが高ければ高いほど、以下のことが当てはまる。

- メンバーが集団との強いつながりを感じ、集団のミッションやゴールに共鳴する。
- 各集団のアイデンティティが明確に区別されている。各集団が自分たちの信条や責任を心得ている。
- 集団が外部の脅威から守られている。

検討——新たなアプローチを探る

どうすれば、集団にとって有効なバッファーとなり、情報やリソースの出入りを監視・管理できるか？

どうすれば、チームがアイデンティティを明確に意識し、メンバーがミッションや役割、責任、組織内での貢献ポイントを理解するようにできるか？

どうすれば、他の集団にあなたのチームの周りの境界線を尊重してもらえるか？

適用——行動を起こす

バッファリングに関して学んだアイデア、戦術、新しい知見で、あなたのネクサス課題に適用できるものはどれか？

表 4.1　バッファリングの概要

定義 バッファリングとは何か?	集団間の情報やリソースの流れを監視・保護することにより境界を画定し、集団間の安全を築く。
根拠 なぜバッファリングは機能するのか?	集団のアイデンティティや境界が明確になると、バッファリングが実現する。さまざまな役割、責任、価値観、目標、視点が明らかになる。境界を越えた情報やリソースの流れが注意深く監視され、フィルターにかけられる。集団のアイデンティティが外部の影響や脅威から守られると、メンバーは集団のなかで安全・安心を感じ、差別化や独自性に対する欲求が満たされる。
戦術 バッファリングはどのように達成されるか?	1. 集団を分ける。集団を越えたやりとりをなくす。 2. 外部からの脅威を減らす。外部の脅威や喪失感から集団を守る。 3. 境界が目に見えるようにする。集団同士で明確な合意や了解を築く。 4. 統一のチームアイデンティティをつくる。チーム内で誰が何に責任を負うかを明確にする。 5. チームの一体感を築く。チームビルディングの活動やイベントを大事にして、帰属意識を高める。
結果 その結果、どうなるか?	集団間の安全：集団の境界が画定・維持されたときに得られる心理的安全性。

第5章 リフレクティング
——敬意を育む

ノースカロライナ州チャタム郡行政委員会の委員長、リック・ギブンスはうんざりしていた。町には不法移民があふれ、毎月その数を増している。おかげで郡のリソースが食いつぶされ、医療や社会福祉も弱体化している、と彼は考えていた。一九九九年のことだ。そこで国の移民帰化局に手紙を書き、不法移民をきちんと把握するか本国へ送り返すのを支援してほしいと訴えた。[1] 結果的に、この行為は火に油を注ぐようなものだった。ラテン系移民コミュニティのなかには、激怒する者もいれば、おびえる者もいた。それでも、この保守的な農村地域の多くの指導者は、リックの立場を強く支持した。郡の会議は罵《ののし》り合いの場と化した。だが、その次に起きたことがきっかけで、不法移民に対するリックの考え方は完全に変化した。

あるとき、彼は「ラティーノ・イニシアティブ」というプログラムに参加するよう招待を受けた。教育者や地域社会の指導者にメキシコの文化や家族についてじかに知ってもらおうというプログラムである[2]。目玉は、一週間のメキシコ訪問。メキシコシティで三日間、農村部のいくつかの学校で三日間過ごし、家族の誰かが米国にいるメキシコ人の家庭を訪れる。ラティーノ・イニシアティブの目標のひとつは、ラテン系住民のニーズを指導者たちに理解してもらい、移民たちがノースカロライナの暮らしにもっと溶け込めるよう、そのニーズへの対応策を検討してもらうことだ。

ラテン系コミュニティのメンバーもメキシコ訪問に招待された。そのひとりに、セルフヘルプというNPOのシニアバイスプレジデント、ジョン・ヘレラがいた（ジョン・ヘレラと彼の仕事については第10章で詳しく紹介する）。最初、リックとジョンは水と油で、事あるごとに衝突していた。しかし、いっしょに過ごす時間が増え、プライベートなレベルでお互いを知り合うようになると、彼らはガードを下げ、互いの話に耳を傾け、最終的に相手の考え方を理解するまでになった。これをきっかけに、リックはメキシコの文化や訪問中に出会った人たちについて学び、理解しはじめた。

訪問中に滞在したある家庭で、リックとジョンは、米国に不法居住している三人の息子のひとりと夕食をともにした[3・4]。彼は週末を利用して帰郷しており、火曜日にはロサンゼルスでの仕事に戻るという。彼の話では、密輸業者にお金を払って見張りのいない国境を教えてもらえば、戻るのは朝飯前らしい。リックはそのとき、不法移民を一網打尽にして本国へ送り返すだけでは問題が解決しないことを知った。彼は問題の複雑さを認識し、両国がそれを悪化させてきたこと、または放置してきたことを理解するようになった。また、この息子が米国へ来たのは、他の多くの不法移民と同じように、家族の暮らしをよくするにはそれしか方法がないと思ったからだと知った。多くのメキシコ人が米国へ来るしか選択肢がないと思う理由を、リックは理解しはじめた。家族にできるだけいい暮らしをさせたいと考えるのは、リックも同じである。彼は初めて、問題に関わる両者の考え方を知ることができた。すでにチャタム郡にいる労働者たちの同化を助けるのが正しい行動だ、と結論を出した。「自分の間違いを認めるのにやぶさかではありません。……いまは、彼らの目標達成を支援し、われわれのコミュニティがばらばらにならないよう努めるのが得策だと思います」[5]

リックにとっての転機は、メキシコから戻ってわずか一週間後に訪れた。移民帰化局への手紙は、とくに白人至上主義者のあいだで引き続き多くの注目を集め、彼がメキシコにいるあいだも注目度は増しつづけた。反移民集会が企画され、ルイジアナ州のナイツ・オブ・ザ・クー・クラックス・クランの創設者で、米大統領選に何度も立候補した白人ナショナリスト、デビッド・デュークがメインスピーカーとして登壇する予定だった。集会の企画者は、このイベントを通じて自分たちの国家的目標をアピールし、不法移民がコミュニティにもたらすマイナス効果の象徴にチャタム郡を利用しようとしていた。そこには、彼らがいまや「裏切り者」と呼ぶリックも含まれていた。

リックは、やはりラティーノ・イニシアティブに参加した警察署長や保安官とともに、集会をボイコットするよう人々に全力で働きかけた。郡の住民に電話をかけ、デュークのやり方は移民問題をむしろ悪化させるだけだと熱心に説いた。ジョン・ヘレラもリックに協力して、ラテン系コミュニティの人たちに電話をかけ、集会に抗議するのではなくボイコットすることで、このイベントを期待外れのものにしようと呼びかけた。そのかいあって、集会にデュークの話を聞きにきた聴衆は（威勢はよかったものの）思いのほか少なかった。

リックはその後、ラティーノ・イニシアティブに参加し、ジョン・ヘレラと知り合った結果気づいたことを、他人にも伝えようと腐心した。彼は郡の移民を公正に処遇するよう声を上げはじめ、要件を満たす移民には、納税者番号を使って保険に加入する方法を教えれば、郡も資金の節約になると訴えた。地元選出の議員に会って、英語を第二言語とする人たち向けの連邦基金をもっと確保してほしいと要請し、ユナイテッドウェイ〔非営利慈善団体〕の二八の組織と面会して、それぞれがラテン系コミュニティにどんなサービスを提供しているかを知り、ラテン系指導者たちとともに、公園にサッカー競技場をつくる取り組みを推進した。

リックの心変わりは、チャタム郡に持続的な影響を及ぼした。一〇年後の二〇〇九年、同郡は、地方の法執行官に連邦移民法の執行や、逮捕された不法移民に国外追放の警告を出すことを認める連邦プログラムに公然と反対。[6] このプログラムは法執行に対する不信を招き、家族の分離や人種選別につながるとの懸念を表明した。当時のチャタム郡行政委員会委員長、ジョージ・ルシエは、同郡の多様性や移民が果たす重要な役割を認める声明を発表した。「当郡の存在の多くは多様な人々のおかげです。そこには有色人種や移民も含まれます。彼らはつねにアメリカ国民、正式な住人というわけではありませんでしたが、そうしたすべての人がわれわれの経済、内面、そして文化を豊かにしてくれました」。チャタム郡の指導者は、郡のリソースを食いつぶす者と考えていた不法移民のことを、いまはひとつの資産と考えるようになった。

移民同化の成功事例として高い評価を受けるチャタム郡には、白人、アフリカ系アメリカ人、ヒスパニック系アメリカ人の流入が絶えない。失業率も比較的低い。住宅の価値は上がり、学校が次々に建てられている。この農村地域の未来は明るい。

リフレクティングの実践

チャタム郡のリック・ギブンスのストーリーは、ビジネス、教育、政府など、分野にかかわらず、あなたがフラットな世界でリーダーシップをとるうえで大いに参考になるはずだ。境界線をはさんだ集団が互いを尊重できるようになれば、そこには大きなチャンスがある。リックのメキシコでの体験は、米国生まれの白人と、メキシコから来てチャタム郡に住む不法移民との相違点および共通点を知る助けになった。境界の両側に目を向け、他の集団にも同じことをさせるというこの体験は、私たちが「リフレクティング」と呼ぶリーダーシップ実践を通じて後押しできる。

鏡や写真、静止した水が何かの像を映して見せるのと同じように、リフレクティングの実践も、各集団のイメージを他の集団に映して見せる。それによって、他の集団のニーズ、価値観、信条、嗜好を感じ取り、そのアイデンティティを理解し、集団間の相違点と共通点を明らかにする。その結果、境界を両側から眺め、その境界を受け入れ、最終的に集団間の違いを尊重することができる。

リック・ギブンスとジョン・ヘレラはふたりとも、メキシコ訪問が大きな転機になったと述べる。とくに印象深かったのは、ある母親（貧しいながらも誇り高い母親）に家に招かれたときのことだ。ジョンはそのときのことを次のように話す。

この家に向かうため、泥と埃だらけの道を車で走り、その後、長い距離を歩きました。道中、働いている人をひとりも見かけませんでした。仕事がないのです、まったく。ひとりの女性が戸口で迎えてくれました。われわれを家のなかに招き入れ、ふたりの息子さんの写真を見せてくれました。「最も美しい町」に住んでいるそうです。それはシカゴでもニューヨークでもなく、チャタム郡のシラーシティでした！ 息子さんのことを話しながら、彼女は歩き回り、一羽しかいないニワトリをつかまえ、首を折り、熱湯に入れて羽をむしり、料理しました。息子がいる町の人間が訪ねてきたことを、彼女はとても誇りに感じていました。リックが私のほうを見て言いました。「あれをごちそうしてくれるわけじゃないよね？　一羽きりなんだよ」。ところが、彼女はまさにその鶏をごちそうしてくれたのです。そして言うまでもなく、とても美味でした。

ジョンもリックもその寛大な行為に感銘を受けた。そしてリックは、自分がもし家族にもっとよい暮らしをさせたいと思う貧しいメキシコ人だったら、やはり国境を越えてアメリカに行くだろうと考えた。

ジョンとリックのようにリフレクティングを実践すると、集団はお互いを知り、共通点だけでなく相違点にも敬意を払えるようになる。respect（敬意、尊重）という語は、ラテン語のrespectusからきている。意味は「振り返る」「見直す」。分裂または反目する集団同士が互いを「見直す」ことができたら、分裂の原因である誤解や偏見をなくすきっかけになる。すると集団が互いの似た点や違う点を理解し、集団相互の敬意が育まれる。集団がお互いを知り、集団間の境界線を尊重するのは、共通の土台を築く（パート3で検討）前に踏むべき基本的ステップである。メキシコ訪問後のリックの心変わりほどではないにしても、あなたも日々、意義あるリフレクティングを実践することができる。自分以外の集団の経験やニーズ、価値観、課題を時間をとって知ろうとしたら、それがリフレクティングである。自分以外の集団の経験やニーズ、価値観、課題がどう違うかを他人に理解させることができたら、それもリフレクティングである。

リーダーであるあなたは、いろいろな集団の立場やニーズを代弁するよう求められるだろう。

そんなあなたのネクサス課題は、たとえば、自チームのメンバーに、顧客やサプライヤーなど、さまざまなステークホルダーのニーズを理解させることかもしれない。組織内でガラスの天井に直面する女性たちの悩みや課題を、男性幹部に理解させることかもしれない。あるいは、グローバル市場で成功するための発想や考え方を集団内で養うことかもしれない。境界線をはさんで分裂した集団を、互いに敬意を払うよう仕向けなければならない――あなたはそんな課題に直面することが何度もあるだろう。リフレクティングを通じて集団相互の敬意を育むのは、ネクサス効果へ向けた第二のステップである。

境界を理解する

リフレクティングの実践では、さまざまな異なる視点を代弁し、集団間の知識のやりとりを促進しなければならない。境界を橋渡しする前に、まず境界を両側から見ることができなければならない。図5・1に示すように、リフレクティングでは、アイデンティティ（視点、目標、ニーズ、価値観）の違いを互いに共有しながら、集団のアイデンティティ

図 5.1　リフレクティング

を保持する。集団のあいだに存在する類似点や相違点を深く理解することで、境界を明確に画定する。その結果が集団相互の敬意につながり、ネクサス効果への第二ステップとなる。これができれば、共通の目標や目的が視野に入り、ビジョンを共有するための下地ができる。

　各種研究によると、複数の集団が共通のゴールやミッションに向けて力を合わせるためには、構成員がまず自分の集団に安心感を覚えることが必要であり、そのうえで彼らは他の集団の正当性を認めることができる。[7] とはいっても、これは簡単ではない。われわれは、他の集団に対して否定的な見方をすることで安心感を覚えがちだからだ。相手がこちらより劣っていると考えたときに、自信が深まる。「彼ら」がいるから、「私たち」のつながりが強まるのである。

　たとえば、メーカーの労働組合を考えてみよう。労働組合の存在は、ある部分、経営陣と反対の見解を持つことにかかっており、その逆もまた真である。もし経営陣と労働組合の優先事項や価値観、ニーズが時間とともに似てきたら、そもそも組合が必要でなくなる。双方の違いがなくなれば、組合がなくなっても誰も気にしない。このように、労働組合と経営者集団のアイデンティティは、その違いを重視・維持することに依存している部分がある。

　アイデンティティをめぐる対立について研究している人たちによると、集団はこのサイクルから抜け出して前へ進み、協力しなければならない。他の集団を否定するのではなく、自身の長所に重点を置いて安心感を覚えられるようにしなければならない。「私たち」が勝つには「彼ら」が負けねばならない、という前提を忘れなければならない。[8] 集団間の深い溝を埋めることに長けた専門家、ジェイ・ロスマンによれば、そのためのひとつの方法は、まず集団同士の違いに焦点を当てて、対立や誤解の原因が何かを知ることである。[9] 次に、集団同士で胸襟を開いて話し合い、それぞれの願望、不安、関心事などを共有する。[10] 両集団が互いの差異を受け入れて初めて、双方が問題解決に向けて動きはじめ、協業の手段を見いだすことができる、とロスマンは言う。どちらのステップにおいても、境界を越えて積極的かつ上手に耳を傾けることが絶対欠かせない。

米国最大の中古車ディーラーチェーン、ドライブタイムの経営幹部[11]は、自社のプログラムでリフレクティングを実践した。このプログラムは、社員たちに顧客についてよく知ってもらうためにつくられた。ドライブタイムの顧客はもっぱら信用力の低い中低所得層である。二〇〇三年、同社は「スクールタイム」という社員主導の慈善基金を立ち上げた。地方の各オフィスが、落ちこぼれそうな生徒の割合が高い地元の小学校と長期パートナーシップを結ぶ。社員たちは資金を調達し、生徒や保護者、先生にボランティアでサポートを提供する。このプログラムは「善行」の機会になるだけでなく、顧客である地元の中低所得層を社員がよく理解するチャンスにもなる、と経営陣は考えている。社員は顧客への共感を高め、理解を深める。弱い者を食い物にする業界というイメージからはほど遠い。

リフレクティングの戦術

リフレクティングにおいては、境界線を理解し、集団相互の敬意を育むため、集団の異なる視点を代弁し、集団間の知識のやりとりを促進する。それぞれの集団は自分たちの価値観、ニーズ、願望、不安、優先事項をもう一方の集団と共有する。その過程で、両集団は相手との境界線を理解し、両者のあいだの共通点と相違点を受け入れる。競合ないし反目する集団が互いに敬意を払えるようになれば、方向性、団結力、責任感が築かれやすくなる。リフレクティングで使える戦術を以下に示した。まずは集団同士がお互いのことを知り、次いで差異を明らかにし、最後に共通点を見極めることをお勧めする。

リフレクティング戦術1——集団がお互いのことを知る機会をつくる

ドライブタイムのリーダーは、落ちこぼれそうな生徒が多い小学校と社員が協力できるプログラムをつくった。これによって地域に貢献するとともに、所得が低い顧客に対する理解や共感を育もうとした。ある集団（ドライブタイムの社員）がオフィスから飛び出て学校へ行き、別の集団（ドライブタイムの顧客層）について知ることができた。このように他の集団について知る機会ができると、集団相互の敬意を強めることができる。

組織内の集団が境界を越えて相手に耳を傾け、相手について学べるようにする方法はいろいろある。他の部門、地域、製品ラインの連絡会議に出席する、イントラネットサイトへの投稿を読む、戦略的目標や優先課題を理解しようとするなどして、チームメンバーが彼らについて知る機会をつくる。ジョブシャドーイング、ジョブローテーション、現場訪問などによって、従業員に組織内の違う視点を経験させる。国外出張の際にもう一日の滞在を認め、その国の顧客や文化について学ばせる。他の集団のリーダーを招いて話し合いを持ち、両集団がもっと成功するためのシナジーの可能性を探る。こうした方法を用いれば、他の集団に関する認識が高まり、相互協力の可能性が開かれる。この種の経験は、あなたやあなたのチーム、組織全体が境界を越えてリーダーシップを発揮する能力を身につけられるよう、体系的に導入・適用することができる。

リフレクティング戦術2
――大きな差異を明らかにするための効果的な問いを発する

効果的な問いかけをすれば、集団が協働しようとするときに直面する課題の根本原因――対立をもたらす要因となりやすい価値観、認識、感情――を明らかにすることができる。集団同士の目に見える表面的な違いは認識しやすいが、必ずしも目に見えないのに協業を阻む根深い差異は、注意深く根絶する必要がある。効果的な問いを発することで、また、集団相互の質問を奨励することで、根深い差異を明らかにするための機会を設けることができる。

CCLスタッフのチャック・パルスとデビッド・ホースが著書『The Leader's Edge』（未邦訳）

で述べているように、効果的な質問には次の三つの特徴がある。探究を誘う、安易な答えを許さない、激しい情熱を引き起こす。[12] これら三つはいずれも、境界を越えて考え方を理解し、経験を共有することによって、集団相互の敬意を育むためには不可欠である。

ヒントとなる例をいくつか紹介しよう。部屋にふたつの集団がいる場合、それぞれの集団のメンバーに、以下の質問をしてみよう。

- あなたたちの思考の指針となるのは、どんな価値観か。手放せない価値観をひとつ挙げるとしたら？　両集団に共通すると思う価値観は何か。
- 相手集団に対してどんな先入観や前提を持っているか。その原因は何か。どうやってその先入観や前提を確かめるか。
- あなたの集団は相手集団についてどんなことを言っているか。相手集団はあなたたちについてどんなことを言っていると思うか。
- あなたの集団について相手集団が知らないのは、どんなことか。あなたは相手集団についてどんなことを知りたいか。
- お互い協力するうえでの心配事は何か。願望は何か。

こうした効果的な問いかけは、誰もがふれたがらないタブーを明らかにするのに役立つ。これらの問いをきっかけに、緊張を生み協力を阻んでいる両者の差異を明らかにし、これについて話し合うことができる。効果的な問いかけによって、アイデンティティの大きな違いが表面化する。その結果、集団は違いの中身だけでなく、その原因も新たに知ることができる。あるいは、互いに抱いている先入観が的外れであることに気づくことができる。あるいは、相手についていままで知らなかったことを新しく知り、互いを尊重できるようになる。もし今度、会議の場で、集団のあいだに見えない壁や溝があると感じたら、効果的な問いを発してみよう。何か深い洞察が得られるはずだ。

リフレクティング戦術3——違いをもとに共通点を浮かび上がらせる

集団間の違いは目立ちやすいが、共通点はどうか？　リック・ギブンスはメキシコを訪れたとき、彼自身とチャタム郡の不法移民に共通する価値観を知ることができた。自分や友だちの多くと同じように、メキシコ人の移民も家族の暮らしをよくしたいとの思いなのだ。子どもによい生活をさせるために必要だと思うことをしていた。ノースカロライナに戻ったリックは、自分がメキシコで見たことを他人にも伝えようと尽力した。何世代もチャタム郡に住んでいる人たちと同じく、ここへやって来るラテン系移民も家族愛に突き動かされているのだ、と。

リックは、自分が不法移民と同じ価値観や信条を持っていることを知って心底驚いた。いままでは、自分の家族の幸せが不法移民に脅かされると思っていたのに——。「見直す」ことにより、どちらの側も家族愛が原動力になっていることが問題の本質だとわかった。集団が互いを理解しようとしはじめたら、たいていは当初思っていたより共通点が多いことに気づく。違いを掘り下げ、理解すると、その下に隠れた共通点が明らかになる。したがって、集団同士の世界観の違いについて知る機会をつくり、共通の価値観や視点を見いだす努力を続けることが重要である。

リーダーたちに指導するとき、私たちはある演習を行う。第2章で紹介したアイデンティティサークルを使って、「あなたは誰?」という問いについて考えてもらうのだ。サークルの作成が終わったら、自分とは違うと思う人を探し、その人のアイデンティティについて語ってもらう。これによって、両者の似たところが明らかになり、思っていたより共通点が多いことに気づく。大事なのは、まず違いについて話し合ってから、おのずと共通点が浮かび上がるようにすることだ。焦って探そうとしても、共通点はなかなか見えない。違いを共有して初めて、実は共通のアイデンティティのほうが多いことに気づくのである。

リフレクティング戦術4
――集団が「彼ら」を「私たち」のようにしようとする傾向に抗う

境界を越えて協力するには、集団を分かつ差異を受け入れる必要がある。しかし、協業のために「彼ら」を「私たち」のようにしようとすれば、それはリソースや労力の無駄になる。ここまで読んできたあなたならおわかりのように、これは必ず裏目に出る。集団はただ自分たちの立場に固執するのだ。よって、リフレクティングをやり遂げるには、集団がお互いを受け入れ、内部からの変化を重視するように持っていくのが重要である。

チャタム郡のリック・ギブンスをめぐるストーリーが、その大きな実例だ。リックは最初、不法移民を変える、または追放することに全精力を傾けた。でもやがて、それが無駄であることに気づいた。むしろチャタム郡を変えることに時間と労力をつぎ込んだほうがよい。移民が住みやすく、生産的な市民になれる場所に変えるのだ。ジョン・ヘレラの助けを借りて、リックは、メキシコで見聞きしたことがここノースカロライナでどう反映されているかを知ることができた。たとえば、メキシコでは警官が賄賂を受け取るのが一般的になっていた。だからチャタム郡のラテン系移民は警官を信用しないらしい。こうした経験やジョンの助言を通じて、リックはふたつの文化の違いを理解し、受け入れられるようになった。リックが相手集団を変えようとするのではなく受け入れることに集中した結果、両集団はみんなのためにコミュニティをよくするべく協力することができた。

組織はたくさんのリソースを費やして顧客や組織メンバーを説得し、特定の行動を起こさせる。だが、ある集団が別の集団の中核的アイデンティティを変えようとすると、それは一線を越えたことになる。思い出してほしい。アイデンティティとは、われわれが何をどのように行うかではなく、われわれがそもそも「誰なのか」という問題である。そのアイデンティティの重要な部分を捨て去れと言うのは、集団間の溝を広げることに等しい。リフレクティングの実践に際しては、相手を自分の側に引き入れようとするこの傾向に抗わなければならない。そのためには、集団に互いの価値観、ニーズ、視点を受け入れさせる必要がある。

リフレクティング戦術5
――スピードアップのために集団をスピードダウンさせる

日に日にスピードを増す世の中に逆行するようだが、集団のスピードを落とし、学習や知識交換、視点取得〔お互いの視点を知ること〕の機会をつくることが必要不可欠である。小休止や休憩で一息つけば、集団は直面するタスクの複雑さを理解できる。

アブレイシブ・テクノロジー社（ATI）の事例を考えてみよう（このメーカーについては第9章で詳述する）。職能別組織からプロセス中心の組織へ転換するにあたって、ATIは「学習」を全社的に重要な能力として位置づけた。部門横断的なチームに権限を与え、いつでも製造オペレーションをストップできるようにした。プロセスの理解を深め、互いに質問を投げかけるためだ。部門の経験や専門知識の壁を越えた、リアルタイム学習の時間が提供された。たとえ学習のためにオペレーションのスピードを緩め、時間を失ったとしても、これがのちのちスピードアップにつながることをATIは発見した。スピードダウンのおかげで、集団（部門）間の前提条件や考え方、ワークスタイルの違いを理解するために必要な時間を確保し、ミスやり直しを減らすことができた。

あなたも問題解決や業務共有を焦らず、集団同士の視点取得や知識交換を促そう。対話の時間をプロセスに組み込み、異なる見解や観点、業務手法の理解をめざそう。みんなのお手本となり、事実、前提、感情を明らかにすることを奨励しよう。集団に聞く耳を持たせ、どんな信条や信念にも長所や妥当性があることを理解させよう。スピードを落とし、集団がもっとつぶさに状況を把握できるようにすれば、スピードアップと問題解決のための新たな選択肢や優れたアイデアを発見できる。その過程で集団相互の認識や敬意が深まり、お互いの知識や専門性を認めるようになる。

リフレクティングにおけるリーダーの役割

リフレクター（反射体）の役割を果たすうえでのあなたの仕事は、集団が他の集団のニーズ、目標、価値観、ワークスタイル、嗜好、専門性、経験を理解できるようにすることである。異なる視点を代弁し、知識の交換を促すことで、集団相互の敬意を育もう。リック・ギブンスとジョン・ヘレラはリフレクターとしての役割に専念し、チャタム郡のラテン系住民と白人住民の相互理解を促進した。その結果、ふたりは移民と非移民の関係を永続的に変える重要な役割を果たした。

リックは以前と違う人間になってメキシコから戻った。他のコミュニティリーダーにラテン系住民の抱える課題を知ってもらい、コミュニティ全体が協力して全メンバーを統合するべきだと理解してもらえるよう力を尽くした。ジョンによれば、リフレクターとしてのリックの存在は非常に大きかった。「ものごとをよい方向に変えようとすれば、彼らの一員のように発言・行動する人が必要なのです」

リックとジョンを見ればわかるように、リフレクターの役割を果たすには、ある集団のイメージを他の集団に伝えるなり投影するなりしなければならない。まるで鏡のように、ある集団のイメージやアイデンティティを映し出し、代弁しなければならない。つまり、あなた自身の力で各集団の類似点と相違点を明らかにするのだ。まずは先入観や偏見なしに、各集団のイメージやアイデンティティを把握しなければならない。そうして初めて、それぞれの知識や視点、経験を正しく共有することができる。

注意──リフレクティングの落とし穴

リフレクティングの落とし穴、それは、あなたがいずれかの集団に属さざるをえない、または属していると思われるケースが否応なくあるという点だ。すると、あなた自身がいくら偏見をなくそうとしても、あなたは「彼ら」のひとりと見なされてしまう。ある集団の構成員であるかぎり、公平なアウトサイダーとは見てもらえない。こうした場合（とくに、人種や性別など、変えようのないアイデンティティが関わっている場合）、あなたにできることはほとんどないので、すべての集団から公平なアウトサイダーと見なされる別のリーダーに関わってもらうのがよいだろう。

リフレクターとしての役割は簡単ではない。研究によれば、人は異なる集団を見るとき、過度に単純化した硬直的な見方をしがちになる。[13] たとえば、自分が属する集団については、全員が同じように考え、行動するわけではないことがわかるのに、他の集団に対してはこうした柔軟な見方ができない。「彼ら」はみんな同じように考え、行動すると思ってしまうのだ。われわれは他の集団の違いに注目し、その違いを誇張する。それが「白か黒か」の世界観を助長する。

境界を越えてリーダーシップを発揮するには、過度に単純化したくなる気持ちにストップをかけ、世界を「私たち」対「彼ら」の図式で見ないようにしなければならない。[14] 片方の集団が正しく、もう片方は間違っているという考え方をやめ、他の可能性、同じ目標を達成するためのいろいろな方法、多くの見解が同時に成り立つという現実に心を開く必要がある。つまり、世界は大部分がグレーで、黒か白かがはっきりしていることはほとんどないと認識するのだ。

チャタム郡保安官のリチャード・ウェブスターは、この現実を次のようにまとめている。[15]

「人はたいてい移民を黒か白かで判断しがちです。ですが実際には、黒が一%、白が一%、そのあいだの九八%がグレーなのです」。リック・ギブンスとジョン・ヘレラも同意するだろう。リフレクティングに必要なのは、集団の境界がぶつかったときに表面化する差異を理解するだけの柔軟さを保つことだ。集団と集団のあいだに存在する境界線を理解すれば、集団相互の敬意を築くことができる。それこそ、集団間の連結点《ネクサス》で共通の土台をつくるために必要な、次なるステップである（表5・1を参照）。

リフレクティングと、あなたのネクサス課題

異なる視点を代弁し、知識交換を促せば、集団相互の敬意が築かれる。以下の質問は、リフレクティングを、あなたならではのネクサス課題ならびに集団間の境界をマネジメントしようとするときに直面する課題や機会に適用する際の指針となる。

認識——現状を評価する

リフレクティングは境界を理解して、集団相互の敬意を育む。あなたのチームや組織の集団相互の敬意は、一〇段階評価（一〇が最高評価）でどの程度か？

集団相互の敬意が高まれば高まるほど、以下のことが当てはまる。

表 5.1　リフレクティングの概要

定義 リフレクティングとは何か？	異なる視点を代弁し、集団間の知識交換を促して、境界線を理解し、集団相互の敬意を育む。
根拠 なぜリフレクティングは機能するのか？	リフレクティングでは、他の集団に対する理解を深めることで境界が明確になり、そのさらなる画定が進む。たとえば、それぞれの集団は他の集団のニーズ、価値観、信条、嗜好などに敏感になる。自分たちのアイデンティティが安全だと考えて安心したメンバーは、集団間の類似点と相違点を特定できるようになる。リフレクティングは集団を分かつ差異だけでなく類似点も明らかにし、それをもとに共通の土台を築くことができる。
戦術 リフレクティングはどのように達成されるか？	1. 集団がお互いのことを知る機会をつくる。他の集団についてもっと知るにはどうしたらよいかを考えさせ、その見本を示す。 2. 大きな差異を明らかにするための効果的な問いを発する。質問への回答を通じて、根深いアイデンティティの違いがなぜ存在するのか、その違いがなぜ重要なのかを理解させる。 3. 違いをもとに共通点を浮かび上がらせる。違いが明らかになったら、類似点も明らかにして、アイデンティティの共通の側面にも光が当たるようにする。 4. 集団が「彼ら」を「私たち」のようにしようとする傾向に抗う。相手を変えることに無駄な労力を費やすのではなく、集団がお互いを受け入れるよう促す。 5. スピードアップのために集団をスピードダウンさせる。問題をあらゆる側面からゆっくり検討し、視点取得や知識交換を通じて、事実、前提、感情を明らかにするよう促す。
結果 その結果、どうなるか？	集団相互の敬意：集団が互いの類似点と共通点を理解したときに生じる相互認識や配慮。

- メンバーが集団のあいだの類似点と相違点を理解する。
- 価値観、考え方、経歴、信条の類似点と相違点が尊重される。
- 集団がお互いに敬意をもって接する。

検討——新たなアプローチを探る

どうすれば、集団がそれぞれの視点や知識、専門性を共有する環境をつくれるか?

リフレクターの役割を果たすには、まるで鏡のように、ある集団のイメージを他の集団に伝えるなり投影するなりしなければならない。どうすれば、職場で、ある集団のイメージやアイデンティティを映し出し、代弁することができるか?

視点取得は、有効なリフレクターになるための必須スキルである。どうすれば、安全地帯の外へ出て違った視点から世界を眺めたり、自分たちとまったく違う集団への理解を深めたりする経験ができるか?

適用——行動を起こす

リフレクティングに関して学んだアイデア、戦術、新しい知見で、あなたのネクサス課題に適用できるものはどれか?

パート3

共通の土台づくり

人間は互いに協力することで歴史を生き抜き、繁栄してきた。有能な組織、優れた共同体や社会の中心には、単独ではできない大きなことを力を合わせてやり遂げる人たちがいる。それは歴史が教えてくれることだ。いまや、技術の進歩やグローバル化によって、世界中のあらゆる場所で（あるいはあなたの組織のあらゆる領域で）人々の協業ポテンシャルが高まっている。だが、こうしたリーダーシップをめぐる状況の変化により、「危険ポテンシャル」もまた飛躍的に高まっている。かつて分かれていた集団が日常的にぶつかり、交わるようになったのだ。

パート3では、リーダーシップの実践の次なるふたつ——「コネクティング（つなげること）」と「モビライジング（結集させること）」——を紹介する。このふたつを実践すれば、垂直・水平方向の境界、ステークホルダーとの境界、人口属性の境界、地理的な境界を越えた共通の土台を築くことができる。バッファリングやリフレクティングとは違って、コネクティングとモビライジングでは、集団同士の違いではなく、集団の共通点に注意を向ける。前にも述べたが、人間には差異化や独自性に対する普遍的欲求がある一方、それとバランスをとるように、統合や所属の欲求も強い。実際、歴史を通じて企業や共同体の人間関係における主要原則は、共通の「わが社」や「わがコミュニティ」に各集団を共感させることだった。もしあなたの組織で、階層や部門を越えて、また、さまざまな属性やステークホルダーのあいだで、相互信頼や所属意識が培われたらどうだろう？　このパートでも引き続きネクサス効果をめざすスパイラルを上昇しながら、自分より大きなものの一部になりたいという人間の欲求を利用した、ふたつの実践について説明しよう。

第6章では、集団間の境界線を一時的に無効にするコネクティングに焦点を当てる。コネクター（連結者）は人と人を結びつけ、分断された集団に橋を架けて、集団相互の信頼を築く。コネクティングの実践例として、ダニエル・サットンがヨーロッパで部門横断的なタスクフォースを成功させ、持続可能性の高い新しい都市プランを立案した経緯を紹介する。

第7章では、集団間の境界を構成し直すモビライジングについて検討する。モビライザー（動員推進者）は共通の目的やアイデンティティをつくり、集団同士のコミュニティを形成する。レノボのリーダーたちが統合的・革新的なグローバルコンピュータ企業をつくるため、東西の境界に橋を渡そうとしている様子を見る。コネクティングとモビライジングを通じて、あなたは集団を束ねる共通の土台をつくり、それをもとに問題を解決し、イノベーションを促進し、革新的な成果をあげることができる（図P3・1を参照）。

図 P3.1　共通の土台を築く

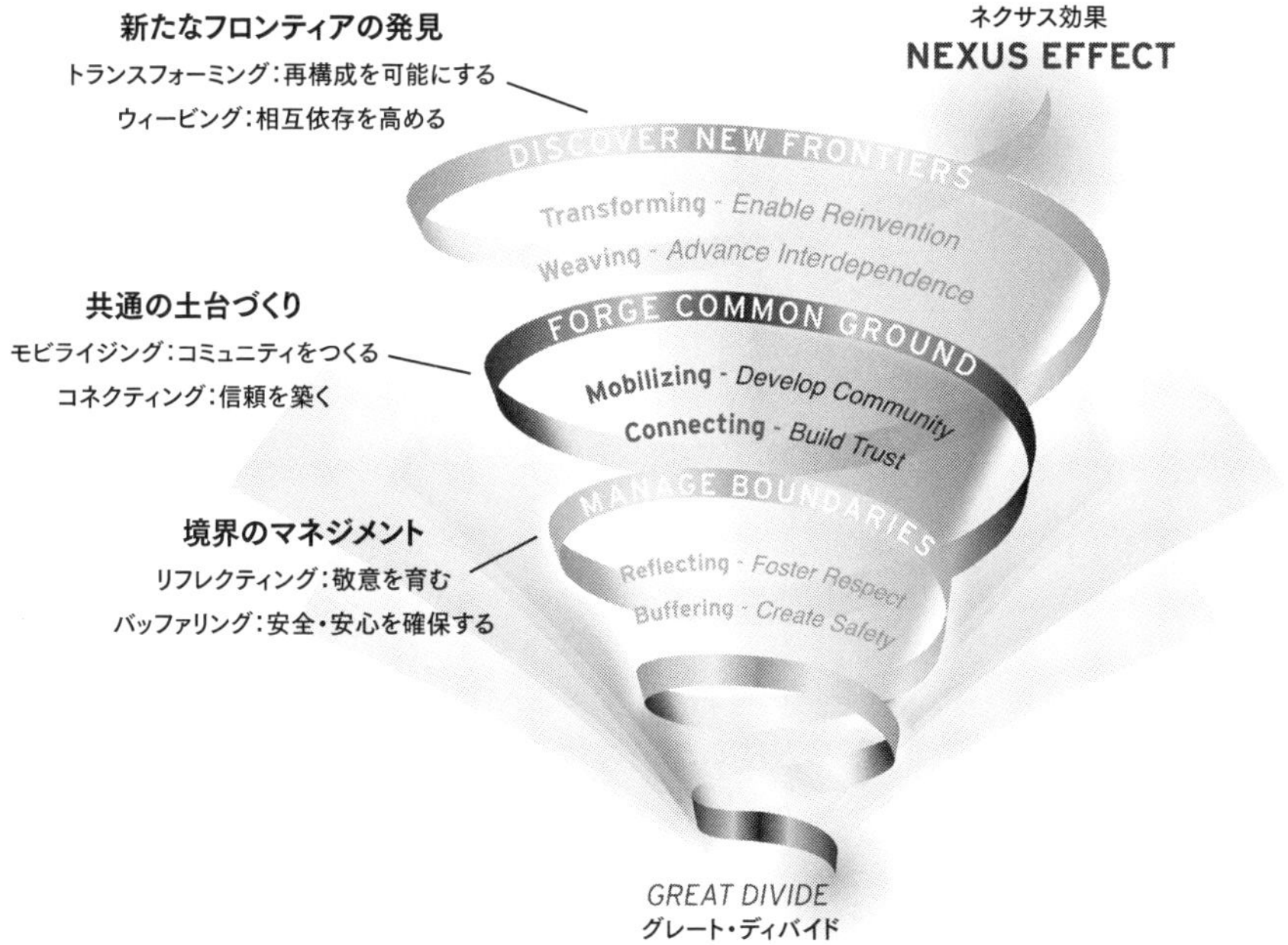

第6章 コネクティング
——信頼を築く

ダニエル・サットンがずっと待っていたチャンス——それがついに訪れた。グローバルな石油関連企業のCSR担当ディレクターとしてヨーロッパを統括していたダニエルは、楽観的ながらも実際的な男で、過去に数々のCSRプロジェクトを成功に導いていた。[1]とはいいながら、つねに悩みがつきまとっていた。彼がリードしたプロジェクトは社内的なものが多く、参加者は主に内部の者だった。それらももちろん好結果をもたらしたが、数多くのステークホルダーとのパートナーシップを通じて、もっと大きな成果を出したいと彼は考えていた。

そのチャンスは地元の市から舞い込んだ。さまざまなセクターを巻き込んだ戦略的タスクフォースのリーダーをやらないかと誘われたのである。市の憲章では、温室効果ガスの排出量を二〇二〇年までに三〇%減らし、二〇五〇年までにはカーボンニュートラルな状態を達成するための計画の策定が謳われていた。

その任務を引き受けたダニエルがまずやらなければならなかったのは、三つの主なステークホルダー――エネルギー企業幹部、環境保護論者、市当局・政府指導者――の代表者を彼の会社に集めて、顔合わせの会合を開くことだった。会議の冒頭、ダニエルはグループの基本方針を説明した。「われわれは幅広い専門知識を持ち寄って市の新しい共通ビジョンをつくる、またとないチャンスを与えられました」。しかし、最初にコメントを求めたとき、共通のビジョンなどどこにもないことをすぐに悟った。互いに不信感があるのはわかっていた。二年前、三つの集団はあるプロジェクトを進めようとして、悲惨な失敗を遂げていたのだ。それぞれの集団は自分たちの関心分野の外へ出ることができなかった。

だが、その後の敵意丸出しの発言の応酬には、さすがのダニエルもびっくりした。環境保護論者のひとりが次のように言った。「この、ウッドパネルに囲まれた豪勢な役員会議室に座ったままで、現場で必要とされていることに少しでも思いを馳せられるのでしょうか」。エネルギー企業幹部のひとりが応じた。「私たちはここで意思決定をしようとしているのに、このなかの政治家さんたちはただぼーっと座って意思決定の話をしているだけです」。それまで黙っていた役人たちのひとりが、やむをえないというふうに口を開いた。「環境保護論者の方々のように抗議ばかりするのではなく、ここで新たな方針を策定し、市政を前へ進めようとしていることを、私は誇らしく思います」

その夜、散歩をしながらダニエルは気づいた。三つの集団を長らく分断してきた溝を埋めるには、まったく違うアプローチをとらなければならないだろう。夜空に昇る月を見上げながら、彼はこう思う。人間同士の個人的な関係を築いて、「政治家」とか「石油会社幹部」とかのレッテルに縛られないようにしなければならない。よし、次は郊外のロッジで週末の合宿を企画しよう──。

数週間後、ダニエルは三つのグループといっしょに合宿地へ向かうバスに乗ったのだが、各集団のメンバーはバスの前、中央、後ろに別々に固まっている。大変な仕事になるのは承知だったが、ゴールははっきりしていた。タスクフォースのメンバーが個人的に知り合えるようにすることである。目的地に着くと、ダニエルは紙を一枚ずつみんなに配った。片面には部屋割りが書いてある。二人一部屋で、経営幹部と環境保護論者など、違うステークホルダーのメンバーが同部屋になるようにしてあった。もう片面には質問が三つ書かれている。「子どもの頃に自然を満喫した一番の思い出は?」「環境保護に関する、あなたの熱意の源は何?」「それぞれのタスクフォースメンバーとあなたの共通点は何?」。チェックインの準備をする全員に、ダニエルは「一〇分後にハイキングシューズを履いてまた集まってください」と告げた。長い散歩をする予定だった。

真昼の日差しを浴びて歩きながら、ダニエルは先ほどの三つの質問の回答について話し合うよう、みんなを促した。予想どおり、環境保護論者、経営幹部、政治家という三つの討議グループができた。ダニエルはただ歩きつづけた。するとついに、環境NPOの代表であるマーガレットが隊列を乱し、石油会社幹部のボブと話しはじめた。ふたりは自然のなかで経験した思い出について語り、近代的な輸送機関を考え直す必要があると熱心に議論した。そのなかで、ふたりの共通点が明らかになった。マーガレットもボブも、官民のパートナーシップを利用すれば、水素燃料ステーションのネットワークを築くことができるという記事を興味深く読んでいたのだ。さらに歩きつづけるうち、彼らは自分たちの市でどうすればそんなパートナーシップが築けるかについて、意見を出し合いはじめた。

これをきっかけに、その長い散歩のあいだ、そして週末の合宿のあいだ、セクターの垣根を越えた数多くの会話が交わされた。帰りのバスで、ダニエルは目標が達成されたことを確信した。三つの集団のメンバーは、バスのなかで固まることなくばらばらに座り、財布や携帯電話を回しては家族の写真を見せ合っていた。

その後の数週間、ダニエルはこの経験をもとにグループ間の関係構築を進めた。毎週のように、タスクフォースの全メンバーを集めてミーティングを開催した。このとき、自社のオフィスを使うのではなく、市内のさまざまな場所を順番に利用した。メンバーが気軽に質問や提案ができるオンラインスペースも開設した。地元のレストランやコーヒー店でインフォーマルな懇親会を催すこともあった。ある週末、ひとりのメンバーが野外でのバーベキューパーティーを開き、みんなの家族を招待した。ごちそうで腹がふくれたあとは、もちろん公園内の散歩である。こうしたミーティングやイベントでは、ダニエルはタスクフォースの任務を中心に会話が交わされるよう心がけたが、プライベートな話を交換する時間もつくった。

集団のあいだの意見や視点の違いは残っていたものの、難局を乗り越えるための一定の友情や信頼が築かれた。市当局への計画発表の準備をしながら、タスクフォースのメンバーたちは、役員会議室でのあの顔合わせからここまでこぎつけたかと感無量だった。境界線を保留にして信頼を築く——ダニエルのそんな努力を通じて、環境保護論者、エネルギー企業幹部、政府の各集団は、彼らのあいだの「創造的緊張」を尊重するようになった。おかげで、本人たちの言う「市の変革プラン」のなかで、きわめて革新的な解決策を提言することができた。

コネクティングの実践

セクター横断のタスクフォースを率いるにあたって、ダニエルはコネクティングを利用した。役員会議室での初顔合わせで言い合いになったあと、彼は集団をまとめるだけでは駄目だと気づき、別の方法をとった。環境保護論者、エネルギー企業幹部、政府の役人が個人的に知り合える「ニュートラルなスペース」をつくったのだ。郊外で散歩をしているあいだ、タスクフォースのメンバーはさまざまな会話を楽しみはじめた。集団ベースではなく個人ベースのやりとりである。彼らは初めて、お互いの違いを越えた共通点にフォーカスすることができた。時間がたつにつれて信頼が築かれ、言葉や行動に誠実さがにじみ出た。ダニエルは集団間の壁になっていた境界線を無効化することに成功したのである。

地域社会のプロジェクトだけでなくビジネスも、信頼に基づく協力関係の構築が基本である。組織のリーダーの仕事は関係づくりだといってもよい。だが、リーダーシップをめぐる状況が変化するなか、いまは昔と比べて大きな違いがある。以前は、ひとつのチームやグループのなかで信頼を築けばよかった。メンバーにはたいがい共通の目的、経歴、価値観、つまりは共通のアイデンティティがあった。だが、ダニエルのような現代のリーダーは、関心事が異なるグループやチームの枠を越えて相互信頼のネットワークを築かなければならない。

あなたのネクサス課題は、組織の縦割りを打破することか？　サプライヤーやベンダーと、もっと密接に協力することか？　組織のヒエラルキーを減らすことか？　マトリックス構造のなかで成果を出すことか？　いずれにせよ、いまの時代はチーム内の人たちと信頼を築くだけでは足りない。あなたの組織を構成する多数のグループやチームをまたいで、信頼をベースにした強い関係を築かなければならないのである。

境界を無効にする

コネクティングでは、集団対集団のつながりよりも個人対個人のつながりを築くことで関係をつくろうとする。図6・1に示すように、コネクティングが起きるのは、集団がそのアイデンティティの外側に出て、中立地帯――メンバーが個人として交流できる場所――に足を踏み入れたときである。集団のアイデンティティの外に出ると、人はアイデンティティの違いを無効ないし保留にする（たとえ短い時間であっても）。すると、交流を重ねるにつれて、集団のあいだの壁となっていた境界線が背景に退きはじめる。メンバーは集団の違いを脇に置き、個人の共通点をもとにつながりを持つようになる。その結果が集団相互の信頼、すなわち境界が無効化され、新しい関係が築かれたときに生まれる、お互いが誠実に信頼し合う状態である。コネクティングを通じて集団相互の信頼を築くのが、ネクサス効果に向けた第三のステップである。これができれば、関係する集団が共通の方向性を築き、タスクの調整をめぐる共通認識を持ち、各集団が他者の幸福や関心事に責任を負っているとの相互信頼を築くことができる。

この数十年の研究から、集団同士の接触が、集団の境界を打ち破るのに効果的な方法であることが確認されている。[2] 一一歳の少年二二人で行われたロバーズ・ケーブ実験を思い出してほしい。最初、イーグルスとラトラーズはまるで交戦中の民族のようだったが、共通の目標をめざし

図6.1　コネクティング

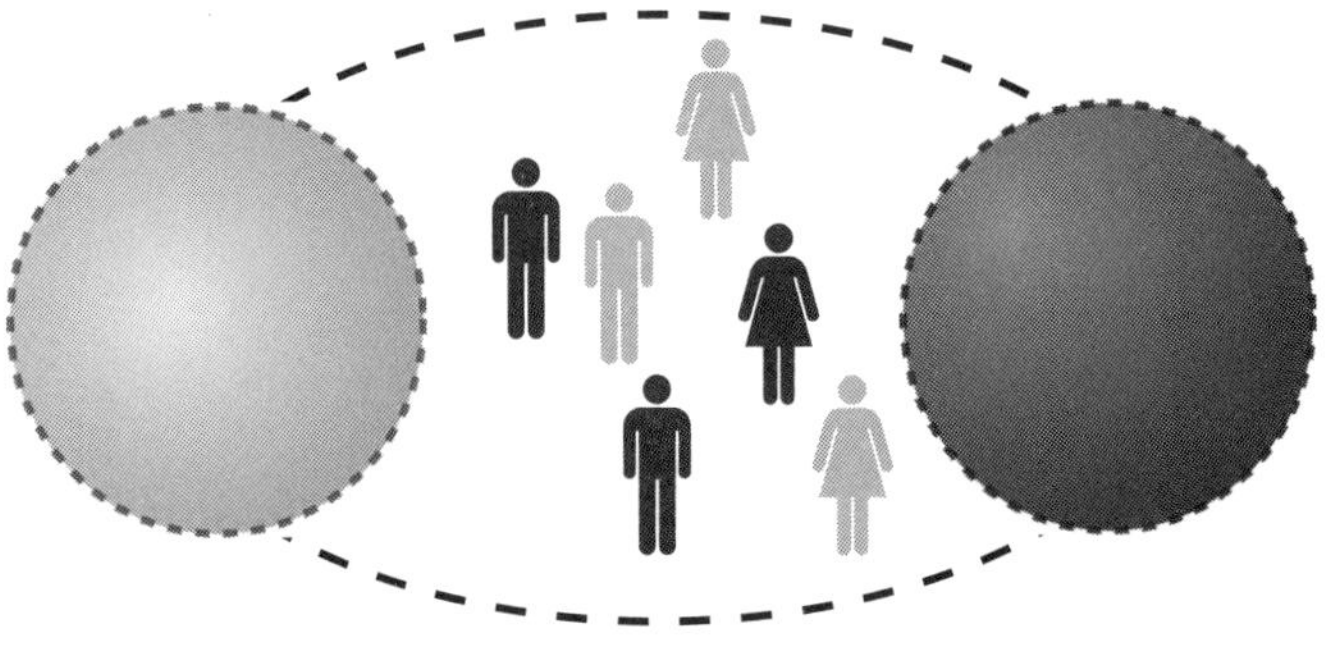

て協力する機会を与えられると、競合する集団のメンバーとしての違いは背景に去り、一一歳の少年としての共通性が前面に出た。

集団同士の接触は、さまざまな人について知るチャンスとなる。その過程で、われわれは集団の境界に重きを置かなくなり（非カテゴリー化）、個人の関係を重視しはじめる。[3] 他の集団について知ると、不信感が減り、信頼が増す。すると自集団の外側にいる人が、同じようなニーズ、価値観、希望、夢を持った個人として目に映り、時間とともに違いよりも似た点が目立つようになる。「私たち」の構成要素に対する見方が広くなり、かつて「彼ら」だった人もその仲間に入ってくる。他の集団も自分たちの利害を考慮してくれると思えるようになると、相互信頼が高まる。率直で偽りのない関係ができるにつれ、誠実さも養われる。コネクターであるあなたの役割は、人々が互いに異なる集団のメンバーではなく、かけがえのない個人としてつきあえる環境をつくることだ。しかし、アイデンティティが人間関係に果たす中心的役割を考えると、これは口で言うほど簡単なことではない。

香港で働く日本人プロジェクトマネジャー、山田智也（仮名）の場合を見てみよう。経験豊かで社交家の彼は、仕事上の必要から、アジア太平洋地域の各国で短期間ずつ勤務していた。[4] 新しいITプロジェクトを立ち上げるため、建設的でタスク志向の国際的チームを素早くつくらなければならなかった。いろいろな成功譚があるなかで、彼は韓国に勤務していた頃の関係づくりについて話してくれた。仕事後は頻繁に、オーストラリア、インドネシア、日本、韓国、ニュージーランド出身のチームメンバーと飲みに行くなどした。するとメンバーは、自分たちの持つ文化的ステレオタイプが他のメンバーには当てはまらないことに気づかされる。山田は、人間関係をつくる機会を設けることで、ＩＴプロジェクトをタイムリーに立ち上げるのに必要な信頼を築くことができた。

彼はさらに別の話も教えてくれた。今度は結果が相当違っている。香港から新しいプロジェクトを立ち上げるべく、彼はまた仕事後の飲み会などで人々を結びつけようとしたのだが、今回は抵抗に遭った。ヨーロッパからの駐在員はアイリッシュパブが好きだったが、地元の中国人スタッフはカラオケバーを好んだ。こうした違いは職場で増幅された。プロジェクトの遅れ、一時しのぎの対応、集団内でのひそひそ話は日常茶飯事だった。技術面での問題はなかった。問題は、山田によれば、異なる国籍の集団同士が打ち解けなかったことにある。「東西の文明の衝突でした。……私自身もそこに巻き込まれてしまいました」。最終的に、山田はみごとな解決策を見いだした。香港は世界中のおいしい料理が味わえる町である。彼は「世界味めぐり」と称したイベントを毎週のように企画し、食を介して文化の枠を越えた人間関係を築いた。このイベントのおかげでオフィスでは前向きで信頼し合える職場環境が築かれた。

コネクティングの戦術

コネクティングを実践すれば、人々が互いに異なる集団のメンバーとしてではなく、かけがえのない個人としてつきあえる中立地帯をつくることができる。バウンダリー・スパニング・リーダーとしてのあなたは、いくつかのコネクティング戦術を駆使してメンバーを結びつけ、信頼を築くことができる。

コネクティング戦術1――中立地帯で相まみえる

集団間の境界を無効にするには、物理的な環境を考慮に入れる必要がある。私たちは、あらゆる集団にとって快適な場所、環境、スペースを表すのに「中立地帯」という考え方を用いている。ダニエルが自社の会議室でタスクフォースの最初のミーティングを開いたとき、その環境が、他のふたつのステークホルダーの神経をすぐに逆なでする結果になった。豪華な調度類や貴重な熱帯木材の使用が環境保護論者の不興を買い、高層階からの眺めが政治家の何人かを羨ましがらせた。彼らはふだん、薄暗い部屋とコンクリートの壁に我慢するしかなかったのだ。この会議室がエネルギー企業幹部の「ホームグラウンド」と思われたのは間違いない。アウェーのチームが敵地で戦うときのように、ダニエルの会議室は違いを目立たなくするどころか、それを強調した。

幸い、ダニエルが場所を変え、週末に郊外で合宿を企画すると、雰囲気ががらっと変わった。現場から離れた場所が中立地帯、すなわち「第三のスペース」として機能した。[5] 野外に出たことで、タスクフォースのメンバーは自分たちがなぜ集められたのかを視覚的・物理的に思い出すことができた。そう、わが市の持続可能なビジョンをつくるのだ。こうして合宿地は、境界を越えた協力が根づきはじめる創造的な場所となった。

コネクティング戦術2――「魅力的な空間」をつくる

組織のなかには、集団や機能、階層、部門を分ける物理的境界が満ちている。たいていのオフィスビルでは、フロアが階層を分かち、壁が部門を分かち、廊下が集団を指定の場所へ流し込み、複雑なセキュリティー手順が望ましくない人物を締め出す。もちろん、職場の物理的境界は、同じような責任を負う人たちの集団を近くに集めるという点では意味がある。だが、本来協力すべき集団の邪魔になることも少なくない。こうした避けられない緊張のバランスをとるには、境界をまたいだ予期せぬ関係づくりを促す魅力的な空間をつくらなければならない。

カリフォルニア州マウンテンビューの「グーグルプレックス」（グーグル本社の愛称）を例にとろう。[6]ここには広場から図書館、サウナまであらゆる施設が整っており、社員はデスクを離れて人と交わりたくなる。オフィスビルの各フロアは柔軟性のある「ネイバーフッド（区域）」に分かれ、その目印として「ランドマーク」――社員がネイバーフッドを越えて顔を合わせやすい共有スペース――がある。開放的なカフェテリアでは無料で食事ができ、巨大なホワイトボードを使って、雑談のなかからアイデアを拾い上げることもできる。誰でもグーグルプレックスをつくれるわけではない。それでもグーグルに学ぶことはできる。集団の壁を打ち破って親密な関係を築きたければ、境界を越えた自然な会話を誘発するスペースやコーナーをつくる必要がある。

共有コミュニティスペースをどうやってつくるか

境界を越えて個人同士の関係が築ける魅力的な空間としては、以下のものが考えられる。

- 「クリエイティビティラボ」……ブレーンストーミングやシリアスプレイ、問題解決、対話ができる場所。
- 「作戦本部」……タスクチームが地図をこしらえ、進捗を追跡し、戦略会議を開く。
- 中央に位置するカフェやダイニングスペース……さまざまなサイズのテーブル、座り心地のよい椅子が置かれ、全社の人間が集まって最新情報を交換する。
- 「セレンディピティエリア」……読書室、屋外テラス、ラウンジなど、社員がデスクを離れて人と交わりたくなる場所。[7]

コネクティング戦術3——通信テクノロジーを使って人々を結びつける

ほんの何年かのあいだに、企業のイントラネットサイトやバーチャルコラボレーション技術は当たり前の存在になった。同様に、リンクトイン、フェイスブック、ツイッターなどのネットワーキング環境も爆発的に拡大した。こうしたテクノロジー自体は、境界線をこしらえるだけに終わる可能性もある。同好の士が自分たちだけのバーチャルワールドをつくるように。MITメディアラボの創設者ニコラス・ネグロポンテは「デイリーミー（日刊自分新聞）」[8]という言葉を世に広めた。人が私たちみたいな、サイトを訪れ、彼らみたいなサイトを避ける傾向にあること、それによってものの見方が偏りがちになることを表す言葉である。しかしこの傾向に抗い、同じテクノロジーを使って境界を無効にし、新しいつながりを築くこともできる。

職場でコミュニケーションやネットワーキングのツールを使う際は、チームメンバーに仕事とプライベートの両方の情報を共有させるとよい。たとえば、社内イエローページやオンラインチームプロファイルは、個人対個人の情報を共有する理想的な場所になる。おそらく、さまざまなメンバーが、「財務マン」「事務アシスタント」「ベテラン」「技術オタク」など、よくある集団カテゴリーをもとに、ある種の先入観をもってこれらのページを覗きにいくだろう。だが、各人の趣味、関心事、スキル、好きな映画、本、食べ物なども載っていたら、そんな先入観やイメージは打ち砕かれるはずだ。

週末の合宿が終わったあと、ダニエルはタスクフォースのメンバーに、それぞれの公私のプロフィールを共有オンラインスペースにアップロードしてもらった。これらのページは、チームメンバーがどんな専門領域で誰に頼ればよいかを知るための、そしてメンバー同士がかけがえのない個人として深く知り合うための重要なリソースになった。

コネクティング戦術4――リーダーシップネットワークを築く

勤務中に行われるイベントは、フォーマルなものにせよインフォーマルなものにせよ、人々や集団を手軽に結びつけられる方法のひとつだが、効果的に活用されているとはとうてい言えない。たいていの組織が幅広い集団をまとめるためのイベントを数多く実施している。非公式ミーティングや親睦会、毎年恒例の企業イベント、周年行事、手作り弁当を持参してのランチ会議……。それ自体はよいことだ。ただ、せっかくのイベントも集団同士の信頼関係を築く効果を生んでいるとは言いがたい。

次のようなときに気まずさを感じた経験は誰しもあるだろう。多様な集団が共有スペースにいるのに、離れた場所にそれぞれ固まっているとか、会社のディナーでマーケティング、財務、物流などのチームがそれぞれ別々のテーブルに座っているとか。古い格言にあるように、「類は友を呼ぶ」のである。集団を寄せ集めるだけでは十分でない。信頼を築き、協調を促すには、慎重かつ体系的に人々を結びつけ、集団に橋を架ける必要がある。ダニエルは週末の合宿で、異なるステークホルダーの人を同部屋にし、散歩中に他のメンバーとの共通点を見つけさせることで、これに成功した。

次のようなハイテクアプローチを用いた例もある。ある大手銀行は、リーダー間の横のネットワークを築いて顧客ニーズに応えようとした。あるスタッフの説明によると、各行員は終日の会議に参加し、そこで電子ネームタグを渡される。これは部屋のなかで他のタグと交信できるようになっている。ネームタグには専門分野、顧客一覧など、各人に関する主要情報が収められている。知らない行員のそばを通り、その人がたまたま同じ顧客と接点があった場合、ネームタグがシグナルを発し、タグ上の小さなスクリーンにその顧客名が表示される。つながりができる環境を積極的につくることで、この銀行は顧客ニーズを満たすための行員同士の関係を築くことができた。

コネクティング戦術5――オフィスの外で交わる

最後に、オフィスの外で関係を築くのも効果が長続きする方法である。仕事上の慣習、階層、ルーティンなどから離れ、もっとインフォーマルな関係をつくることができる。戦術4と同じように、あなたの役割はコネクターとして機能することである。たとえば、アジアのある社会福祉団体は、金曜午後のサッカーの試合を通じて、中国人とマレー人の従業員やボランティアのつながりを深めている。団体の代表者と経営陣も頻繁に参加し、ふたつの集団のあいだの会話や交流を促している。さらに、幹部が試合ごとに交代で「キャプテン」を務め、それぞれのチームに両方の民族が交じるようさりげなく心がけている。幹部は時々、試合後にみんなを集め、メンバーの試合での協力ぶりや、それを仕事にどう活かせるかについて話し合う。民族や宗教の違いにフォーカスするのではなく、こうしたサッカーの試合を通じて、中国人とマレー人のスタッフやボランティアはかけがえのない個人として互いに交わることができた。

コネクティングにおけるリーダーの役割

コネクティングを可能にするためのあなたの役割は、人々をつなぎ、分断された集団に橋を架けることだ。われわれ人間は生まれながら、他人と関係を築くようにできている。一方で、友人と敵、「私たち」と「彼ら」を区別するようにもできている。コネクターとしてのあなたの役割は、ポジティブな協力関係をつくろうとする人間本来の能力を活かしながら、破滅的な分裂の可能性を最小限にとどめることである。コネクターは、ともすれば分断されがちな集団の橋渡しを行い、組織内の境界を越えた信頼関係のネットワークを築く。

関係をたくさん築けば築くほど、チームや集団から優れたパフォーマンスを引き出せると考えるかもしれない。一般的に、ネットワークは大きいほうがよいと言われる。だが実際には、大きなネットワークはパフォーマンスや生産性を高めるどころか低下させることが多いとの研究結果がある。本当に大切なのはネットワークの規模ではなく、質や中身だ。組織ネットワーク分析の専門家として有名なロブ・クロスは、パフォーマンスが高いリーダーには三つの重要な特徴があることを示している。すなわち、組織内外の集団を結びつけ、境界を越えた関係に投資し、（単なる大きなネットワークではなく）質の高い信頼関係を築く。[9] 三つのそれぞれについて、どうすれば有能なコネクターになれるかのヒントを見ていこう。

まず、コネクターは人を結びつける。コネクターの役割は、階層、部門、外部ステークホルダー、あるいは属性や地理的距離で分かれたグループなど、分裂・細分化した集団に橋を渡すことだ。たとえば前出のダニエル・サットンは、より大きな影響力を持つには、自分の組織の枠を出て広いネットワークのなかに身を置く必要があると気づいた。セクター横断的なタスクフォースのリーダーになることで、そのチャンスが訪れた。ダニエルのようなコネクターは、組織図の枠組みを越えて集団をとりまとめるためのプロジェクトや役割、機会を探し求める。

次いで、コネクターは境界を越えて積極的にどんどん関係を築く。その過程で、自分自身とチームが継続的に学習できる環境をつくる。そのためには、仕事でも仕事以外でも、自分に近い同僚とばかり時間を過ごしたくなるのを我慢し、組織のいろいろな分野で働くいろいろな人たちと、バランスのとれたネットワークを築く努力をしなければならない。たとえば山田智也は、仕事以外ではチームの他の日本人と過ごすのが普通かもしれないのに、あえてさまざまな国からメンバーを招くよう努めた。境界線という壁を越えるために時間と労力を使いながら、同僚たちが後に続くための中立地帯をこしらえたのである。

最後に、コネクターは強い関係をベースに人を結びつける。表層的な大規模ネットワークをつくるよりも、本当の信頼関係を育てるのに時間を使ったほうがよい。山田とダニエルは強烈な個性の力で人々をまとめるのに長けていたわけではないが、優れた対人スキルをそなえていた。両リーダーは、メンバーたちが（単にかけがえのない集団の一員としてではなく）かけがえのない個人として知り合うための中立地帯づくりに時間と労力を割いた。ふたりにとって、人間関係を育てるのはリーダーシップの中心テーマだった。

注意――コネクティングの落とし穴

コネクティングの落とし穴として注意すべきは、ある集団のメンバーが別の集団のメンバーと接触するようになったときに、不安や抵抗を感じるかもしれないということだ。過去に集団のあいだに緊張や対立があった場合、関係づくりという当初の目的を果たせず、かえってグレート・ディバイドを刺激するおそれがある。

たとえば山田の事例では、駐在員はヨーロッパを思い起こさせてくれるアイリッシュパブを好んだが、地元の中国人スタッフは昔からカラオケで歌うのが好きだった。もし山田がヨーロッパ人にカラオケで歌うことを強要したり、中国人にパブで人気ラグビーチームの応援をさせたりしていたら、とんでもないことになっていただろう。しかし彼は香港のあちこちのエスニックレストランで「世界味めぐり」イベントを企画した。中立地帯を慎重に設定し、我慢強く行動することで、境界をまたいだ建設的な関係が生まれるスペースを築いたのである。

あなたも、組織やもっと広いコミュニティの集団をつなぐコネクターになれる。あなたも、人々を結びつけ、分裂した集団に橋を架け、集団相互の信頼を築く方法を見つけられる。人間関係をつくるときと同じように、この実践には場所と時間と忍耐が要る。ダニエルとタスクフォースの事例で見たように、コネクティングは手っ取り早い解決策ではなく、時間をかけて高めなければならない実践術である。新しいやりとりを重ねるたびに、境界を越えた接触にもなじみが感じられるようになる。境界線はゆっくり、しかし確実に消え去り、背景へと退く。その途上で挫折も経験するが、着実に進歩もする。思い出してほしい。あなたの組織の集団を隔ててきた壁は、何年も、下手をすると何十年も存在しつづけてきたのだ。それでも、我慢と粘り強さがあれば、それらの壁を壊し、強力な信頼関係を築くうえで、あなたは重要な役割を果たすことができる（表6・1を参照）。

表 6.1　コネクティングの概要

定義 コネクティングとは何か？	人々を結びつけ、分裂した集団に橋を架けて、境界を無効にし、集団相互の信頼を築く。
根拠 なぜコネクティングは機能するのか？	コネクティングでは、集団は境界の外側に出て、メンバーが個人として交流するための中立地帯をつくる。メンバーは、自分たちに思っていたほど違いがないことに気づきはじめる。お互いを知るようになると、集団の差異をめぐるネガティブな気持ちや行動がなくなり、メンバーの共通点をめぐるポジティブな気持ちや行動が生まれる。
戦術 コネクティングはどのように達成されるか？	1. 中立地帯（あらゆる集団にとって快適な場所、環境、スペース）で相まみえる。 2. 「魅力的な空間」（インフォーマルな雑談スペース、セレンディピティエリア、カフェ、クリエイティビティラボなど、境界を越えた会話を促す場所）をつくる。 3. 通信テクノロジーを使って人々を結びつける。境界を越えた個人対個人の関係を促進するオンライン環境をつくる。 4. リーダーシップネットワークを築く。組織イベント（親睦会、ランチ会議、周年行事、毎年恒例のイベントなど）を利用して、分断された人々の橋渡しをする。 5. オフィスの外でインフォーマルに交わる。仕事上の慣習、階層、ルーティンなどから離れ、オフィスの外で交流する。
結果 その結果、どうなるか？	集団相互の信頼：境界が無効化され、新しい関係が築かれたときに生まれる、お互いが誠実に信頼し合う状態。

コネクティングと、あなたのネクサス課題

境界を越えて人々を結びつけ、関係を築くのは、集団相互の信頼構築に不可欠である。以下の質問は、コネクティングの実践を、あなたならではのネクサス課題ならびに集団共通の土台をつくろうとするときに直面する課題や機会に適用する際の助けとなる。

認識——現状を評価する

コネクティングは境界を無効にして、集団相互の信頼を築く。あなたのチームや組織の集団相互の信頼は、一〇段階評価（一〇が最高評価）でどの程度か？

集団相互の信頼が高まれば高まるほど、以下のことが当てはまる。

- 集団を越えた個人対個人の強い関係が存在する。
- 集団のあいだに相互信頼がある。各集団は、他の集団が自分たちのニーズ、価値観、利害を考慮してくれると確信している。
- 集団同士が相手に誠実である。集団を越えたやりとりは、誠実さや率直さを特徴とする。

検討——新たなアプローチを探る

どうすれば、組織内の人々や分裂した集団をつなぐ「橋」として、もっと積極的に機能できるか？

「類は友を呼ぶ」と言うように、似た者同士は集まりやすい。どうすれば、この自然な傾向を緩和し、幅広い経歴や専門性、役割の持ち主ともっと信頼関係を築けるか？

境界を越えて働きかけ、つながりを持つべき相手は誰か？　どうすれば、この人物ともっと深い信頼関係を結べるようになるか？

適用――行動を起こす

コネクティングに関して学んだアイデア、戦術、新しい知見で、あなたのネクサス課題に適用できるものはどれか？

第7章 モビライジング
――コミュニティをつくる

全世界のビジネスニュースサイトに次のような見出しが躍った。「中国企業がアメリカの象徴を買収」。この歴史的出来事が起きたのは二〇〇五年。中国のコンピュータ企業レノボが、IBMのグローバルPC事業を買収したと発表した。[1・2] アメリカの大手ブランドを中国本土の企業が買収したのは初めてで、このニュースは世界中を駆けめぐった。合併後の新会社の幹部は、ヒューレットパッカードが数年前にコンパックを買収したときの混乱をよく知っていた。互いの売上を食い合ったために総売上高は減少し、双方は絶えず衝突していた。レノボのIBM買収から間もない頃、合併後の新会社にも同じような衝突が起こりはじめた。中国人幹部とアメリカ人幹部の電話会議が緊迫した雰囲気になるのはしょっちゅうだったし、市場戦略をめぐる厳しい決定によって一部のグループが疎外されることもあった。給与の違いが争いを招き、著名な幹部が何人か解雇されると大きな反発が起きた。

製品ラインの統合と効率化だけでなく、レノボのリーダーたちはもっと大きな課題を抱えていた。すなわち、ふたつの企業文化や国民文化が交わる場所で、どのようにリーダーシップを発揮するか？　新しい会社は、もともといた社員九〇〇〇人（中国人が中心）にアメリカ人一五〇〇人以上が加わるかたちの構成で、中国、フランス、インド、日本、米国に主な拠点があった。グローバルな統合・多様化を担当するバイスプレジデント、ヨランダ・コニヤースは次のように説明する。「ふたつの異なる企業文化があり、さまざまな工程、システム、方法論がありました。おまけに社会文化も異なり、意思決定やコミュニケーション、人間関係のあり方も違いました」

経営幹部はさっそく新生レノボの再定義にとりかかった。中国企業とか米国企業ではなく、先進国と新興国で強力な市場ポジションを持つ、グローバルに統合されたPCメーカー――それが新生レノボである。幹部たちはさまざまなシンボルやイベントを使って、新しいレノボのグローバルなアイデンティティを伝えようとした。数多くの製品で「レノボ」ブランドだけを使う動きが始まり、ある祝賀パーティーでは、社員がIBMロゴ入りのステッカーをコンピュータから一斉に剥がしたりした。社員たちは古い遺産《レガシー》にしがみつかないよう勧められた。「ごみ箱プロジェクト」が設立され、IBM出身者は、IBM時代にやっていたがもう続けたくないことを事例報告する機会を与えられた。また経営陣は、組織として重んじる価値観を明確にして共通の土台を築き、新会社の各集団がどう交流するかの指針とした。

レガシー製品やレガシープロセスの廃止だけでなく、リーダーたちはグローバルな共通のアイデンティティの下にレノボ社員をとりまとめた。グローバル本社がないレノボだが、経営幹部は世界中のさまざまな都市で頻繁に集まっている。合併後、CEOのビル・アメリオ（アメリカ人）はシンガポールに住み、会長の楊元慶《ヤン・ユワンチン》（中国人）はノースカロライナ州ローリーに住んだ。経営陣にはアメリカ人と中国人の両方が名を連ねる。香港をはじめ、世界中のさまざまな国、都市の出身者がこれに加わる。すべての社員をひとつの集団の一員として扱うことで、一人ひとりが「グローバルコミュニティ」のメンバーであるという意識を高めた。コミュニケーションをとる際も、レノボ出身者、IBM出身者、新入社員などの言い方は避け、共通の「レノボ社員」という言い方をした。

こうした方法により、レノボの新しいストーリーが生まれる余地ができた。それは、あらゆる場所のアイデアを活用し、世界中の社員やステークホルダーの才能、ビジョン、関心事を利用する「新しい世界文化」の物語である。北京のある幹部は、私たちに次のように述べた。「『新しい世界文化』は、われわれが過去の優れた遺産を組み合わせて新しいものをつくろうとしているのだということを思い出させてくれます。当社の文化は、ほかのどの会社にもないもので、東洋と西洋の強みを活かすことができるのです」

これからのレノボには、課題と機会の両方がいろいろ待ち構えているだろう。財務状況は世界的な不況により大きな痛手を受けた。その結果、アメリオは三年契約が切れた二〇〇九年に退任を迫られた。だが、心強い兆しも見られる。二〇〇九年度第三・四半期の決算では、全世界の市場シェアが過去最高の九%を記録。同じ時期、同社のPC出荷台数は前年比四二%増となった(業界全体では一七%増)。おそらくもっと明るい兆しは、消費者やアナリストのあいだで、レノボは世界市場向けの革新的製品を提供しているとの認識が高まっていることだ。二〇一〇年のコンシューマー・エレクトロニクス・ショー(世界最大の家電ショー)で、レノボは幅広い革新的新製品で八つの賞を獲得した。どうやらレノボのリーダーたちは、世界一強力なコンピュータ会社をめざして、新たな組織アイデンティティを築きつつあるようだ。東洋と西洋、レノボとIBMの両方を包含し、なおかつその枠を越えたアイデンティティを。

モビライジングの実践

二一世紀が始まったとき、IBMのプログラマーが、ニューヨーク州アーモンクではなく北京にいる上司から指示を受けると誰が予測できただろうか？　しかし、それは実際に起きた。劇的な買収ではあったが、新会社のリーダーの反応は一様だった。合併後、レノボのリーダーたちはモビライジングの実践を通じて、集団の境界を越えた共通の目的やアイデンティティを築いたのである。境界を構成し直すことで、彼らは新しい組織のストーリーが立ち上がる空間をつくっている。買収側企業の幹部の口から「両社のよいところを組み合わせる」とのセリフが聞かれない買収劇はまずない。だが実際には、しょせんリップサービスであることが多い。そのため、M&Aから得られるはずの価値の八割以上が実現せず、ジョイントベンチャー事業の四分の三が結局は失敗する。[3]

対照的に、レノボのリーダーは各種の策を講じて東洋と西洋のよいところを組み合わせ、共通の土台を築いている。シンボルをこしらえ、未来像を描き、組織の新しい価値観を生み出す――そのことが集団同士のコミュニティの構築につながっている。グーグル、ノードストローム〔アメリカの高級百貨店チェーン〕、サウスウエスト航空など、現在勢いがある会社はそれ自体がコミュニティだ。組織内の集団同士のコミュニティは、集団をつなぐ「社会的接着剤」である。コミュニティとは、もっと大きな集団に心理的・精神的に所属するという体験にほかならない。それぞれの集団は、より大きな共同体に一体感を抱く。コミュニティとはまた、集団が所属意識を持ったときに生まれる当事者意識である。コミュニティが存在すれば、各集団の経験や価値観、専門性が大きく異なっても、より大きな共通の目的のために協力しようとの責任感が生じる。レノボのストーリーに見られるように、モビライジングによって集団は自分たちの差異を棚上げし、もっと高い共通の目標をめざすことができる。

組織のリーダーにとって、モビライジングは境界を再構成し、集団のあいだにコミュニティを築いて、問題を解決したり共通の目標を達成したりするための頼りになる手段でもある。あなたのネクサス課題は、あらゆる層の集団の心を捉えるビジョンをいかにしてつくり上げるか、その方法を探すことかもしれない。多様な集団を包摂する魅力的な組織をつくることかもしれない。あるいは、さまざまなステークホルダーをとりまとめて、組織戦略を変革することかもしれない。いずれにせよ、昨今のリーダーシップをめぐる状況の変化に対応するには、古い境界線を改め、コミュニティが育つ肥沃な土壌を新たに整えなければならない。

境界を構成し直す

モビライジングは、集団を越えた共通の目標やアイデンティティを築くために用いられる。図7・1に示すように、モビライジングによって集団は、それぞれの小さなアイデンティティから抜け出し、もっと大きくて包摂的な、全員が共有する新しいアイデンティティの下に集まろうとする。党派や同盟のきっかけになる差異を再構成し、建設的に協働できるようになる。協調を促進する大きなアイデンティティ（ビジョンやゴール、タスク）を築き、それを互いに尊重することで、境界の見直しが可能になる。その結果が集団同士のコミュニティ、言い換えれば、境界が再構成され、共通の行動が起こされたときに生じる所属意識や当事者意識につながる。モビライジングを通じて

図 7.1　モビライジング

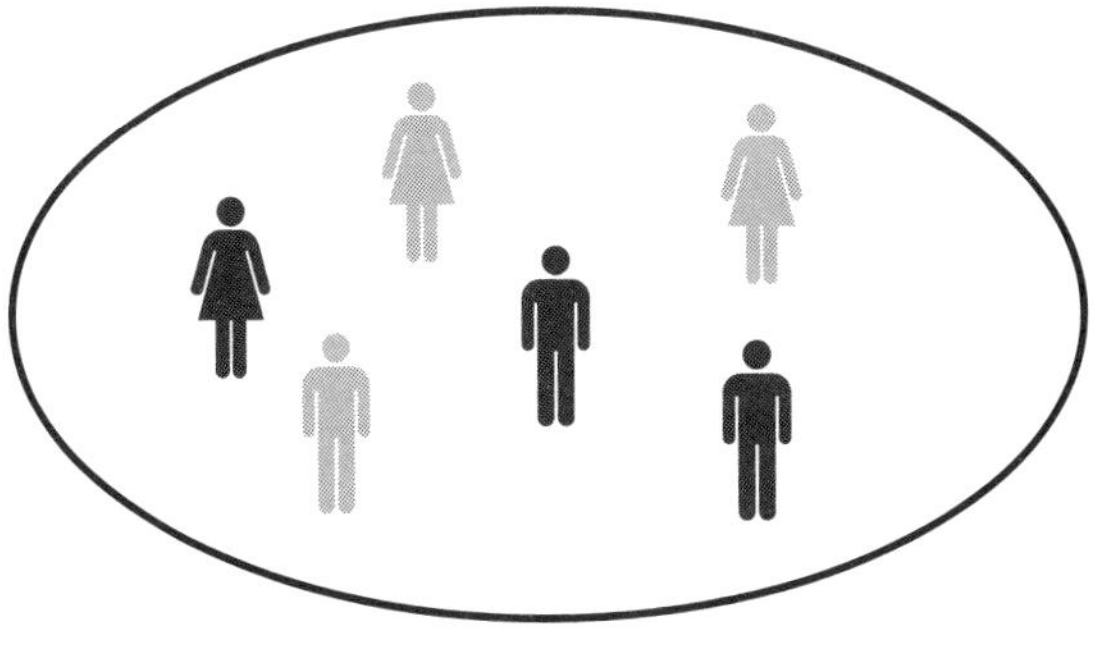

集団同士のコミュニティを築くのが、ネクサス効果へ向けた第四のステップである。これができれば、共通の方向性を築き、リソースをみんなで調整し、たとえ「遠心力」が働いても協調を保つことができる。

モビライジングは、誰もが所属可能な共通の包摂的アイデンティティを活性化するのがねらいである。集団の境界を「再カテゴリー化する」（構成し直す）ことの効果は、この二〇年間、研究によって一貫して裏づけられてきた。[4] たとえばロバーズ・ケーブ実験で、競合する集団の少年たちがお互いに重視する目標（食料運搬トラックの修理など）に関して協力する機会を与えられると、ふたつの集団の境界が再構成されたことを思い出してほしい。モビライジングは現実世界の現実の集団でも、これと同じことができる。

モビライジングは、共通の土台を築くきっかけになるという点で、コネクティングに似ている。ただし、コネクティングはアイデンティティの違いを壊すことで共通の土台を築くのに対し、モビライジングはすべての集団メンバーを包摂する、もっと大きな新しいアイデンティティを生み出す。このように、コネクティングは個々のメンバー間の境界線を無効にし、モビライジングは両方の集団を含むように線を引き直す。

相互に対立することが少なくない数多くのアイデンティティから、ひとつに統合されたアイデンティティを生み出すには、微妙なバランスをとる必要がある。アジアのNPO、フェイス・コミュニティ・サービス（FCS＝仮名）の最高責任者であるブランドン・レオン（仮名）のストーリーを見てみよう。センター・フォー・クリエイティブ・リーダーシップ（ＣＣＬ）のあるチームが一定期間、ブランドンといっしょに仕事をしたのだが、そのなかで私たちは、アイデンティティが組織を束ねる力を持つと同時に、組織をばらばらにしかねない盲点をつくることを目の当たりにした。[5]

ブランドンはＦＣＳの責任者になる前の一二年間、企業でマネジメントの経験があった。直近は大手メーカーでオペレーションディレクターを務めている。エンジニアとして訓練を受け、頭脳明晰で高い勤労意欲を持つブランドンにとって、規模や守備範囲が小さいＦＣＳを率いるのは比較的やりやすい仕事だと思えた。だがほんの一年ほどで、企業の世界でうまくいったリーダーシップ手法が思わぬ結果を生むようになった。

大手メーカー時代、ブランドンは組織コミットメントを築くことができる先見性あるリーダーとして評価された。組織の強いアイデンティティが、共通の目的に向けて各集団を束ねる力になることを、彼は知っていた。ＦＣＳでも、組織の強いアイデンティティをつくることで、コミュニティを刷新・強化できるにちがいない。彼がまず感じたのは、方向性がはっきりしないためにスタッフの士気が低く、目的意識も弱いということだった。おそらく前任者の影響だろう。

ＦＣＳでは、キリスト教の教義を使って組織のエンゲージメントやパフォーマンスをレベルアップさせられる、とブランドンは考えていた。ただし、そこにはリスクも伴う。非営利組織のＦＣＳが提供する教育プログラムやサービスは宗教色がなく、多宗教コミュニティを対象としていた。従業員にはキリスト教徒のほか、イスラム教、ヒンズー教、道教、儒教の信者もいた。

共通の目的やアイデンティティの強化へ向けてブランドンが力を入れたのは、「エンビジョンＦＣＳ」という全員ミーティングの導入である。この一連のミーティングのなかで、彼は聖書から事例を引きながら、リーダーとしての考え方や方向性をスタッフに伝えた。全員がクリスチャンではないとわかっていたが、宗教の教義を「北極星」として利用したかったのだ。しかし、エンビジョンＦＣＳはみんなを同じ方向へ向かせるどころか、組織をふたつに分裂させてしまった。物言う非キリスト教徒は抗議し、イスラム教徒の優秀なマネジャーをはじめとする何人かは辞職をほのめかした。

モビライジングの戦術

外から見れば、ブランドンの判断がいずれ失敗するのは目に見えていたかもしれない。だが、彼のストーリーには注目すべき重要なポイントが含まれている。集団同士の違いを棚上げし、共通の目標を掲げるのは、リーダーが用いる普遍的アプローチである。人々を束ねて同じ行動をとらせるには、最も効果的な方法のひとつだろう。ミーティングで言い争う集団がいたとき、あなたは「共通の利益のために力を合わせよう」とか「意見の違いは忘れてウィン・ウィンの関係をめざそう」と言って割って入った経験がどれくらいあるだろう？　それをやるにも、集団の価値観やニーズ、関心事がどちらかといえば似ているときはまだいいが、大きな違いを長年引きずった集団（宗教的信条が衝突する人たち、かつてのライバル、不倶戴天の敵）に橋を渡そうとする場合は簡単にはいかない。こうした場合は、すべての集団を糾合できる幅広さを持ちながら、共同行動を促す具体性をそなえた共通のアイデンティティをどうにかして築く必要がある。以下の戦術が、この微妙なバランスを達成するための助けになるだろう。

モビライジング戦術1――各集団が同じ行動を起こそうという気になるビジョン、ミッション、ゴールを掲げる

ＣＣＬの研究に協力してくれた組織には必ず、より高い目標を掲げることで共通の土台を築こうとするリーダーがいた。ＮＰＯでは、メンバーを鼓舞するミッションやビジョンから、さまざまな機能集団、属性集団、ステークホルダー集団をまとめるための上位目標がおのずと生まれてきた。教育や医療など、人を助ける職業の場合は、共通の職業アイデンティティを求めることが境界の再構成に一番効果的だ。たとえばエルサレムのある病院では、「困った人に手を差し延べよう」とのスローガンにより、パレスチナ人看護師とユダヤ人看護師が、長年の民族対立の歴史にもかかわらず、建設的に協力することができた。

しかしビジネスの世界では、共通の土台を確保するために、もっと戦略や競争に関わる目標を重視することが多い。市場シェアの獲得、財務目標の達成、革新的な商品・サービスの早期投入、

ライバルを上回る業績などがそれにあたる。たとえばアップルでコミュニティを築こうとしたら、ＰＣメーカーと真っ向勝負するのが何よりも効果的だろう。こうした戦術は、共通の敵に焦点を当て、ライバルより優れた点を強調することで、共通の土台を築くものだ。

モビライジング戦術２――共通の包摂的な価値観を明らかにすることで、共有すべきアイデンティティを構築する

ビジョンやゴールは集団をひとつの方向へ向かせる効果があるが、共通の価値観はそこへ至るのに必要な行動や信条を「内面化」させる効果がある。合併後のレノボは「われわれはどんな会社か、どのように仕事をするか」というアイデンティティを明確にするため、中核となる四つの価値観を定めた。すなわち、顧客への貢献、イノベーションと起業家精神、誠実さと信頼、文化を越えたチームワークである。これらの価値観は中国人スタッフとアメリカ人スタッフの両方に訴えかけた。中国人は、レノボがグローバルに統合された企業に変わろうとしているとの事実をふまえて、文化を越えたチームワークという価値観に刺激された。一方のアメリカ人は、イノベーションと起業家精神という価値観に触発された。「ビッグブルー」〔ＩＢＭの愛称〕のくびきから解き放たれたいま、自由に実験・失敗を重ねてイノベーションをめざせばよいと感じたからだ。包摂的なアイデンティティの構築とは、すべての集団が同じものを同じ理由で尊重するという意味ではない。モビライザーとしてのあなたのゴールは、さまざまな集団の価値観や見解を受け止

めるだけの奥行きを持ちながら、共同行動につながる具体性をそなえたアイデンティティを描くことである。

モビライジング戦術3――誰もが所属可能な文化を生み出す

レノボでグローバルな統合・多様化を担うバイスプレジデント、ヨランダ・コニヤースは次のように言う。「文化はエンジンです。他社はそれを『今週のプログラム』程度にしか考えないでしょう。文化は私たちの推進力になります。文化がなければ私たちは成功できません」。レノボの「新しい世界文化」では、すべての集団がその一員だと感じられる。古いレノボやＩＢＭの文化ではなく、伝統的な中国やアメリカの文化でもなく、レノボの全員がいっしょにつくる新しい文化なのだ。とはいえ、組織文化をつくり、変えてゆくのは、ほかでもないあなた自身（およびその他のリーダー）である。

ＣＣＬの同僚、ジョン・マクガイアとゲイリー・ローズはその著書『Transforming Your Leadership Culture』（未邦訳）で、次のように書いている。「文化を変えようとすれば、みずからがその身を投げ出し、正々堂々と関わらなければならない。自分の代わりに誰か別の人に飲み食いしてもらうことができないように、他の人に文化の変革を委任することはできない」

レノボ会長だった楊元慶は、二〇〇九年にビル・アメリオに代わってＣＥＯになると、ある経営会議の席で、「うちの文化は私から始まります」と告げた。それを受けて、彼はある型破りな行動に出た。彼自身が「新しい世界文化」に従って行動しているか、三六〇度評価を受けたいと申し出たのである。中国では、直接のフィードバックは一般的ではない。対象が経営陣となると異例中の異例である。半年後、彼は同じ評価者たちのところへ行き、再度評価してほしいと頼んだ。いまでは経営陣全員がこの三六〇度評価を受けている。文化を「エンジン」にして集団を一致団結させるには、「文化はあなたから始まる」ことを肝に銘じよう。

モビライジング戦術4——共通のシンボルやグッズをつくって、「私たち」が何者で何を信じるかを示す

歴史上、一族や民族、文化、国家、組織は、自分たちが何者で何を信じるかを表明するため、シンボル、グッズ、偶像などを大いに活用してきた。同様に、組織のリーダーも、シンボルを使って、高次の目標や意味をつくり出すことができる。全世界の従業員がIBMの古いステッカーを剥がし、代わりにレノボの新しいロゴを貼ったとき、その行動は、古いものが新しいものに置き換わるということを象徴していた。さらに「ごみ箱プロジェクト」によって、旧IBMスタッフは、新しい会社に加わるにあたって捨て去りたい古い伝統、習慣、働き方（たとえば実験や革新を阻むもの）を文字どおりごみ箱行きにすることができた。

シンボルやグッズの利用は諸刃の剣でもある。うまく選択すれば共通の土台を築く大きな力になるが、下手をすると集団がばらばらになる。FCSは残念ながら後者のケースだった。ブラン

ドン・レオンは組織のミッションや目的に対する捉え方を一新しようとして、ビルのあちこちにキリスト教的なシンボルを掲示した。これには共感する者も多かったが、疎外感を味わう者もいた。ちょっと考えてみただけでも、頭のなかにいろいろなシンボルが思い浮かぶだろう。ポジティブな発想を喚起するものもあれば、ネガティブな連想をさせるものもあるはずだ。ぜひともシンボルの力を熟知し、さまざまな集団の利害や価値観を念頭に、注意深くこれを活用してほしい。

モビライジング戦術5――全員に役割があるストーリーを語る

物語と分析は、どちらも組織におけるコミュニケーションの手段である。分析は複雑な事象を小さな構成要素に分解する。論理、推論、客観などの左脳思考とそれは連動する。対照的に、物語（ストーリー）は統合の手段であり、ものごとがどう整合するかを述べ、共通の価値観、感情、願望を伝える。意味、感情、主観などの右脳志向とそれは連動する。分析と物語は、どちらもビジネスで重要な役割を果たす。だが、共通の目的や意義をつくるとなると、客観的な統計やデータよりも魅力的なストーリーのほうが役に立つだろう。[6・7]

レノボの「新しい世界文化」の創出は、基本的には物語である。合併会社の「私たち」が何になろうとするのか、行動の指針となる価値観を発信する。行動を喚起し、共通の運命を呼び起こす。さまざまな集団をひとつのコミュニティの一員として協力させる。

物語の持つ力を利用しよう。それは誰もが所属可能な新しい未来を指し示す道しるべである。物語に導かれて、異なる集団が同じ会話を共有し、そのなかで共通の目的を見いだす。次項で述べるように、モビライザーとしてのあなたの役割は、包摂的な共通のアイデンティティ（あなたもその重要な構成員である）のストーリーを語ることだ。

モビライジングにおけるリーダーの役割

モビライザーとしてのあなたの役割は、集団の違いを越えた共通の目的やアイデンティティをつくることである。共通の目標や価値観を掲げる、誰もが所属可能な文化を築く、シンボルをつくる、ストーリーを語るといった戦術により、境界を構成し直し、集団同士のコミュニティを築くことができる。FCSのブランドン・レオンのストーリーで見たように、競合する数々のアイデンティティからひとつに統合されたアイデンティティを生み出すのは、難しい仕事である。

注意――モビライジングの落とし穴

集団を隔てる境界はアイデンティティに根差しているため、「感情」や「意味」を帯びている。したがって各集団の構成員を、共通の大きなアイデンティティのために、自分たちのアイデンティティのコアの部分を捨て去らなければならないような状況に追い込んではならない。これは倫理的な問題を引き起こすだけでなく、戦略としても長続きしない。本書ですでに述べたように、アイデンティティはその人の自己認識と重要な結びつきを持っている。自己認識が脅かされると、それが本当の脅威であれ、思い込みの脅威であれ、われわれは本能的に反応し、あらためて違いに目を向けてしまう。

ＦＣＳのブランドン・レオンは、組織のアイデンティティが持つ強い結合力を認識したまではよかったが、深い信仰心に基づく反発を予測できなかった。ブランドンのストーリーから学ぶべきは、モビライジングにおいては、関係するすべての集団を統合できるような大きさを持つ共通アイデンティティを築かなければならないということだ。

昔は、どの集団もよく似ていることが多かったから、共通の行動を促すビジョンやゴールを掲げるのも、リーダーにとっては比較的ラクだった。しかし、リーダーシップをめぐる状況が変化する昨今、将来のビジョンを掲げるだけでは不十分である。そのビジョンを効果的に伝えるノウハウに長けていても、それは変わらない。さらにまた、一部の集団は統合できるけれども、それ以外の集団は分裂させてしまう――そんなビジョンを掲げても駄目である。いまの時代、共通の土台をつくろうとしたら、「私がリーダーだ、ついてこい」式の単純なやり方は通用しない。モビライザーとしてのあなたの役割は、カリスマ性がある、説得力がある、雄弁であるといった個人の資質とはあまり関係がない。むしろ大切なのは、対立する集団の内外で、共通の目的の創出について丁寧に語れるかどうかである。

たとえばレノボのリーダーは、全員が共有できる新しいアイデンティティを築こうとする一方で、前のふたつの会社のアイデンティティを脅かさないよう心がけている。米国のIBM出身者は「新しい世界文化」の革新的・起業家的な側面に引き寄せられ、中国のレノボ出身者は、世界の舞台で競争に勝つ会社の一員であることに魅力を感じている。共通のアイデンティティは、境界を越えた組織のストーリーが立ち上がる余地をもたらす。そのストーリーは、組織がどう変わるかにとどまらず、そこで働く人々がどう変わるかにも関わるものだ。結果として、（まだ進行中とはいえ）ひとつのコミュニティができあがる。そこでは全員が、グローバルに統合された新しいコンピュータ会社をつくるためになんらかの役割を果たすことができる。

最近の研究から、どうすれば多様な集団や党派をうまく束ねて共同行動を起こせるかについて、新しい事実がわかってきた。社会心理学者のスティーブン・ライヒャー、アレクサンダー・ハスラム、ニック・ホプキンスによれば、現在のリーダーに何よりも求められる仕事は、集団の拠り所――自分たちが何者で、どう行動すべきか――を規定し、この共通のアイデンティティの枠内で自分自身を規定することである。そのためには、彼らが言うところの「アイデンティティの創始者《アントレプレナー》」にならなければならない。[8] たとえばバラク・オバマは、大統領選のキャンペーン期間中、スピーチの最初に必ず、ひと回り大きな文脈のなかに自分自身のストーリーを織り込んだ。なぜ自分はここにいるのか、自分はどこから来たか、自分の考え方はどんな出来事に影響を受けたか……。大統領選の候補者としてはユニークな経歴を持っていたオバマは、自分が誰かという定義をメディアやライバル任せにしなかった。アイデンティティの創始者として、彼自身のストーリー（課題や希望）を、アメリカ人が直面する同じ課題や希望とつねに結びつけた。ストーリーを巧みに語ることで、オバマ大統領は自分自身よりも大きな社会運動を生み出し、しかしそのなかで重要な役割を演じた。

あなたも多様な集団をひとつにまとめて、困難な問題に立ち向かい、革新的なソリューションを生み出し、組織やコミュニティの変革戦略を新たに構想することができる。共通の目的を築くことで、境界を構成し直し、集団同士のコミュニティ（共同体）をつくることができる。モビライザーとしてのあなたの役割は、いろいろな集団がそのために役割を果たせる、大きな目的を語ることだ。これが次に共同体意識の涵養に役立つ。その大きな特徴は所属意識と当事者意識である。集団に共同体意識を持たせることができれば、ひとつの集団だけではなしえなかった大きな成果を全員で達成するのも夢ではない（表7・1を参照）。

モビライジングと、あなたのネクサス課題

集団を越えた共通の目的やアイデンティティをつくれば、集団同士のコミュニティを築くことができる。以下の質問は、モビライジングを、あなたならではのネクサス課題ならびに集団共通の土台をつくろうとするときに直面する課題や機会に適用する際の助けとなる。

認識――現状を評価する

モビライジングは境界を再構成して、集団同士のコミュニティを築く。あなたのチームや組織の集団コミュニティは、一〇段階評価（一〇が最高評価）でどの程度か？

集団同士のコミュニティが充実すればするほど、以下のことが当てはまる。

- 共通のビジョン、ミッション、ゴール、戦略など、共通の目的が集団間に存在する。
- 所属意識が互いに生じている。各集団は、自分たちがより大きなアイデンティティの一部であると感じている。
- 共同体の当事者であるという意識を集団が持っている。各集団は、より大きな共通の目的のために共同で行動を起こそうとする。

表 7.1　モビライジングの概要

定義 モビライジングとは何か？	集団を越えた共通の目的やアイデンティティを確立して、境界を再構成し、集団同士のコミュニティを築く。
根拠 なぜモビライジングは機能するのか？	モビライジングでは、集団は小さな境界の外側に出て、全員が共有できるもっと大きな新しい境界のなかに入る。自分たちを隔てる差異を棚上げして、共通の土台を築き、建設的に協力できるようになる。
戦術 モビライジングはどのように達成されるか？	1. 各集団が同じ行動を起こそうという気になるビジョン、ミッション、ゴールを掲げる。 2. 共通の包摂的な価値観を明らかにすることで、共有すべきアイデンティティを構築する。 3. 誰もが所属可能な文化を生み出す。そこでは集団が所属意識や当事者意識を持ち、共通の大きな目標のために全員で行動しようとする。 4. 共通のシンボルやグッズをつくって、「私たち」が何者で何を信じるかを示す。 5. 全員に役割があるストーリーを語る。物語の力を利用して、あなたを含む全員がそのために重要な役割を果たせる、大きな新しい目的を語る。
結果 その結果、どうなるか？	集団同士のコミュニティ：集団の境界が再構成され、共通の行動が起こされたときに生じる所属意識や当事者意識。

検討――新たなアプローチを探る

どうすれば、共通の目標、価値観、シンボルやグッズを使って、集団を共通の目的の下に結集させられるか？

すべての集団が当事者意識を持ち、共通の目標をめざして同じ行動を起こす――そんな包摂的・協力的な文化を築くにはどうすればよいか？

組織のリーダーとしてのあなたならではの「物語」（あなたの人間性、歴史、今後めざすもの、独自の役割）は何か？　あなた自身の物語をつくるために力を尽くせば尽くすほど、集団もその物語をつくりやすくなる。どうすれば、あなた自身の物語をつくることで、あなたが率いる集団にも同じことをさせられるか？

適用――行動を起こす

モビライジングに関して学んだアイデア、戦術、新しい知見で、あなたのネクサス課題に適用できるものはどれか？

パート 4

新たな
フロンティアの
発見

フロンティアは、新しい可能性が存在する場所である。最も革新的な機会が存在する、最先端の場所である。アートの世界では、異なるメディアや分野、スタイルの創造的な融合を通じて、新たなフロンティアが発見される。ビジネスの世界では、異なるアイデア、視点、専門分野がぶつかり、交わる場所に、新しい革新的なフロンティアが開ける。もしあなたのチームや組織が、創造的なコラボレーションや画期的なイノベーションを実現するための新しいフロンティアを発見し、その結果、市場を再定義したり、組織を改革したりできたら、どうだろう？　パート4ではこの点を検討する。

本書ではここまで、「ネクサス効果」達成に向けたリーダーシップの六つの実践についてふれ、そのうち四つについてパート2と3で詳しく紹介した。パート2では、境界のマネジメントを可能にするふたつの実践――バッファリングとリフレクティング――を通じて、安全と敬意がどのように形づくられるかを述べた。このふたつは、「差異化」や「独自性」に対する人間の根源的欲求を利用している。パート3では、信頼や共同体（コミュニティ）が、集団の共通の土台づくりを可能にするふたつの実践――コネクティングとモビライジング――の所産であることを述べた。境界のマネジメントとは違って、共通の土台づくりは、これも根源的な、「統合」や「所属」に対する欲求を利用している。ここからのパート4では、境界のマネジメントと共通の土台づくりというふたつの戦略を統合する。つまり、「差異化」と「統合化」というふたつの基本的欲求が交わったところにどんな新しい変革が起こるかを検討する。

第8章では、集団間の境界を織り合わせる「ウィービング（織り合わせること）」について学ぶ。ウィーバー（織り手）は、集団の違いを引き出して、より大きな全体のなかで統合し、集団間の相互依存を高める。具体例として、インドのNPO「チャイルド・リリーフ・アンド・ユー（CRY）」のCEOがさまざまな地域集団のあいだの境界を織り合わせ、戦略の変更を成功させた経緯を見る。

第9章では、「トランスフォーミング（変容させること）」の実践を通じて集団間の境界を切断できることを知る。トランスフォーマー（変革者）は、新しい方向へたくさんの集団をとりまとめ、集団相互の改革を可能にする。集団間のリーダーシップや調停に関する世界的権威であるマーク・ガーゾンが、境界を切断して、現在の気候変動論議とは違う未来の選択肢を示そうとしている様子を紹介する。ウィービングとトランスフォーミングを

図 P4.1　新たなフロンティアの発見

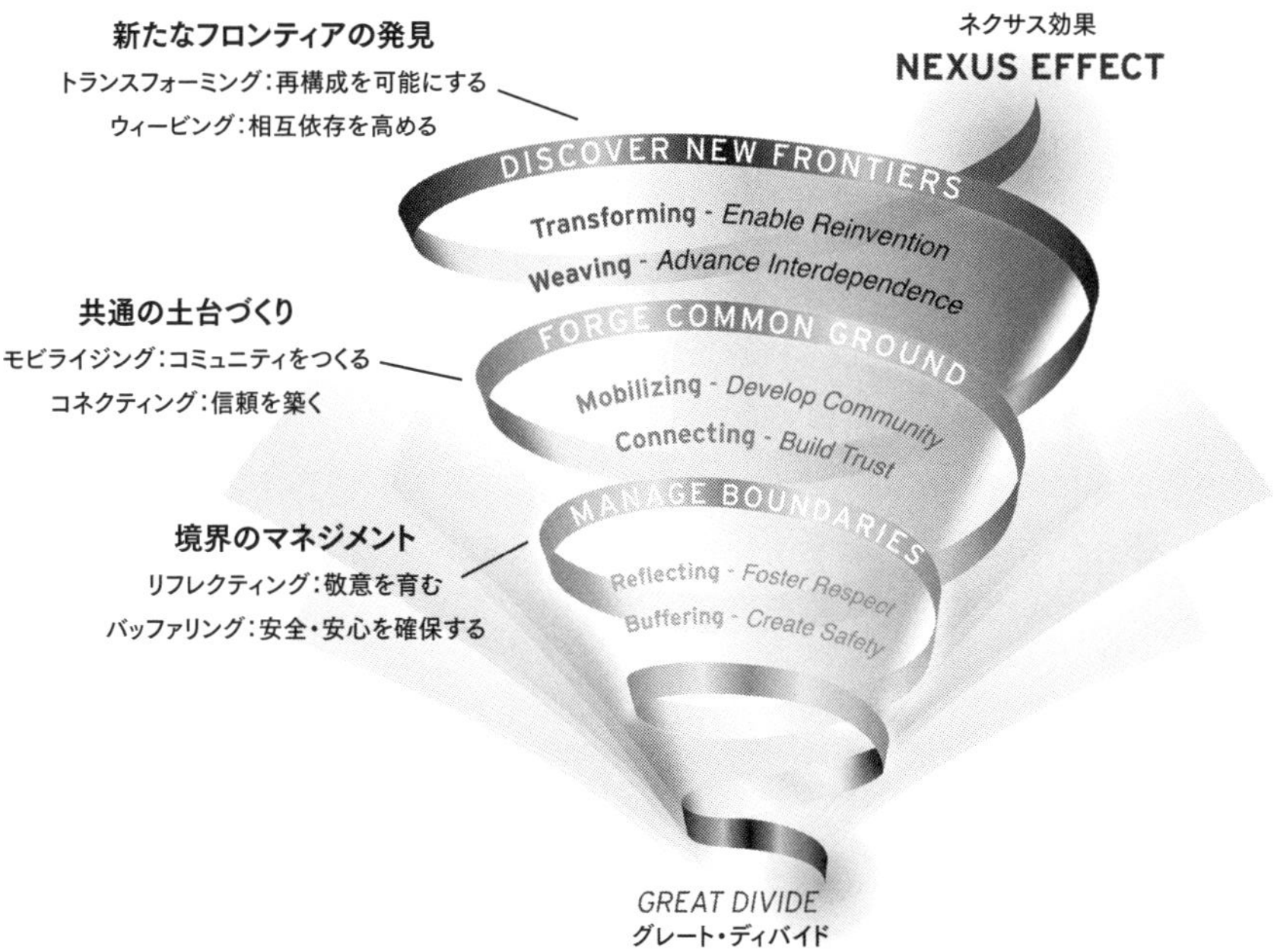

組み合わせれば、差異の変革ポテンシャルを利用することで、新たなフロンティアを発見できる（図P4・1を参照）。最も先進的で革新的なチャンスが待ち構えているのは、まさにここ、類似点と相違点が出合う場所である。

第8章
ウィービング——相互依存を高める

一九七九年、リッパン・カプールという若者と六人の仲間がインド・ムンバイでテーブルを囲み、大きな夢について話し合った。インドの子どもたちが生存権をはじめとする基本的人権をけっして奪われないという夢である。恵まれない子どもたちが置かれた状況をなんとか改善しようとの決意から、五〇ルピーの当初資金でCRY（当時は「チャイルド・リリーフ・アンド・ユー」として知られていた）は誕生した。[1]

創設からしばらくは、リッパンの固い決意がCRYの原動力だった。リソースを提供できる何百万ものインド市民と、子どもを助けたいのにリソースがない何千ものNGOとの「つなぎ役」として、CRYは着実に認識されるようになった。ところが一九九四年、リッパンは四〇歳の若さで他界してしまう。

それから一〇年間、ＣＲＹはいろいろな困難を経験した。ＣＥＯがふたり交代したのも、そのひとつだ。民主的・集団的な文化を持つＣＲＹで、ふたりのＣＥＯのトップダウン式のやり方はただちにスタッフの不興を買った。新しい戦略的方向性が必要だという認識は多くの者が共有していたが、具体的な方法については意見が一致しなかった。ＣＲＹはインド二八州のうち一七州をカバーしており、その広大な国家と同様、言語、民族、宗教、カーストの地域差がきわめて大きい。そうした多様性（組織内の多様性と、働きかける相手の多様性）を統一しながら、明快なひとつの方向性を提供する新しい方策が必要だった。リッパンの夢はそのままに、急速に変化するインドに合わせてそれを大胆に実現するにはどうすればよいだろう？

この戦略変更を担うことになったのは、新しく任命されたＣＥＯ、イングリッド・スリナスと、彼女が統括する経営委員会だった。イングリッドは最初、それまでとはまったく違うリーダーシップモデルを採用しなければならないと強く認識していた。ＣＲＹに来る前は、一一年間、生き馬の目を抜く企業広告の世界でリーダーを務めた。自分のリーダーシップスタイルについて問われて、彼女は率直にこう答えている。「せっかちで理不尽」。組織変革がＣＲＹで根づくとしたら、あらゆる集団の多様な経験や専門性を結集し、組み合わせたときだけだろう、とイングリッドは考えた。「人口が一〇億を超すインドで子どもの権利のための運動を起こすには、まず、われわれの多様な組織のなかでその運動を起こし、理解を築かなければならない」。ＣＲＹの全集団を「変革の旅」に連れ出さねばならないとの原則に導かれて、イングリッドら経営陣は、ウィービングを用いて驚異的な成功を収めた。

戦略変更プロセスを推進するための包括的フレームワークを築くべく、CRYは「組織構築」という名称を採用した。二年に及ぶ組織構築では、地域や境界をまたいだ一連の活動や対話が実行された。テーマは広範囲だったが、目的は、集団同士の相違点や類似点を探り、それらをもっと大きな戦略変更の取り組みと関連づけることだった。インドの子どもたちを分断する、民族や性別、地域、階級、カーストの壁を変えるため、CRYを構成する多様な地域集団は、まず、自分たち内部のそうした分断を知り、統合する必要があった。多くの変革プロセスを率いた人事リーダーのひとり、シェカール・マネカーは次のように説明する。「まずは自分たちでやらないといけません。広い社会に何をもたらすにせよ、まずは足元のCRYで十分に消化する必要があります」

組織構築のあいだ、スタッフは自分たちの違いを知り、そうした違いが、世の中の恵まれた子どもと恵まれない子どもをどのように分断しているかを考えるよう促された。宗教、性別、言語、性的指向、カースト、階級、貧困など、あらゆるテーマに関して自由に意見が交わされた。「この方法によって、私たちはみんなが書いた台本とアイデンティティで仕事ができ、また、その台本がどんなふうに変わりうるかを知ることができます」とシェカールは言う。「こうした新しい理解を頼りに、地域主義、性差別主義、国家主義への対応など、この変革を社会で推し進めるにはどうすればよいかを、組織として理解・吸収してゆきます」

戦略変更の取り組みが進むなか、イングリッドと経営委員会は、組織構築を通じて生まれた勢いに乗じて、革新的な戦略策定プロセスを導入した。インドには、方言から社会的態度、食べ物に入れる香辛料の量まで、地域によって実にさまざまな違いがある。こうした多様な環境では、昔ながらの戦略策定プロセスがうまくいかないのはわかっていた。指揮命令系統に沿ってトップダウンで戦略を伝えるのではなく、イングリッドら幹部は組織内の異なる地域アイデンティティを統合するプロセスを確立した。

その第一ステップは、地域レベルの戦略ステートメントの作成である。イングリッドらは各地域に出張しては、地元スタッフとシナリオプランニングに取り組んだ。具体的には、インドの子どもたちが置かれた状況について、「現状のまま」と「将来あるべき姿」のふたつのシナリオを想像してもらった。これをもとに、理想と現状のギャップをどう埋めるかという戦略ステートメントを各地域が考える。次に第二ステップとして、イングリッドら幹部も同じことをする。ただし地域レベルではなく、組織レベルの戦略ステートメントを考える。そして最後に、地域集団と経営委員会のメンバーが集まって、地域と組織のプランをひとつにまとめる。変革戦略の統合をめざしてみんなが協力した結果が、最終版となる。

地理的な境界や人口属性の境界を慎重かつ体系的に織り合わせるプロセスを通じて、イングリッドと経営委員会は、組織全体を戦略変更に主体的に関わらせた。二〇〇六年四月、ＣＲＹは正式名称を「チャイルド・リリーフ・アンド・ユー」から「チャイルド・ライツ・アンド・

ユー」に変更し、一九一人の従業員全員が集まって新たな門出を祈念した。CRYの新しい戦略は、草の根救済運動の支援から、社会のあらゆるレベルの子どもの権利の保護・支援へと、大胆な方向転換を求めるものだった。「子どもの権利」を前面に出すことで、CRYは問題の根本原因に直接働きかけ、持続的な変化を引き起こす立場になる。

イングリッドが指針とした原則どおりに、組織内のすべての集団が変革の旅に参画した。あるスタッフはこの出来事について、いみじくも次のように表現した。「その日、全員がビジョンを共有しました。違いのなかから、今後の道筋が明らかになったのです。職業人生においてビジョンを共有できる経験なんて、そうあるものではありません」。同じ年、CRYはインドの五〇〇〇を超す村で、五〇万人近い子どもたちの人生に影響を及ぼすことができた。

ウィービングの実践

CRYで組織変革プロジェクトを進めるにあたり、イングリッド・スリナスと経営委員会はウィービングの実践によって劇的な効果をあげた。糸を編んでタペストリーやラグマットをつくるときのように、地域の境界を越えて集団を織り合わせ、組織戦略の変更を実現した。

各種研究によれば、一九九〇年代以降、組織全体を変えようとする取り組みの失敗確率は六六～七五%にのぼる。ある研究では、どうにかこうにか成功を収める割合は三分の一にすぎないという。理由はいろいろあるが、共通しているのは、「アウトサイドイン」の視点から、外部のシステムや体制、プロセスを重視し、組織全体を変えるために人や文化が果たす役割を軽視していることだ。[2] もしイングリッドが同じような方法（企業広告の世界でおなじみの方法）をとっていたら、やはり成功確率は低かっただろう。

彼女は違う方法を用いた。リリーフ（救済）からライツ（権利）への変化を起こすには、「インサイドアウト」のアプローチしかないことを理解していた。つまり、地域ごとに異なるCRY内部の価値観、信条、関係性を維持したうえで、それらを戦略的に統合するのである。その際、イングリッドは地域集団同士のプラスの相互依存を強化した。各集団は互いの依存度を高め、自分たちが他の集団に頼る必要があることを知った。それぞれが答えの断片を知っていても、答えの全体を知っている集団はひとつもない。同様に、今後へ向けた最善のソリューションを探るため、CRYの地域集団は集団的学習《コレクティブラーニング》に取り組んだ。境界のマネジメント（バッファリングとリフレクティング）が差異に焦点を当てるのと同じように、メンバーは他の集団に積極的に問いかけ、情報を求めた。アイデンティティの違いをもっと深く理解することで、そうした違いが、インドの恵まれた子どもと恵まれない子どもをいかに分断しているかを知った。

しかし、CRYはそれだけで満足しなかった。共通の土台づくり（コネクティングとモビライジング）が統合に焦点を当てるのと同じように、各集団は自分たちの違いを、もっと大きな全体のなかで一体化させようとした。さまざまな情報源を組み合わせて、新しい可能性や解決策を生み出そうとした。実際、戦略変更のヒントやイメージがはっきりしたのは、多様な経験や経歴、専門性を創造的に統合してからである。

CRYは実にみごとな組織である。境界を越えた相互依存を特徴とする組織はめったにない。本書のベースとなったCCLの研究でも、相互依存的な協力が境界を越えて日常的に行われている大手上場企業は見つからなかった。とはいえ、フォーチュン500企業のエグゼクティブは全員、リーダーシップに対するもっと協力的なアプローチが必要だという点では意見が一致した。彼らは率直に（境界を越えた協業が重要だと思う幹部と、それができていると思う幹部の差が七九％もあったのを思い出してほしい）、新しいリーダーシップアプローチを確立しなければならないと認識していたのだ。

そうした変化は一朝一夕には起きないが、ウィービングによって、より協業的な環境づくりをきょうにも始めることができる。たとえあなたの組織が境界をまたぐ協力がしにくい構造であっても、差異化と統合化による協業が人間の自然な欲求のひとつであることを思い出してほしい。CCLの同僚、エドワード・マーシャルが『Transforming the Way We Work』（未邦訳）で書いているように、「人間は本来、協力し合うことを望むものである」。組織の学習能力の向上、システム全体の戦略の変更、新しいジョイントベンチャーの立ち上げなど、あなたのネクサス課題が何であろうとも、ウィービングによって境界を織り合わせ、胸躍る革新的な可能性を新たに実現することができる。

境界を編み込む

図8・1に示すように、ウィービングとは、集団の境界が織り合わさりながらも、なお区別できる状態をいう。それぞれの集団独自の役割や貢献を、もっと大きな全体のために統合する。織り合わせるとは、いわば二種類の糸を交互に編み込んでいくようなものだ。たとえばラグマットを編むときのイメージである。それぞれの糸は違うけれど、それらを編み合わせれば、もっと大きな全体（複雑なラグマット）ができあがる。あるいは、ロシアのマトリョーシカ人形を考えてみよう。入れ子になった人形にはそれぞれ個性や特徴があるが、同時に、小さな人形が大きな人形のなかに入り、最終的にひとつの全体ができあがる。この民芸品の価値がフルに発揮されるのは、この全体がそろったときである。

境界を編み込む際もやはり、各集団独自のアイデンティティや目的を維持しながら、それらの集団を大きな全体（組織）のなかへ統合する。ウィービングは基本的なニーズを満たすとともに、ふたつの欲求が同時に満たされたときに発揮されるポテンシャルを活用する。さまざまな経験や専門性を尊重することで、差異や独自性に対する欲求を満たすのがひとつ。既存の知識に

図 8.1　ウィービング

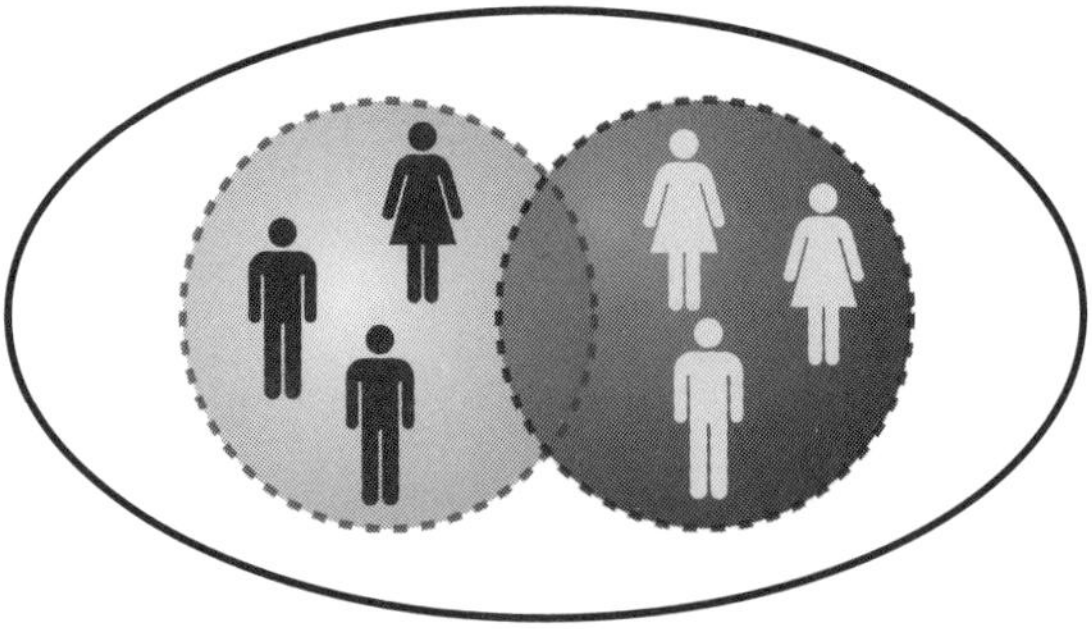

根差した新しい組み合わせを生み出すことで、統合に対する欲求を満たすのがひとつである。その結果、集団間の相互依存、すなわち境界が大きな全体のなかで織り合わされたときに生じる、相互依存と集団的学習の環境が築かれる。ウィービングを通じて集団間の相互依存を高めるのが、ネクサス効果に向けた第五のステップである。これができれば、集団は共通の方向性を定め、ビジネス要件の変化に従ってリソースを調整し、個々の集団だけでなく組織全体のための多様な視点を持つことができる。

集団のアイデンティティと共通のアイデンティティをどちらも活性化することで「サブカテゴリー」をつくるのは、どちらかのアイデンティティだけを活性化する方法よりも効果的である（研究によって実証済み）。[3] この場合、異なる集団のメンバーが相互に補完し合う別々の役割を果たし、共通の目標に貢献する。言い換えれば、集団を隔てる境界が、もっと大きな全体のなかで維持される。ウィービングはそもそも、ここまで論じてきたものよりも複雑な実践である。統一に対する欲求と分離に対する欲求をふたつながらに扱うからだ。その違いを知るため、社会活動家として長い経験を持つメチャイ・ビラバイダヤのストーリーを見ていこう。彼はエイズ啓発活動を通じて多くの命を救ったことで世界的に知られる人物である。[4]

一九八〇年代後半、ビラバイダヤ（親しみを込めて「ミスター・コンドーム」と呼ばれる）は、エイズがタイを危機に陥れるのではないかと考えた。ただし、保守的なタイでその話題を持ち出すのは簡単ではない。また、タイでエイズの蔓延を効果的に防ごうとしたら、多種多様なステークスホルダーに協力してもらわなければならない。苦戦が予想された。宗教的な問題に加えて、観光業界は、エイズの啓発キャンペーンを大々的にやったら観光客が逃げていくと心配した。

メチャイは政府の外側のさまざまな集団、とくにタイ社会で大きな影響力を持つ集団に働きかけた。仏教界や軍部とはうまく話がついた。「タイでは宗教関係者を味方につけるのが重要です」と、メチャイはインタビューで語っている。「カトリックはタフでしたが、仏教界は味方になってくれました」。彼はなんと、仏教が主流のタイで重要な道徳的権威である僧侶たちに、各地で配る前のコンドームに神の恵みを授けるよう依頼した。さらに、いくつかの宗教組織が僧や尼僧を教育して、予防や治療の分野で働けるようにした。一九八九年、メチャイは国軍最高司令官代行のチャワリット・ヨンチャイユットを説得して、軍が運営する一二六のラジオ局とふたつのテレビネットワークをエイズ予防キャンペーンに使う許可を得た。また、臨時民兵を含む全兵隊のエイズ検査をヨンチャイユットが取り仕切った。

一九九一年にタイのエイズ担当大臣に任命されると、メチャイはエイズを、保健省が扱う一部の国民だけの問題ではなく、国家社会の大きな課題と位置づけた。彼は首相を説得して、みずから国家エイズ委員会の指導的立場に就いた。これによって政府の各省庁に対しても権限を発揮することができた。彼はその立場を利用して、政府機関、学校、テレビ・ラジオ局、NGO、ビジネス界など、さまざまな集団からエイズ啓発キャンペーンへの支援をとりつけた。「あらゆる人たちが関わってくれました。政府、企業、宗教界、軍部、警察、みんなです。命を救うための戦いで、それぞれがそれぞれの役割を果たしたのです」とメチャイは説明する。こうした努力の結果は言うまでもない。国連によると、一九九〇〜二〇〇四年にタイで新しくエイズに感染した人の数は九〇%減少した。また、世界銀行の別の分析によると、同じ期間に七七〇万人以上が、エイズにかかることなく命を救われたという。

ウィービングの戦術

ウィービングにより、リーダーは集団の違いを引き出し、大きな全体のなかでそれらを統合することができる。以下の戦術を使えば、境界がぶつかり交わる場所で相互依存を促進できる。

ウィービング戦術1――共通の目標の妨げとなる障害や障壁を取り除く

メチャイ・ビラバイダヤはタイでエイズ啓発キャンペーンを始めたとき、宗教、政治、ビジネス、教育など、幅広い関係集団からアイデンティティの違いに根差した抵抗に遭うことをすでに見通していた。しかし、エイズ啓発を通じて命を救うという大目標に各集団が本当は賛成なのもわかっていた。集団の違いをうまく利用する方法を探さなければならない。それができれば、異なるターゲットに働きかけることができる。また、それらの取り組みをつなぎ合わせて、もっと大きな目標の達成をめざさなければならない。最終的に彼は、慣例にとらわれない効果的な方法で成功を収めた。

まず、先述のように、メチャイは宗教関係者を味方につけた。配布前のコンドームに神の恵みを授けるよう、仏教の僧侶たちに依頼した。仏教の経典には「誕生は苦悩」との記述がある。不要な苦悩を避けるには、不要な誕生を避けねばならない。僧侶の祈りによってそのニーズに応えると同時に、人間の性というデリケートな問題に関わる、宗教界の複雑な価値観にも対応することができた。

次に、彼は政治分野の障害を取り除いた。政治家の大半はエイズの蔓延を防ぐのが重要なことを理解していたが、そのやり方については見解が分かれていた。エイズがどのようにうつるのか、考え方がいろいろ違ったのも原因のひとつである。議論に終止符を打つため、ある大きな記者会見の席で、メチャイはエイズ患者が使ったグラスから飲み物を飲んだ。このショッキングな行動がきっかけで、用心深い政治家も有権者も、エイズは日常的な接触ではうつらないという事実を思い知った。

最後に、彼は教育界の障害を取り除きにかかった。教育者は学校のカリキュラムにエイズ啓発を盛り込むことには概ね賛成だったが、年齢に応じたやり方でそれができるかを懸念していた。メチャイは先生たちと協力して教育ソングをつくった。たとえば小学校では新しい「ＡＢＣの歌」をつくり、アルファベットに合わせてさまざまな避妊法を紹介した。アルファベットを学びながら、家族計画についても学ぶという寸法である。

メチャイは劇的なことをやってのける才覚があるばかりか、不遜さや押しの強さを持ち合わせており、たしかに従来のビジネスエグゼクティブの枠には収まりきらない。だが、その目をみはるような成果には学ぶところが少なくない。集団のポテンシャルを制限する境界線をなくすことによって、あなたは差異を利用・統合し、新たなフロンティアを切り開くことができる。

ウィービング戦術2――集団の差異をいじらず、それをむしろ利用する

タイのメチャイ・ビラバイダヤは、エイズ啓発キャンペーンでさまざまな集団がそれぞれの役割を果たせるようにした。インドのイングリッド・スリナスは、ＣＲＹの多様な地域集団の知識を活かして共通の戦略を策定した。いずれの場合も、異なる集団は異なる集団のままでよく、その違いが尊重された。

このシンプルな発想は、変革リーダーシップに関する従来の考え方を覆すものだ。経営学の研究や実践で支配的なのは、組織変革をリードするうえで重要なのは「アラインメント」だという考え方である。つまり、すべての集団から賛同を得、全員の見解を一致させるわけだ。そのように方向性をそろえるアラインメントはもちろん大切だが、違いを建設的に利用する可能性を犠牲にしてまで、統合を急ぐ必要はない。ＣＲＹでは対照的に、独自の視点や経験こそが戦略変更を推進するカギになると考えられた。シェカール・マネカーといっしょに変革推進の音頭をとったビミ・ブディラジャは、次のように述べている。「組織はメンバーとともに学び、全員に実験

の自由を与え、異なる発想や新しい行動様式を積極的に導入しなければなりません」。ＣＲＹのリーダーたちは、アイデンティティの違いを受け入れないかぎり飛躍的な変化は遂げられないと考えていた。差異を最小化するよりも、差異をそのまま維持するほうが難しいことを彼らは知っていたが、また同時に、各集団のポテンシャルを最大限発揮させるには、それしか方法がないことも知っていた。

二年間の組織構築の一環として、各集団のメンバーは頻繁に顔を合わせ、自分たちの違いについて話し合った。たとえばあるときは、インドの恵まれない少女たちが直面する障害について理解を深めることに重点が置かれた。男性メンバーも女性メンバーも、ジェンダーに関わるさまざまな体験を率直に説明した。男性スタッフのひとりは、この話し合いがきっかけで見方が変わったと語る。「すっかり目が覚めたというか。日常的にじっくり考えようとしなかった問題がいろいろありました。（ジェンダーに関する話し合いの）おかげで新しい問題意識を持てるようになりました」

同様に、戦略策定プロセスの一環として、各地域集団は独自の地域プランの作成を要請された。プランの中身がばらばらで時には対立することがあっても、問題視されなかった。それらはむしろ、組織を前進させるために幅広い選択肢を考える助けになった。集団の差異があえて温存されたことで、ＣＲＹの従業員は視野を広げるとともに、「顧客」（この場合はインドの恵まれない子どもたち）のニーズを深く理解することができた。差異化と統合化に対する欲求がどちらも満たされたため、よく吟味された斬新なアイデアが次々に登場した。自分たちの違いを積極的に話し合ったからこその成果である。

ウィービング戦術3
——点（各集団の経験、専門性、行動）をつないで線（共通の大きな目標）にする

集団独自の知識や専門性が最大限のメリットを発揮するのは、それがもっと大きな問題の解決や、組織全体に資する新しい解決策の発見に応用されたときである。たとえばCRYでは、地域ならではの知識や専門性を、より大きな戦略変更の目標と体系的・明示的に結びつけた。残念ながら、このステップは組織のなかで脇へ追いやられることが多い。具体例として、類縁集団《アフィニティグループ》と実践共同体《コミュニティ・オブ・プラクティス》という、広く用いられている組織アプローチについて考えてみよう。[5]

ウィービングの実践と同じく、このふたつのアプローチも集団独自の知識と共通のアイデンティティの形成をめざす。たとえば「働く親」のアフィニティグループは、仕事と子育てに関わる成功事例や苦労話を親同士が共有する場となり、「フリンジ技術」のコミュニティは、ハイテク通の従業員グループが関心あるテーマの知識を共有できるようにする。しかしこれらの場合、独自の知識や専門性をもっと大きな組織目標に結びつけようとする体系的努力が払われないことが多い。これでは集団も組織も大して得るものがない。メンバーが「アイデアや意見を出したところで組織に尊重してもらえない」と感じはじめたら、集団のエンゲージメントは弱まってゆく。

また、これらの集団が持つせっかくの知識もその集団のなかにとどまったままで、組織の大きな問題に活かされることはない。

やはりマトリョーシカ人形を例にとろう。この民芸品がいつまでも廃れないのは、それぞれの人形に特徴がありながら、一つひとつが結びついて全体を構成したときにしか、その値打ちを完全に見いだせないからである。集団ならではの知識や経験を結びつけて組織全体に活かす方法はいくらでもある。以下の囲み情報をヒントにしてほしい。

各集団を大きな全体に結びつけ、新たな価値を見いだすにはどうすればよいか？

集団がその独自の知識や視点、経験を組織全体と共有・統合する機会をつくるには、以下の方法がある。

- アフィニティグループのフェアを開催する。さまざまなグループが日々話し合ってきた問題やテーマについて報告する時間を設け、どうすればそうした問題を、組織が抱える大きな課題の解決に活かせるかを議論する。
- コミュニティ・オブ・プラクティスの「フィッシュボウル〔対話の方法論の一

種)」セッションを開催する。組織内の誰が参加してもよい。たとえば前述した「フリンジ技術」コミュニティの場合だと、コミュニティメンバーが円になって座り(彼らはいわば「魚」)、その周りにコミュニティに属さない人間が座る(彼らは「フィッシュボウル=金魚鉢」)。ミーティング全体を一時間に設定し、まずコミュニティメンバーが最新のテクノロジーについて三〇分程度話し合う。次に二〇分ほどとって、コミュニティ外のメンバーがコメントや質問をする。そして最後の一〇分で、組織全体の問題や目標に活かせるアイデア、施策、提言などを明らかにする。

- 事後の検討会を実施する。すべての集団を組織全体のプロジェクトに関わらせ、それが成功したあとに、それぞれの観点から成功要因は何かを話し合う。

ウィービング戦術4――互いに依存し合う「集団の集団」をつくる

リーダーシップをめぐる状況が変化するいま、チームは昔ながらの意味のチームではなく、どちらかといえば、グループが集まって仕事をやり終えたら解散し、また別のグループと組む――そんな印象がある。それでもチームや集団には明確なアイデンティティ、目的、一定の成果物が求められる。このビジネスの現実をふまえて、チームが二重のアイデンティティを身につけるのを後押しすることができる。これは「集団の集団」と考えてもいいし、「同じ包括的なチームで働く異なる集団」と考えてもいい。

このシナリオにおいては、集団は異なる目標を持ちながら、もっと大きな目標も共有しており、そのために協力しなければならない。「はじめに」でクリスが述べたように、バンガロール、デリー、カルカッタ、ムンバイのCRY地方オフィスでインタビューをして明らかになったのは、それぞれのオフィスには独自の活気があるということだ。しかし同時に、従業員はCRYという組織全体を意識しながら話していた。デリーのスタッフはバンガロールの問題について話し、カルカッタのスタッフはムンバイのスタッフとつながりを感じていた。各オフィスが生き生きしていたのは、他のオフィスやCRY全体のミッションと相互につながっているからだった。

あなたも、各集団の目的を呼び起こし、その目的が組織全体の目標にどう寄与するかを明らかにすることで、二重のアイデンティティを育むことができる。集団同士の相互依存を組み合わせて、もっと大きな目標をサポートするにはどうすればよいかを明らかにできる。最近の研究によると、マルチチームの環境では、チーム同士のつながりが強くなると、全体のパフォーマンスも高まることがわかっている。[6] 同じようにあなたも、チームのパフォーマンスだけでなく組織全体のパフォーマンスを高めるため、各チームがどのように境界を越えて協力すべきかを明確にする手助けができる。

ウィービング戦術5
――各集団だけでは達成できない相互依存的な目標を定める

われわれが現在直面する重要なビジネス課題は相互依存の関係にある。つまり、関係する集団が協力しないと解決できない。でも実際には、同じ組織の集団がばらばらに仕事をしていることが多いし、ひどいときは目的が逆だったりする。これは問題である。達成しようとする目標の種類に合わせた働き方をしなければならない。目標が相互依存的なときは、集団がそれぞれのリソースを利用して成功するための条件を整えるとよい。このような状況では、組織全体の健全性が、結局はさまざまな集団の成功を決める。

組織構築の結果、CRYの従業員は組織のスタンスをはっきり示す責任を負った。スタンスとは、組織のミッションに関わる重要問題に対する組織としての見解のことだ。救済ベースの組織から権利ベースの組織へ変わるにあたって、こうしたスタンスがCRYの立場を支える基礎になった。「われわれはスタンスを示そうとします。全員を同じ色に染めるのではなく、どうすれば異なる視点を持ち寄って共通の見解を打ち立てられるかを示すのです」とシェカールは言う。このスタンスによって、CRYのさまざまな地域集団、機能集団、文化集団の優れたアイデアや新しい視点を一本化したのである。

同じく、戦略策定にあたって、地域のリーダーはイングリッドおよび経営委員会と密に協力して、プランの実現に向けて地域のばらつきを調整しなければならなかった。「組織戦略を立てて地域や部門にその遵守を強いるのではなく、みんなで協議するのがうちのやり方です」とビミは言う。どれだけの余裕があるかを協議することで、CRYは地域差を受け入れながら、共通の進路を明示した戦略的プランを立案できる。

ウィービングにおけるリーダーの役割

集団の違いを引き出し、それをもっと大きな全体のなかで統合するとき、あなたはウィービングを実践している。集団の壁を取り除く、差異を活用する、集団の専門知識をリンクさせる、集団の集団をつくる、相互依存的な目標を設定するなどの方法を通じて、あなたは境界を編み合わせ、集団の相互依存を高めることができる。タペストリーやラグマットをつくるため、熟練の織り手は異なる糸をより合わせて大きなパターンやデザインを生み出す。織り手が異なる糸をまとめようとするように、あなたも集団のあいだの違いをひとつに編み込むことができる。カラフルな糸が交じり合うことできれいなラグマットができあがるように、組織のさまざまな部門、地域、属性集団のアイデアが交じり合ったところに、次なる大きな商品やサービスを見いだすことができる。

CRYの戦略変更をリードする際、イングリッド・スリナスは織り手よろしく、さまざまな地域集団のさまざまな経験や経歴、専門知識を統合した。インド中を回って各地域のミーティングに頻繁に出席し、組織構築と戦略策定のプロセスに積極的に関わった。彼女の仕事は、その場で幅広い考え方の違いを引き出し、それらをとりまとめるための建設的な会話を促進することだった。「両方の集団を同時に把握できなければなりません。どちらかを省いたり、両方のあいだを行ったり来たりするのではなく、双方のニーズや関心を理解しなければなりません」とイングリッドは言う。要するに彼女は、数多くの集団（の差異と重複部分）を把握するための場をつくり、それらを統合して、組織の新しい変革戦略を具体化したのである。

戦略変更をリードするには、まず自分から変わらなければならないとイングリッドは考えていた。「正直言うと、独裁的・一方的にやっつけてしまいたい気持ちもありました」と、彼女はムンバイで朝食をとりながらクリスに言った。「でも、全員に関わってもらえるよう時間と労力を費やす価値はあります。変化の必要性を本当の意味で受け入れてもらえるからです。そのほうが変化が自分のものになり、持続力が大きく増します」。ウィービングを成立させるには、あなた自身もやはり変わる必要がある。集団に相互依存せよと命じることはできない。あなたができるのは、相互依存が生じる条件や時間、空間をつくり、すべての段階でよい見本になることだけだ。そのためには、対立への対処、逆境のコントロールというふたつの能力を高めつづけなければならない。

ウィービングにおいては、違いを積極的に引き出し、糸のように束ねる必要がある。異なる価値観や相反する信条がじかに接触すると、どうしても対立が生じる。そうしたときは、異なる意見それがを建設的に仲裁する必要がある。われわれはともすれば、違いに目をつぶりたくなる。それが「グレート・ディバイド」をつくる可能性があるときはなおさらだ。しかし、以下のCRYのストーリーからわかるように、違いを避けるよりも違いに向き合うほうが、新たなアイデアや可能性を生み出すことがある。

組織構築の対話中、バラモン（カーストの最高位）に属するCRYスタッフが、ある不可触民労働者が子ども時代に受けたひどい扱いについて話をした。どんな組織や文化にも「触れることのできない」話題がいろいろあるだろうが、カーストの問題はインドでも意見が分かれるデリケートなテーマである。部屋にはただならぬ緊張感が立ち込めた。そのとき、幹部のひとりが、問題をやり過ごそうとすることなく、さまざまな集団のメンバー、そしてすべてのカーストのメンバーに対して、この不可触民労働者の話について考えるよう働きかけた。それが子どもたちにとってどんな社会的影響を持つのか、もっと広い視点で考えようというのだ。さまざまな考え方に疑問を差し挟み、まったく新しい仮説を検証する機会が設けられたのである。「CRYのようにこうした議論を支援・奨励するところはめったにありません」と、会議に出席した従業員のひとりは言う。「激しい議論もOKですし、それで何か不当な扱いを受けることもありません」。違いを前向きに捉え、それに向き合うことで、この幹部は集団がもっと大きな社会慣行――すなわちインドのカースト――について理解を深める手助けをした。そしてその結果、CRYのミッションに直接関わる重要な会話が交わされることになった。

注意──ウィービングの落とし穴

有名な寓話がある。象を前にした目の見えない人たちが、手で触れてそれが何の動物かを知ろうとする。ただし、触るのはそれぞれ別の場所だ。彼らはお互いに感想を述べ合うが、意見がまったく一致しない。尻尾に触れた者はロープみたいだと言い、鼻に触れた者は木の枝みたいだと言い、耳に触れた者は扇子のようだと言う。それぞれの考え方をつなぎ合わせて、もっと大きな全体をイメージすることができず、みんな行き詰まってしまった。

この寓話はウィービングの落とし穴をよく表現している。競合する（または分断された）集団を集めてもっと高い目的を達しようとしても、世界の見方が違いすぎて、共通の目標へ向かっていっしょに進むのが難しいケースがよくある。どれかひとつの集団だけを重視（または軽視）しすぎないようにして、うまく緊張のバランスをとる必要がある。つまり、各集団が違う役割を果たしながらも、その価値に差が生じないよう配慮しなければならない。異なる集団にその違いの重要性を認識させ、全体の成功にはその違いが欠かせないと感じさせることができれば、盲目の人たちが陥った困難は回避できる。

違いを引き出し、対立を仲裁し、価値観や意見の違いを統一しようとするのは、とても大変な作業である。ウィーバーの役割を果たすためには、逆境をコントロールする新しい手段も探さなければならないだろう。境界を統合し、相互依存を高めるには、異なる集団の考え方や感じ方を調整するだけでなく、そうした相反する考え方や感じ方があなた自身のなかにもあることを知らなければならない。

イングリッドはそのあたりの現実をざっくばらんに語ってくれた。「組織構築や戦略策定のプロジェクトを支えようとすると、会議室のなかのストレスがすべて自分へのしかかってきかねません。まず背中が押しつぶされ、次に首が耐えられなくなり、最後に脳が停止します」。だが続いて、彼女はうれしい結末についても口にした。二〇〇六年四月、CRYの全従業員一九一人が集まり、「チャイルド・リリーフ・アンド・ユー」から「チャイルド・ライツ・アンド・ユー」への名称変更と、その象徴となる戦略の変更を認めた日のことだ。「この変更はインサイドアウト、つまり内側から進めたからこそ長続きするのです。名称変更イベントも、新しい変革プロジェクトの立ち上げというよりは、すでに起きていた変化を承認する場でした」

あなたにもイングリッドのように、ウィービングを身につけてもらいたい。集団の違いを引き出し、統合すれば、新たなフロンティアが見つかるはずだ。集団が単独では出せない大いなる成果を出せるフロンティアが（表8・1を参照）。

表 8.1　ウィービングの概要

定義 ウィービングとは何か？	集団の違いを引き出し、大きな全体のなかで統合することで、境界を織り合わせ、集団間の相互依存を高める。
根拠 なぜウィービングは機能するのか？	ウィービングでは、集団がその境界を織り合わせながらも、それぞれの違いを保つ。各集団は独自の役割や貢献を果たし、それらを組み合わせると大きな全体が構成される。ウィービングは差異化（多様な経験や専門性）と統合化（大きなアイデンティティへの所属）の両方の力を利用する。
戦術 ウィービングはどのように達成されるか？	1. 共通の目標の妨げとなる障害や障壁を取り除く。 2. 集団の差異をいじらず、それをむしろ利用する。 3. 点（各集団の経験、専門性、行動）をつないで線（共通の大きな目標）にする。 4. 互いに依存し合う「集団の集団」をつくる。集団の一員であると同時に、もっと大きな組織の一員でもあるという二重のアイデンティティを築く。 5. 個々の集団だけでは達成できない相互依存的な目標を定める。成功のために、各集団が持つリソースを結集する機会をつくる。
結果 その結果、どうなるか？	集団間の相互依存：境界が大きな全体のなかで織り合わされたときに生じる、相互依存と集団的学習の環境。

ウィービングと、あなたのネクサス課題

集団の違いを引き出し、大きな全体のなかで統合できれば、集団が相互に依存し合うための条件が整う。以下の質問は、ウィービングを、あなたならではのネクサス課題ならびに集団のなかに新たなフロンティアを見いだそうとするときに直面する課題や機会に適用する際の助けとなる。

認識――現状を評価する

ウィービングは境界を織り合わせて、集団間の相互依存を強める。あなたのチームや組織は、集団間の相互依存について一〇段階評価（一〇が最高評価）でどの程度か?

集団間の相互依存が高まれば高まるほど、以下のことが当てはまる。

- 集団が互いに依存し合う。問題解決のためには他の集団に頼らなければならない、とそれぞれの集団が認識する。
- 差異への親和性が生じる。集団が自分たちの違いを積極的に探究、理解、活用しようとする。
- 集団がその違いを越えたシナジーを追求し、違いを創造的に統合しようとする。
- 集団が共同の学びを始める。集団の枠を越えて積極的に情報を探り、継続的な学習を進め

る。

検討――新たなアプローチを探る

どうすれば、集団の違いを探索、統合、活用するための協力的な会話をさらに促進できるか？ 対立を乗り越えてリーダーシップを発揮することがどのくらいできるか？ あなたは対立を健全で建設的なものと見なすほうか、それともできれば避けたいと思うほうか？ どうすれば、異なる価値観や利害、考え方がぶつかるときに避けられない衝突を歓迎し、それをチャンスと捉えることができるか？

逆境のコントロールにどれくらい長けているか？ 違いを引き出し、対立を仲裁し、価値観や意見を統合するには、柔軟性や復元力のほか、コアバリューやアイデンティティに対する揺るぎない信念が必要である。逆境にもっと耐えられるよう、自分自身を精神的・肉体的にコントロールするには、どうすればよいか？

適用――行動を起こす

ウィービングに関して学んだアイデア、戦術、新しい知見で、あなたのネクサス課題に適用できるものはどれか？

第9章 トランスフォーミング
——改革を可能にする

六つ目の最後の実践、トランスフォーミングは、いわば集団の改革にほかならない。つまり、集団の境界線を新しい方向へ切断したときに生じる、再生、別の未来、新たな可能性のことだ。集団が新しいアイデンティティを築き、境界を変容させたときに、何が可能になるかという話である。これができれば、それまで解決できなかった問題を解決し、手が届かないと思っていた解決策を完全に実現することができる。

トランスフォーミングでは、数多くの集団を新しい方向へ導く。境界を切断すると、新しいアイデンティティと、そのアイデンティティに伴う新しい可能性が現れる。ここでいう切断とは「木目に逆らって切る」「斜めに切る」という意味だ。集団メンバーがそれぞれの境界の木目に逆らうための時間や空間を提供され、変化を受け入れるようになったときに、トランスフォーミングは可能になる。トランスフォーミングは実際にはきわめて複雑である。境界の切断のしかたはそれこそ無限にあるし、実現できる可能性も無数である。したがって、この最後の実践をよく理解するには、具体例をいくつか見るのがよいだろう。

以下のページでは、ブッチ・ピーターマン、マーガレット・ジェンキンス、マーク・ガーゾンを紹介する。まず、ブッチとマーガレットが集団を束ねてそれぞれの組織、コミュニティをどのように改革しているかを紹介する。次に、トランスフォーミングの実践について詳しく説明する。章の最後に、トランスフォーミングの名手が用いる戦術を解説する。マークは、企業のCEOから政府の首脳まで世界各地の重要な意思決定者と連携して、境界線や壁を新たなフロンティアに変えてきた。

それぞれの立場でユニークなストーリーを持つ三人のリーダー、ブッチ、マーガレット、マークは、必要かつエキサイティングな別の未来をつくるために行動している。

組織のトランスフォーミング
――ブッチ・ピーターマンとアブレイシブ・テクノロジー社

アブレイシブ・テクノロジー（ATI）の創業者、オーナー兼社長のロイヤル「ブッチ」ピーターマンは、市場の競争が激化するなか、自社のオペレーションが硬直していることを感じ、未来への賭けに打って出た。機能別の分業が徹底しているメーカーから、革新的で顧客中心かつ「プロセス中心」の組織に変身しようというのだ。[1] 精密研磨機のグローバルメーカーのトップであるブッチは、そのためには組織図をいじるだけでは駄目だとわかっていた。社員たちに自分自身や会社に対する考え方を変えてもらう必要がある。機能別集団のアイデンティティとリーダーシップ文化の両方を変革しなければならない。

まずは従来の管理・監視的な役割をなくすことからスタートした。重要な業務を中心に肩書のない新しい役割がつくられた。全社員がなんらかのプロセス（工程）を担当し、プロセスごとに、継続的改善を主導するプロセスエンジニアと、業務支援や個人の能力開発を担うコーチがつく。各人は社員や従業員ではなく、プロセスコーチをはじめとするプロセスメンバーと協力して自身や仕事のマネジメントに全責任を負うアソシエイト（共同経営者）と位置づけられた。

現在、ATIのプロセスはチーム制である。コーチが上役に取って代わり、柔軟な役割交代も日常茶飯事だ。多様な経験や専門性のなかから最善のソリューションを探り、アソシエイトは個人、チーム、会社全体のパフォーマンスに応じて報酬を得る。この数年間、ATIは市場ポジションを維持しながら、その業務や文化を著しく改善している。改革は継続中だが、ここまで次のような結果が出ている。

- 社員の離職率（%）は年間二桁からほぼゼロに低下。

- 製品の返品数は五年連続で半減。
- 採用はすべて社員の紹介。よって採用コストはゼロ。
- 業績の悪かった工場が標準レベルに改善。
- 相互評価、個人・グループ・会社レベルの報酬、コーチング、評価・学習システムなど、先進的な人材管理システムを導入。

コミュニティのトランスフォーミング――マーガレット・ジェンキンスと「スモール・タウン・アメリカ」

同じ土曜日に三ブロックしか離れていない場所でふたつの朝食ミーティングが開かれたのを知って、マーガレット・ジェンキンスは行動を起こす決心をした。[2] 数週間前、彼女が住む地区の今後の住宅開発について、意見の対立が生まれていた。この地区に低所得者向けのタウンハウスを建てるという計画があり、そのプロジェクト案を支持するべきか、それとも計画に真っ向から反対するべきかで、コミュニティがふたつに割れていたのだ。住人の年齢や階級をめぐって見苦しく激しい議論が続いた。マーガレットは、この断絶が相当根深いと思った。背景には地区のアイデンティティに関わる問題がある。つまり、伝統的にどんな地区だったのか、そしてさらに、これからどんな地区になろうとしているのか――。

ふたつの対立する朝食ミーティングが終わると、マーガレットは地区の変革に乗り出した。それは結果的に、深い溝を新しい胸躍る未来へ変えることになる。地区の人々が会議場を埋め尽くすほど集まって、自分たちのストーリーを語り、他の人たちのストーリーに耳を傾けた。マーガレットの役割は、次のふたつを確保することだった。第一に、さまざまな意見や考えが交わされるようにすること。最初の会議の招待状には、「当地区の未来を描きにきませんか」とだけ書いた。実際の会議では、現在志向（この開発プロジェクトをどうするかという目先の議論）ではなく未来志向（五年後の地区をイメージ）の話し合いにすることを心がけた。誰もが自由に参加できた。「未来は、地区のみんなが気にするものです。フェンスのどちらの側にいるにせよ」とマーガレットは言う。

第二に、さまざまな方法を使って、さまざまな集団を互いに接触させること。出席者全員（若者と高齢者、ホワイトカラーとブルーカラー）が大きな車座になる会議もあれば、いろいろな人を交ぜて小集団をつくり、もっと直接話ができるようにすることもあった。「地区の人同士で話をし、意見交換するのが大切です。私の目標は、みんなが新しい未来をいっしょに想像できる環境をつくることです」とマーガレットは説明する。それぞれのストーリーが共有され、新鮮な視点が出てくると、地区の人々が新しい未来を創造する可能性も大きく膨らむ。それは古いものを改良しただけの未来ではなく、それまでとはまったく違う可能性を秘めた未来である。

境界のトランスフォーミング

トランスフォーミングは、たくさんの集団を新しい方向へ導き、境界を「切断」するために用いられる。図9・1では、三つの集団の境界が重なり合っており、交流を重ねるにつれて新しい独自のアイデンティティが築かれる。境界が時間とともに切断されると、アイデンティティに基づく集団の価値観、信条、考え方が根本的に変容する。その結果、集団の改革が行われる。これはつまり、集団の境界線を新しい方向へ切断したときに生じる、再生、別の未来、新たな可能性のことだ。トランスフォーミングを通じて集団の改革を可能にするのが、ネクサス効果に向けた第六（最後）のステップである。これができれば、集団は新しい方向性を共同で定め、協力行動を起こし、動的な世界で成功できるように自分たちや自分たちが置かれた環境を刷新し、描き直すことができる。

トランスフォーミングはウィービングに似ている部分がある。どちらも類似点と相違点を交差させ、統一と分離の微妙な

図 9.1　トランスフォーミング

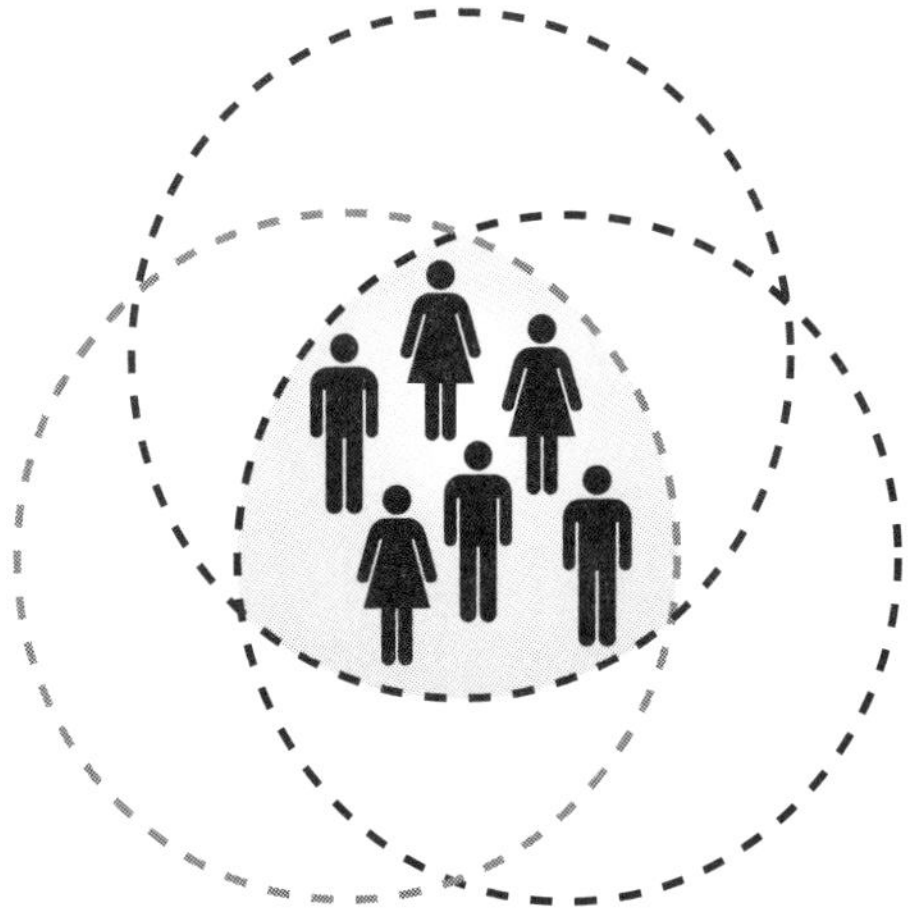

バランスをとることで、新たなフロンティアを発見できるようにする。ただし、集団の境界を変えるための方法が違う。ウィービングは既存のアイデンティティをそのままに、現在の経験や専門知識から新しい統合を生み出す。たとえばラグマットを編むとき、赤い糸は、黄色や青の糸とより合わせても赤のままである。新たな統合体は、各構成要素をひとつにまとめた「トップレベル」または「大きな全体」（完成したラグマット）である。イングリッド・スリナスはウィービングを使って、CRYの組織戦略変更をリードした。大きな全体（新しい組織戦略の策定）は、地域集団の異なる（しかし手つかずの）経験、知識、経歴を創造的に組み合わせることから生まれた。

対照的にトランスフォーミングは、ひとつの全体を発見したと主張することがない。むしろ現在の経験や知識は、新しい（しばしば不明確な）目標に向けた起点として使われるにすぎない。トランスフォーミングによる改革が目標であれば、結果がどうなるか正確にわからなくてもよしとしなければならない。トランスフォーミングの場合は、たくさんの集団を無数の新しい方法で束ね、何が起こるか様子を見る。ここまでの五つの実践で紹介した戦術はすべて、トランスフォーミングの実践にも利用できる。このように、トランスフォーミングは「ゲシュタルト（全体性）」と考えることができる。すなわち、境界のマネジメント、共通の土台づくり、新たなフロンティアの発見のための戦術を統合したものである。アプレイシブ・テクノロジーのブッチ・ピーターマンは、肩書なき役割、チーム制の生産プロセス、役割交代によるトレーニングなど、数多くの戦術を用いて改革・再生を可能にし、社員が自分自身や他の社員との関係を考え直せるようにしている。スモールタウンに住むマーガレット・ジェンキンスは、「フェンスの両側」の住民集団が集える場をつくった。彼女の意図は単にフェンスを修理することではなく、地区の人たちでフェンスを一からつくり直すことである。

ブッチもマーガレットも、さまざまな集団をさまざまな方法で束ねることで改革を可能にしている。だが、関わっている集団や方法はまったく違っている。トランスフォーミングも同様である。トランスフォーミングをひとつの独立した実践たらしめているのは、その明確な目標や意図である。すなわち、アイデンティティの境界を切断し、それらのアイデンティティから生じる新たな可能性を実現することだ。集団の境界が木目に逆らって切断されると、アイデンティティに基づく集団の価値観や信条が根本的に変容する。集団の拠り所となるアイデンティティや信条が変わると、別の刺激的な未来が立ち現れてくる。[3]

トランスフォーミングに関する私たちの考え方は、社会心理学および組織開発分野の最新コンセプトを融合させたものである。社会心理学を研究するオハイオ州立大学教授のマリリン・ブルーワーは、社会全般のアイデンティティカテゴリーは、組織内のサブカテゴリーと関連するときに問題化する、と主張する。[4]たとえば、ステレオタイプの社会的カテゴリーは機能集団と重複することが多い。「ドイツ人エンジニア」や「英国人会計士」などが挙げられる。ブルーワーは「切断」という考え方で、こうした特徴を壊そうとする。そのために、両国のエンジニアと会計士の混成チームをつくったりする。その結果、組織のいろいろな代表者が参加し、縦横の壁を越えたやりとりが盛んになる。ブルーワーの研究で中心となる考え方は、境界を切断することにより、組織やコミュニティで束ねる相手（who）を変えることができるというものだ。

組織開発の分野では最近、境界を越えて多くの集団を束ねる手法が大きく進歩している。一般に「ラージグループ手法」などと呼ばれるこれらのアプローチは、行動学習、フューチャーサーチ、集団間対話、オープンスペーステクノロジー（OST）、ワールドカフェといった名称で知られている。[5] それぞれの方法には独自性があるが、カギとなるのは、人々や集団を集めて話し合わせる、そのやり方を構造的に変えることだ。つまり、いかにして（how）集団をまとめるかが、話し合いのテーマやトピックと同じくらい重要なのである。

トランスフォーミングは、社会心理学と組織開発のアイデアを組み合わせながら、さまざまな方法（how）を使ってさまざまな人々（who）をとりまとめ、アイデンティティの境界を切断するとともに、集団の改革を実現しようとする。ブッチ・ピーターマンやマーガレット・ジェンキンスの例で見たように、トランスフォーミングは集団のアイデンティティ変更を後押しできる。自分たちが誰で、それをどう規定するか――というアイデンティティを変えさせることができる。そのために、既存のアイデンティティや視点が疑問や変化を恐れずにそれらを受け入れる環境をつくる。集団間のアイデンティティが変わると、そのアイデンティティに関わる境界線も変わる。かつては集団を分断した境界が、いまや新しい可能性を切り開くフロンティアとなるのだ。

次に、マーク・ガーゾンのストーリーを紹介しよう。おそらくいま世界で最も差し迫った課題、気候変動とエネルギー安全保障にまつわる話である。メディエーターズ財団代表のマークによれば、彼のミッションは「この小さな地球のために働くビジョナリーリーダーを見つけ、支援し、結びつけることで、平和で公正かつ持続可能な世界のためのグローバルリーダーシップを育むこと」。コロラド州のロッキー山中で開催された気候変動カンファレンスで、そのミッションを実現する機会が訪れた。

トランスフォーミングの戦術

二〇〇〇年代前半、アメリカの副大統領だったアル・ゴアは、地球温暖化ならびにその原因とされる温室効果ガス排出に反対する活動家として一躍有名になった。同時に、保守を中心とする批判的勢力も、気候変動問題に異を唱えるべく立ち上がった。気候変動の科学的根拠などないし、リベラルがことさら騒ぎ立てているだけだというのが彼らの言い分だった。ふたつの集団は、いわゆる「環境派」と「経済派」に二極化した。前者は、環境が破壊されていると考えるゴアやその支持者を指し、後者は、企業競争研究所（ＣＥＩ）やエネルギー関係者など、地球温暖化の脅威など実際にはない（あるいは誇張されすぎている）、下手に対策を打てば雇用が失われ、経済成長の足かせになると主張するグループだ。経済派のなかには、ゴアら環境派を攻撃する広告を出す者までいた。

両派のあいだに信頼を築き、最終的には改革への地ならしをするため、リユナイティングアメリカの共同創設者にして会長のジョセフ・マコーミックは、党派を越えた合宿を開催しようと何年も努力した。ついにすべてのピースがそろった二〇〇四年、合宿を成功させるには熟練のファシリテーターが必要だと彼は考えた。そこで白羽の矢が立ったのが、マーク・ガーゾンと、ハーバード大学交渉学プログラムのディレクターで『ハーバード流交渉術』（三笠書房）の共著者でもあるウィリアム・ユーリーだった。

ここまでとは違って、以下はなるべくマーク自身の言葉で語ってもらおうと思う。[6] 境界を切断し、改革を可能にするために活用できる五つの戦術に沿って、その語り口を紹介したい。それらの戦術はトランスフォーミングの戦術でありながら、すでに説明した境界のマネジメント、共通の土台づくり、新たなフロンティアの発見のための戦術とも重なる部分がある。マークはこのような状況下で五つの戦術を実行することにしたわけだが、すでに述べたように、トランスフォーミングの戦術は無数にあることを覚えておいてほしい。あなたがリードしようとする集団のタイプが無数にあるように。

トランスフォーミング戦術1
――すべての集団を関与させ、できるだけ多様な視点を確保する

境界を切断するには、すべての集団から代表者を出してもらうよう調整しなければならない。

合宿に向けて、マークはできるだけ広範囲の人々に出席を依頼し、あらゆる意見を出してもらうよう手配した。言い換えれば、「システム全体」を会議室に持ち込むよう力を尽くしたのだ。

あらゆる種類の人たちに集まってもらい、総勢三〇人となりました。「環境派」の代表としてアル・ゴア、「経済派」を代表して企業競争研究所。また、キリスト教連合や、環境について懸念する福音派グループからの参加者もありました。その他の保守的な組織、米国ガス協会などのエネルギー関連組織からも出席者を招きました。それから、再生可能エネルギーの推進者も何人かいました。つまり、ひとつの小宇宙がそこにあったのです。気候変動およびエネルギー安全保障の問題に関する小宇宙としては、なかなか上出来だったと思います。すべての関係者をちゃんと集めないと、望む進展は得られません。

トランスフォーミング戦術2
——問題の枠組みをどう定めるかが、リーダーシップの第一幕である

対立するたくさんの集団を束ねるにあたっては、問題をどう位置づけるかが非常に重要である。マーガレット・ジェンキンスが地区の最初のミーティングへの招待状を幅広い人々に送ったように、問題の枠組みを設定する際は、関係する全集団のアイデンティティを考慮に入れなければ

ならない。マークは自分が仕切るイベントを、「気候変動とエネルギー安全保障に関する超党派合宿」と呼ぶようにした。

私は「気候変動とエネルギー安全保障」と強調しつづけてきました。正しい関係者に集まってもらうには、それしか方法がなかったからです。「気候変動」としか言わなかったら、問題がすでに解決しているように聞こえて、多くの人が出席しなかったでしょう。私がいつも教えているのは、問題の枠組みをどう定めるかがリーダーシップの第一幕だということです。

言ってみれば、気候変動とエネルギー安全保障の議論をめぐる両派のあいだで微妙なせめぎ合いがあります。問題は、その両極の人たちが次の世代においてお互いどうつきあうかです。新しい持続可能な方法を見つけないと、救いはありません。

トランスフォーミング戦術3
――別の未来を描くチャンスを、すべての集団に等しく提供する

すべての関係者を集め、問題の枠組みをオープンに設定するのは、境界切断のお膳立てをするための戦術である。こうして競合する集団を直接接触させる準備ができたら、次に考えるべき戦術は、すべての集団に等しく参加のチャンスを与えることである。マークによれば、これによっ

て全員に対する敬意や公正な機会を具体化できる。

全員に対する敬意を具体化する必要がありました。公正さを具体化する必要もありました。両派のスピーカーに等しく時間を提供しなければなりませんでした。たとえば合宿は二泊三日だったので、一日目の夜はアル・ゴアに時間を与えました。彼は、のちに『不都合な真実』というドキュメンタリー映画になるスライドショーを見せました。彼を攻撃する広告を出していた人たちも含め、全員がそれを見ました。次の夜は、企業競争研究所の代表フレッド・スミスに話してもらいました。はっきりしているのは、それぞれの側が一晩ずつチャンスを得たということです。

トランスフォーミング戦術4 ──すべての集団にコアバリューを確認させる

境界を切断するためのもうひとつの戦術は、異なる集団のメンバーがその核となる価値観（コアバリュー）を確認できる方法を探すことである。ひとつの効果として、メンバーに安心感や安定感を与えられる。さらに、「それぞれ違いはあるけれども、どちらの集団のメンバーもしかるべき価値観を持っており、それが重なることもある」という気づきを与えられる。この戦術の実行について、マークは次のように述べる。

まずは、核となる信条を確認させてあげることです。これまで何年もいろいろな超党派グループと関わってきましたが、その際、つねにコアバリューを確認する機会を与えてきました。すると彼らは安心感を覚えます。「これは私が大切にしている価値観です。お招きいただき光栄ですが、考え方を変えるつもりはありません。この会合が終わったときも、私のコアバリューは変わらないでしょう」とみんなが言うようになったら、それは交渉の余地がない「イエス」と呼んでいいでしょう。立場ではなく、コアバリューについて語っているというのが重要です。交渉しやすい環境をつくる前に彼らが立場について語りはじめたら、その立場に凝り固まっておしまいです。ですから私は、コアバリューについて語ってもらい、その価値観に対する熱意を示してもらうようにしています。そうすると、たいていの人のコアバリューはちゃんとしていることがわかります。アメリカ政治全体を代表できる集団がそろっていますし、その価値観は正義、自由、人権など。「わがコアバリューは人種差別だ、不平等だ」と言う人はいません。ですからコアバリューを前面に出してもらうことです。

トランスフォーミング戦術5
——ポジティブとネガティブ、両方のエネルギーが流れる道筋《チャネル》をつくる

戦術4では、コアバリューを確認することの重要性を述べた。さて最後に、新たなフロンティ

アを発見しようとするなら、類似点と相違点の両方を引き出さなければならない。この最後の戦術は、ポジティブなエネルギーとネガティブなエネルギーが流れるチャネルをつくるためのものだ。マークによれば、ふたつのチャネルを中心にやりとりを構成するのが肝だという。

たいていは、ふたつのチャネルを中心に構成を考えます。いわば「合意」チャネルと「対立」チャネルですね。対立チャネルでは、幅広い関係者が集まり、ここはいっしょにやれないと思う領域を明確にします。合意チャネルでは、ここはいっしょにやれるかもしれないという領域を探します。そして、それぞれのチャネルのリストを作成します。私はポジティブなエネルギー──イエスのエネルギーとか合意のエネルギーと呼んでもいいでしょう──の行き場を確保し、次いで、ネガティブなエネルギー（対立のエネルギー）が流れ込むチャネルをつくります。そして、その両方を大切にします。ふたつのチャネルがあれば、各集団は「午前中は合意可能な領域について検討し、午後は明らかに合意できない問題について議論しよう」と言うことができます。

集団の改革に明確な始まりや終わりはない。気候変動とエネルギー安全保障のような難しい課題を、超党派合宿など一回のイベントで解決・変革するのは無理である。だが、二〇〇四年に開催されたカンファレンスで、気候変動をめぐる議論の性格がなにかしら変わったのは間違いない。

アル・ゴアは経済派の言い分を聞いて、気候変動に関する自分の物言いを保守的な人たちが懸念するのももっともだと思うようになった、と述べた。気候変動と闘いながらも企業のニーズを尊重することはできるし、将来的には民間セクターの役割が非常に重要になるのは明らかだ、とゴアは言った。一方の経済派は、ゴアやその支持者が気候変動を政治目的に利用しているとの懸念は引き続き持ちながら、気候変動そのものは現実であると認めるようになった。

このカンファレンスが米国の気候変動論議の転機になった、と言われる日がくるのかどうかはわからない。だがひとつ明らかなのは、多くの相反する集団を新たな方向へ束ねることで、この超党派合宿がこれまでになかった認識や理解をもたらしたということだ。その後、いくつものフォローアップ会議が開かれ、そこではかつてのような敵意むきだしの議論が展開することはなかった。

トランスフォーミングにおけるリーダーの役割

トランスフォーマー（変革者）としてのあなたの役割は、たくさんの集団を新しい方向へ導いて境界を切断し、改革を可能にすることである。ブッチ・ピーターマンはアブレイシブ・テクノロジーで境界を切断し、プロセス中心の組織を築いている。マーガレット・ジェンキンスは境界を切断して、地区の人たちが新たなアイデンティティをイメージできるようにしている。古いものを改良しただけでなく、それまでとはまったく違う可能性を秘めたアイデンティティだ。そしてマーク・ガーゾンは境界を切断して、人々が「部分的・断片的なアイデンティティを超え、もっと幅広い、地球になくてはならないビジョンを受け入れる」（本人弁）ことができるようにしている。

ブッチやマーガレットと同じく、マークもトランスフォーミングは実際にはきわめて複雑であると言う。たくさんの集団を新しい方向へ束ねようとしたら無限の可能性がある。改革は時間のかかるプロセスであり、終わりというものがない。トランスフォーミングに際しては過去や現在と縁を切り、新たな未来に重きを置く必要がある。

注意――トランスフォーミングの落とし穴

バウンダリー・スパニングの実践に際して陥りがちな落とし穴について、ここまでの各章で述べてきた。集団の境界の性質や構成を変えるには、実践ごとにさまざまな方法があり、それをもとに私たちは注意を促してきた。トランスフォーミングの落とし穴という点では、したがってよいニュースもあれば、悪いニュースもある。この最後の実践は他の五つの実践のゲシュタルトと考えられるため、悪いニュースは、ここまで紹介してきた落とし穴のすべてがトランスフォーミングにも当てはまるということだ。集団の境界を切断する過程で、恐れや脅威、リーダーシップトレードオフ、内集団・外集団の複雑なダイナミクス、価値観や信条の衝突がすぐに顔を出す。一方、よいニュースは、他の五つの実践の結果（安全・安心、敬意、信頼、コミュニティ、相互依存）が集団の関係に浸透していれば、トランスフォーミングの基盤がしっかり確保されるということだ。あなたはトランスフォーマーとして、集団間の複雑なダイナミクスに対する理解を深めるとともに、集団がぶつかり、交わり、つながるときに生じる、統一と分離の矛盾した緊張関係に対処する術を学ぶ必要がある。

トランスフォーミングは各集団に対して、現在のアイデンティティの変化を恐れないことを求める。世界に対する現在の理解のしかたは、変更不能な終点ではなく、新しい方向へ向かうための起点と見なされる。こうした複雑さがたぶんどこよりも感じられるのは、世界中に分散したバーチャルなチームだろう。たとえメンバーの違いが途方もなく大きくても、彼らはチームとして成果を出さなければならない。時には境界を切断して新たなフロンティアを発見できるかもしれないが、たいていは境界の壁に阻まれ、思うように結果を出せない。

このような環境下でいかにリーダーシップを発揮するか――そのアドバイスを個別に提供する

ことで、著者である私たち自身も現在の知識や経験のフロンティア（未知の領域）に到達できる。われわれはみんな、走りながら考えているのだ。しかし、もう一度だけマーク・ガーゾンの話に戻ると、そこには新しい知見が見つかる。マークが好きでよく引用するアインシュタインの言葉がある。彼は世界中を旅するとき、その言葉が下のほうに書かれたアインシュタインの大きなポスターを携行することがよくある。「問題を生んだ認識レベルのままでは、問題は解決できない」。この真理は、境界のトランスフォーマーになるための大きなヒントを示しているのではないか。

あなたは今後も成長しつづけ、あなた自身や周りの集団の認識レベルをもっと高めなければならない。集団の認識レベルが上がると、以前は制約要因だった境界を越えて思考し、行動することができる。そのために必要なのは、一見矛盾するようだが、深い謙虚さと確固たる決意である。謙虚さがあれば、自分自身やこれから導こうとする集団の現アイデンティティの限界が見えてくる。確固たる決意があれば、変革に必要な内面の強さが磨かれ、人間の精神の可能性に対する深い信頼が得られる。マーク・ガーゾンの最後の言葉には、この「二重性」の実現が見てとれる。

イベントではきわめて重要な場面がありました。私もどうしてよいかわかりませんでした。ふたりのスピーカーがまったく反対の意見を述べていました。ひとりは、米国が気候変動の問題全般をリードするのは無理だろう、なぜなら世界で最も嫌われ、最も利己的な国だから、という見解を雄弁に語りました。彼は明らかに「環境派」でした。

もうひとりはブッシュ大統領に近い考え方の人で、米国が嫌われ者で利己的だと言われて黙ってはいられないと言いました。アメリカは世界で最も愛され、最も寛容な国であり、これほど世界に貢献した国はない、と彼は訴えました。

この両極端の発言のあとは——ふたりとも目に涙を浮かべていました——「で、どうするの?」みたいな雰囲気になりました。アメリカは利己的な嫌われ者だ、いやいや、アメリカは寛容で愛されている——そのふたつの立場をめぐって、会場がふたつに分かれているのが感じられました。こうしたときに唯一適切な反応、それは謙虚さです。謙虚さと沈黙です。私もそうしました。「少し沈黙の時間をとり、おふたりのことを胸に刻みましょう。そのためにここに集まったのですから」と言ったのです。これは効果覿面《てきめん》でした。

ある程度時間がたったところで、私は言いました。「沈黙の時間をありがとうございました。おふたりのことを胸に刻んでいただき、ありがとうございました。さて、どなたか発言を希望される方は?」。幅広い人選になるよう慎重を期して、四人に話してもらいました。みんな、矛盾を深く認識したうえで、良識ある発言をしてくれました。沈黙の前は、まるで磁石のように反発し合っていた空気が、沈黙後は「聖なる叡智」が感じられるようになっていました。

トランスフォーミングと、あなたのネクサス課題

たくさんの集団を新しい方向へ束ね、導くことができれば、新しい可能性の種を逃さず捉え、集団の改革へ向けた地ならしをすることができる。表9・1の質問は、トランスフォーミングを、あなたならではのネクサス課題ならびに集団のなかに新たなフロンティアを見いだそうとするときに直面する課題や機会に適用する際の助けとなる。

認識——現状を評価する

トランスフォーミングは境界を切断して、集団の改革を可能にする。あなたのチームや組織は、集団の改革について一〇段階評価（一〇が最高評価）でどの程度か？

集団の改革可能性が高まれば高まるほど、以下のことが当てはまる。

- 集団が密な交流の機会をつくり、そのなかで制約の存在を認識しながらも、新しい未来を築くことに積極的になる。
- 多数の集団のアイデンティティ、価値観、信条、視点が疑問や変化を恐れずにそれらを受け入れる。
- ニーズの変化やチャンスの到来に伴い、集団が自分たち自身や周囲の環境を見直し、描

き直す機会を引き寄せる。

検討——新たなアプローチを探る

どうすれば、組織のさまざまな階層、部門、地域、あるいは多様な属性や文化にまたがる幅広い関与を確保し、互いの交流を盛んにすることができるか？

どうすれば、たくさんの集団を新しい方向へ束ね、新たな可能性や別の未来を想像するための時間や場所を積極的につくれるか？

どんな境界線があなたに制約を課しているか？　自身の認識レベルを高めつづけ、現状の境界を越えて未来を切り開くためには、どうすればよいか？

適用——行動を起こす

トランスフォーミングに関して学んだアイデア、戦術、新しい知見で、あなたのネクサス課題に適用できるものはどれか？

表 9.1　トランスフォーミングの概要

定義 トランスフォーミングとは何か？	たくさんの集団を新しい方向へ導いて境界を切断し、集団の再編を可能にする。
根拠 なぜトランスフォーミングは機能するのか？	トランスフォーミングでは、集団がその境界線を「切断」する。それぞれの境界を木目に逆らって切断してゆくと、新しいアイデンティティや新しい可能性が現れる。アイデンティティに基づく集団の価値観、信条、視点が根本的に変化する。
戦術 トランスフォーミングはどのように達成されるか？	1. すべての集団を関与させ、できるだけ多様な視点を確保する。 2. 問題の枠組みをどう定めるかが、リーダーシップの第一幕。古い境界を忘れさせ、新しい未来に重きを置かせる。 3. 別の未来を描くチャンスを、すべての集団に等しく提供する。 4. すべての集団にコアバリューを確認させる。彼らが主な相違点と類似点の両方を確認できるようにする。 5. ポジティブとネガティブ、両方のエネルギーが流れるチャネルをつくり、変革実現のチャンスをものにする。
結果 その結果、どうなるか？	集団の再編：集団の境界線を新しい方向へ切断したときに生じる、再生、別の未来、新たな可能性。

パート5

ネクサス効果

バッファリング、リフレクティング、コネクティング、モビライジング、ウィービング、トランスフォーミングによる六つの成果を出した集団は、「ネクサス効果」を達成する可能性が高い（図P5・1を参照）。安全・安心、敬意、信頼、コミュニティ、相互依存、改革が集団の関係を特徴づけるものであれば、それらの集団は単独で達成できるレベルを超えた成果を手にすることができる。パート5では、ネクサス効果が実現したときに、どれほど限りない可能性が開かれ、素晴らしい結果が得られるかを検討する。

第10章では、ジョン・ヘレラがバウンダリー・スパニング・リーダーシップの六つの実践すべてを使って三種類の集団を束ね、「ラティーノ・コミュニティ・クレジット・ユニオン」という信用組合をつくった経緯、すなわちネクサス効果の代表例を紹介する。さらに、あなた自身のネクサス効果の可能性を探ると同時に、六つの実践によってこうした課題を解決できるだけでなく、集団の結節点《ネクサス》に生じる大きなポテンシャルも活用できることを確認する。

エピローグでは、六つの実践それぞれを具現化したバウンダリー・スパニング・リーダーたちのストーリーをあらためて振り返る。未来に目を向け、集団のネクサスに存在する可能性をフルに実現したとき、どうなるかを予測する。どんな問題を解決できるか？　どんな革新的アイデアが生まれるか？　そして、組織はどのようにしてビジネスや社会全体の変革に資する触媒となれるか？

図 P5.1　バウンダリー・スパニング・リーダーシップ・モデル

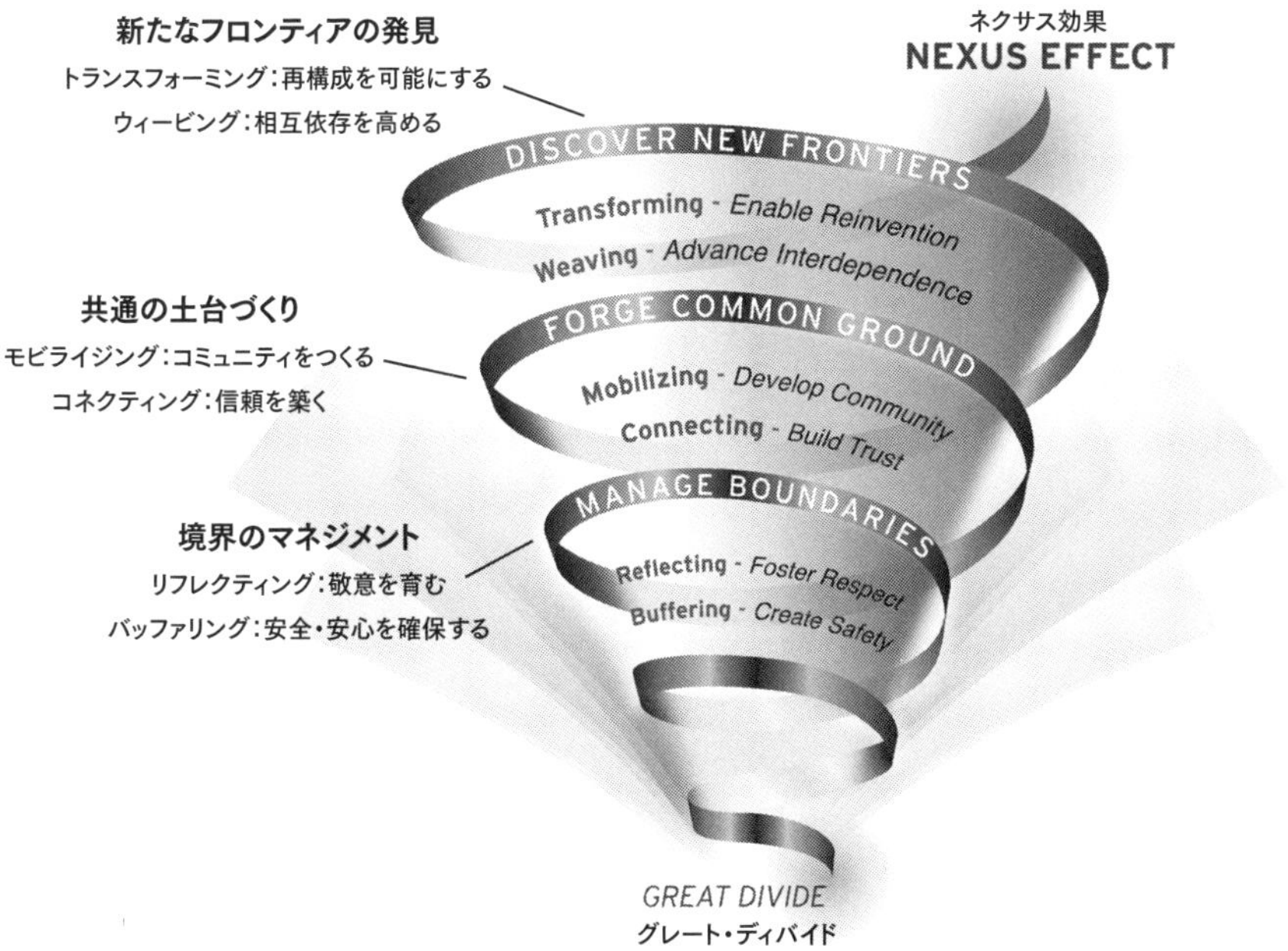
新たなフロンティアの発見
トランスフォーミング：再構成を可能にする
ウィービング：相互依存を高める
共通の土台づくり
モビライジング：コミュニティをつくる
コネクティング：信頼を築く
境界のマネジメント
リフレクティング：敬意を育む
バッファリング：安全・安心を確保する
ネクサス効果
NEXUS EFFECT
DISCOVER NEW FRONTIERS
Transforming - Enable Reinvention
Weaving - Advance Interdependence
FORGE COMMON GROUND
Mobilizing - Develop Community
Connecting - Build Trust
MANAGE BOUNDARIES
Reflecting - Foster Respect
Buffering - Create Safety
GREAT DIVIDE
グレート・ディバイド

第10章 ネクサス効果とあなた

ここまで、バウンダリー・スパニング・リーダーが組織やコミュニティのために問題を解決し、イノベーションを推進し、変革の成果を出す様子を見てきた。そのストーリーは類《たぐい》まれなものだが、リーダー本人はたいていごく普通の人物である。彼らが立ち向かった課題は、あなたがいま、自分の組織で直面している課題とほとんど変わらない。南アフリカのA保険のジョーとザネレは、境界を画定し、心理的にもっと安全な環境をつくった。そのためには立ち上がって声を上げることをいとわなかった。リック・ギブンスは自分自身のなかの変化を経験し（それが差異の尊重へ向けた地ならしとなった）、ノースカロライナ州チャタム郡の移民と非移民の境界に対する理解を新たにすることで、変革を成功に導いた。

ヨーロッパではダニエル・サットンが境界を無効化し、エネルギー企業幹部、環境保護論者、政府指導者という三つの集団のあいだに信頼を築いて、市の新しい持続可能な将来プランを作成した。中国のレノボでは、東西のリーダーが境界を再構成し、世界で最も革新的なＰＣ企業になるとの旗印の下、新しい包括的な組織アイデンティティを構築した。インドのイングリッド・スリナスは、さまざまな地域集団の境界を織り合わせ、戦略変更を成功に導くとともに、ＣＲＹのミッションを支えるための相互依存を促進した。コロラド州ではマーク・ガーゾンが、地球の気候をめぐって議論を戦わせる集団の境界を切断し、地球全体に関わる問題の斬新な解決策や改革案を探そうとした。

バッファリング、リフレクティング、コネクティング、モビライジング、ウィービング、トランスフォーミングという六つの実践から、安全、敬意、信頼、コミュニティ、相互依存、改革が生まれる。それぞれの結果が達成され、集団同士の協力度合いが高まるにつれ、リーダーはバウンダリー・スパニング・リーダーシップ・モデルをスパイラル状に上昇し、グレート・ディバイドの制約性や非生産性を、ネクサス効果の無限の可能性や優れた成果へと転換する。集団同士をつなぎ、ネクサスを築くことで、それまでにない革新的な業績を生み出したり、組織の大きな変革を後押ししたり、単独では対応不可能な問題を解決したりできる。集団の境界線を越え、単独では得られない集団全体のエネルギーを活用することで、ネクサス効果は実現可能となる。

ネクサス（nexus）という語はラテン語の nectere からきている。その意味は「つなぐ」。つまりネクサスとは、つながり（connection）や結びつき（link）の一種である。[1] 科学の分野では、ネクサスとは特殊な細胞の連結をいい、そのおかげで分子やイオンは細胞のあいだを自由に行き来できる。テクノロジーの世界の「ネクサス」とは、一九九〇年にティム・バーナーズ＝リーが開発した世界初のウェブブラウザにつけられた名前である。数学分野では、一九～二〇世紀の英国の数学者・哲学者、アルフレッド・ノース・ホワイトヘッドが、全体が部分の総和より大きくなるような関係をネクサスと表現した。正しいタイミング、正しい方法で要素を組み合わせれば相乗効果が得られ、1＋1が2より大きくなるというのだ。たとえば製造業では、ふたつの機械が連携したときに得られる生産量は、それぞれが別々に稼働したときの生産量より大きくなる。同じ原理が組織にも当てはまる。集団が協業できれば、単独の場合とは比べものにならない成果があがる。この場合、ある集団の存在が他の集団を強化するのである。

私たちはネクサス効果を「各集団が一致協力して達成できる（単独では達成できない）無限の可能性や優れた成果」と定義している。[2] 生物の細胞、あるいはインターネット上で見られる無数に近いつながりとは違って、集団間の協業ネクサスはそう頻繁に起きるものではない。それはたぶん、ネクサス効果を生み出すのが容易ではないからだ。しかし、起きたときには必ずわかる。ネクサス効果を経験した人からは、大きな活力や決意が感じられるのだ。彼らはみずからのストーリー、克服した壁、そこまでの厳しい道のりについて喜んで語ってくれる。

ジョン・ヘレラといっしょにランチをとったときも、そのことを感じた。ジョンはセルフヘルプというNPOのシニアバイスプレジデントである。セルフヘルプのミッションは「有色人種、女性、農山村部の住人、貧しい家庭やコミュニティの所有権や経済的機会を創出・保護する」こと。私たちは最初、ジョンがノースカロライナ州チャタム郡のリック・ギブンスと協力した際に果たした役割や「ラティーノ・イニシアティブ」について詳しく知ろうと思っていた。だがランチが始まって間もなく、彼は同州ダラムを拠点とするラティーノ・コミュニティ・クレジット・ユニオン（LCCU）のストーリーを語りはじめた。LCCUに対する情熱、数多くの課題を克服してきたことに対する誇りがにじみ出る語り口だった。私たちはそれがネクサス効果の貴重な事例だと気づいた。

一九九九年、ジョンはセルフヘルプ代表のマーティン・イークスに雇われた。組織のミッションをラテン系移民コミュニティに拡大するためである。彼が命じられたのは不可能とも思える仕事だった。コミュニティのなかで最も貧しい人たちになんとか経済的機会を提供せよというのだ。マッカーサー基金の「天才賞」や『ファスト・カンパニー』誌の「社会資本家賞」の受賞歴があるマーティンは、ジョンによき助言を送った。「誰の手柄かを気にする人がいないかぎり素晴らしいことが起きる、と言われました」とジョンは言う。「マーティンはこのアドバイスの生きたお手本です。徹底的に謙虚で、いつも自分以外のよそへ注意をそらそうとします。私は彼の助言を心に刻みました」

最も必要なのは、移民ならではのニーズに応える信用組合だ、とジョンは考えた。信用履歴がなくても、あるいは社会保障番号さえなくても融資を受けられる――そんな組合である。ラテン系移民はたいてい銀行を信用しておらず、現金を肌身離さず持ち歩くか、マットレスの下などに隠していた。そのせいで強盗が日常茶飯事になった。お金を預ける安全な場所がないので持ち歩いているラテン系移民は、犯罪者の格好の標的となり、「歩く銀行」と呼ばれた。

ジョンは、ラテン系移民が安心してお金を託せる信用組合をつくったら、犯罪が減り、コミュニティ全体も繁栄するはずだと考えた。だが銀行業界のリーダーたちは、ジョンは気が変になったと考えた。貧しい人に融資するなんてビジネスとしては最悪だ。どこの金融機関が、財産などないに等しい人にお金を貸すという危ない橋を渡りたがるだろうか？　でもジョンはあきらめなかった。移民たちの労働倫理がいかに強いかを彼は知っていたし、融資を得るのが彼らにとってどれだけ大事かもわかっていた。「この国では信用履歴がないと何者にもなれないのです」と彼は言った。

ジョンは何人かのリーダーと協力しはじめた。その中心となったのは、地域で強い影響力を持つふたりの人物である。いずれも時間がたつにつれ、彼の助言者兼ビジネスパートナーになっていった。協力を依頼したひとり目は、ノースカロライナ州職員信用組合（SECU）のCEOで、広く尊敬を集める年配の白人、ジム・ブレーン。SECUは世界第二位の規模を誇る信用組合だ。もうひとりは、アフリカ系アメリカ人向けの一五の信用組合が加盟する非営利連合組織、ノースカロライナ・マイノリティ・サポート・センター（NCMSC）のCEO、リンウッド・コックス。彼は強い影響力を持ち、大きな成功を収めたアフリカ系アメリカ人だ。ジム・ブレーン、リンウッド・コックス、彼らが属するさまざまな組織やコミュニティと協業することで、ジョンは集団をつなぐ強力なネクサスを築いた。そして彼らの助けを得て、ＬＣＣＵを創設した。いまやアメリカで最も成長が速い信用組合である。

ジョンの事例は、バウンダリー・スパニング・リーダーシップがいかにネクサス効果につながるかを如実に物語っている。彼は集団の結節点でバウンダリー・スパニングの六つの実践を行い、優れた成果をあげた。あなたがリーダーだとしても、いろいろな戦術が可能だし、協業への道のりはけっして平坦ではないだろう。実際にやってみると、二歩進んでは一歩下がるという具合かもしれない。また、集団のあいだに安心感や敬意、信頼がすでに存在している場合は、そもそもの起点が違ってくるだろう。しかし、ネクサス効果を実現するには、境界のマネジメント、共通の土台づくり、新たなフロンティアの発見が必要だという意味では、あなたの取り組みもジョンのそれと変わらないはずだ。バウンダリー・スパニング・リーダーシップが組織や地域社会のなかでプラスの成果を出すための触媒になることが、ジョンのストーリーからはよくわかる。

境界のマネジメント

バッファリングを通じて集団間の安全を確保する

ネクサス効果へ向けたジョンの道のりはまず、組織のミッションを明確にし、組織のアイデンティティを守る防壁を築くことから始まった。彼はバッファリングを実践した。つまり、集団を越えた情報やリソースの流れを監視・保護することにより境界を画定し、集団間の安全を築いた。ジョンたちのチームは最初から、自分たちはNPOであり、銀行ではないことをはっきりさせていた。信用組合と銀行には重要な違いがある。銀行の主なミッションは利益をあげることだが、信用組合の主なミッションは人々に融資や手頃な金融サービスを提供することである。信用組合のメンバーはそれぞれ平等なオーナーであり、全員が総会での議決権を持っている。

信用組合、NPOであること以外に、どんな組織をつくるにせよ、地域のラテン系住民から信頼され、マットレスの下の現金を預けてもらえるようになる必要があった。そのためにジョンは普通とは少し違う信用組合をつくった。個人的な関係や家族の重要性を前面に出して事業を行ったのである。LCCUの従業員は初めから、メンバーを名前で呼び、家族の様子を尋ね、各メンバーと個人的なつながりを持つことを奨励された。いまのところLCCUにドライブスルーのサービスはない。一対一の対面のやりとりやふれあいを大事にしているからだ。各支部には、顧客が子どもを安全に遊ばせておける施設がある。家族が訪れるのを楽しみにする場所、メンバーがくつろぎ、安心できる場所をジョンはつくった。

彼が直面した最大のハードルのひとつは、移民（社会保障番号を持っていない人が多い）に融資や金融サービスを提供する際につきものの法的制約のなかで、どう仕事をするかだった。事業の境界線を定め、何が合法か違法かをはっきりさせる必要があった。現実問題として、正式な書類のない移民を相手にするわけだから、ある種の「不法移民」に合法的にサービス提供する方法を探さなければならない。いまでこそ当たり前になっているが、LCCUはいち早く、社会保障番号をもらえない人たちに個人納税者番号（ITIN）の取得を勧めた。ITIN（かつては裕福な外国人投資家しか利用していなかった）を取得すれば、低所得の移民も合法的に納税できる。また、ITINを持っていれば、書類のない移民も信用組合に加入し、信用履歴を残すことができた。

ジョンはバッファー（緩衝材）として、LCCUのミッションを明確にした。「人とのふれあいや家族の価値を重んじることでラテン系世帯のニーズに応える、唯一無二の信用組合になる」というものだ。彼はLCCUのアイデンティティを明確にし、利益優先の銀行や、移民独自のニーズに応えられない信用組合とは違うことを示した。LCCUはそのメンバーによって所有・運営されており、スタッフの多くはふたつの言語・文化に通じている。ジョンはLCCUを取り巻く境界線を画定した。また、何が合法か違法かという情報の流れをコントロールすることでも、バッファーの役割を果たした。LCCUの誕生から現在まで、ジョンのリーダーとしての仕事で非常に重要だったのは、連邦預金保険加入の移民向け州法金融機関として、法規制をしっかり守ることだ。バッファリングを通じて、ジョンは集団が安全な環境のなかで境界を越えてやりとりできる条件を整え、ラテン系住民が苦労して稼いだお金を安心して預けられる場所をつくった。その結果、予想をはるかに上回る加入申し込みがあった。当初は年間五〇〇人の新規加入が目標だったが、これは最初の二カ月足らずで突破。LCCUは月に一〇〇〇人以上のペースで成長したのである。

リフレクティングを通じて集団相互の敬意を育む

集団の境界を画定することで、ジョンはネクサス効果をめざす道のりを歩みはじめたが、それはまだスタートにすぎなかった。移民ならではのニーズに応える、ほかにはない信用組合をつくろうとするなら、他のコミュニティや信用組合に支援を求める必要が出てくるだろうと彼は考えた。当時の思いを次のように述べる。「われわれが相手にしようとしているのは、お金の面でも気持ちの面でも非常に不安定で脆弱なコミュニティだ、といつも感じていました。協力者がたくさんいればいるほど、安全に事を運べると思っていました。SWOT（強み・弱み・機会・脅威）分析の結果、他のマイノリティ集団（アフリカ系アメリカ人向け信用組合など）が脅威になる可能性があるとわかりました。でも、彼らと敵対するのではなく協力すれば、その脅威が機会に変わるかもしれないと考えたのです」

ジョンはラテン系移民コミュニティのニーズや価値観をよく知っていた。だがさらに、他のコミュニティの信用組合がなぜ成功したのかを理解し、彼らの経験から学ぶことも重要だと考えていた。そこでリフレクティングの実践に移った。異なる視点を代弁し、集団同士の知識の交換を促すことで、境界線を理解し、集団相互の敬意を育んだのである。LCCU創立前に、ジョンは見聞を広め、学習を深めた。

彼は、州職員向け信用組合の創設を成功させていた著名な白人ビジネスマン、ジム・ブレーンに教えを乞うた。当時、ノースカロライナ州はラテン系住民の増加スピードがアメリカのなかで最も速かった。気がつけばラテン系の人々とそれ以外の集団が隣り合わせで生活しており、州はさまざまな問題を抱えることになった。ラテン系住民の爆発的増加がもたらすのは、グレート・ディバイドか、それともネクサス効果か？　ジョンは白人コミュニティとラテン系コミュニティの境界を越え、信用組合の理事会メンバーになってほしいとジム・ブレーンに依頼した。ブレーンはSECUのCEOで、ジョンは彼からたくさんのことが学べると考えた。

移民のための信用組合をつくりたいという熱意こそ半端でなかったものの、ジョンはビジネスの訓練を正式に受けたことがほとんどなかった。農学の学位はあったが、MBAは持っていない。そこで境界線を越えて、ジムに理事会入りを打診した。そこから協業の可能性が開けることを期待してのことだった。いがみ合うよりも協力し合ったほうが双方のチャンスが増えるはずだ、とジョンは考えた。「保険が必要でした」と彼は言う。地域の有力者であるジムを味方につけたかった。「ミスター・ブレーンは全国的に有名な信用組合のリーダーです。消費者のためにならない銀行のやり方に立ち向かってきた人です。われわれは、誰かにけんかを売ってちゃんと勝てる人を味方につける必要があります。そしてジム・ブレーンなら勝てます」

ふたりは時間をかけてお互いのことを知り、それぞれのコミュニティや組織について勉強した。ジムはジョンを励まし、彼が信用組合事業について学ぶのを手伝った。ジム自身もこの事業について一生懸命、我慢強く学んでいたから、ジョンにも同じことをするよう激励した。彼らは頻繁に会っては、コーヒーを飲みながら意見交換した。ジムは自分の経験と成功事例を伝え、ジョンは

LCCUに対するビジョンを伝えた。いつも意見が一致するわけではなかったが、お互いの話に耳を傾けて学習した。時間がたつにつれ、ふたりは相手に、そして相手が率いる組織に敬意を払うようになった。リフレクティングによって多くを学び、ジムに至ってはスペイン語を少し学んだりもした。

ジムはLCCUの設立に際してアドバイザーとして重要な役割を果たした。ジョンは次のように語る。「彼はわれわれがミスをするのを見逃してくれました。でも同時に、われわれを教え導いてくれました」。ジョンはリフレクター（反射体）として重要な役割を果たした。質問をし、耳を傾けることでジムからたくさんのことを学んだだけでなく、ラテン系コミュニティの一端をジムに伝え、ふたつの文化の差異や独自性を感じてもらった。ジョンとジムはラテン系コミュニティと白人コミュニティの考え方や経験を共有することでリフレクティングを実践し、両者のあいだの境界について互いに理解を深めた。他人の話を聞き、そこから学ぶことが成功の大きな要因だった、とジョンは振り返る。おかげでLCCUとSECU、ラテン系コミュニティと白人コミュニティはお互いに敬意を払い、協力し合えるようになった。

共通の土台づくり

コネクティングを通じて集団相互の信頼を築く

バッファリングとリフレクティングによって、ジョンはさらに高いレベルの協業へ近づくことができた。言い換えれば、境界のマネジメントをクリアし、共通の土台づくりへ向かう準備ができた。次なるステップは、さらに境界を越えて、アフリカ系アメリカ人コミュニティのリーダーから助言や支援をもらうことだった。彼はリンウッド・コックスに助けを求めた。一五の信用組合が加盟する非営利連合組織、NCMSCの責任者であるリンウッドは、アフリカ系アメリカ人コミュニティで尊敬を集める人物だった。リンウッドは最初、ジム・ブレーンのような白人社会で影響力がある人を誘うのは自殺行為だと考え、「白人たちに権限を渡してしまうなんてどうかしている」とジョンに告げた。でもジョンはそんなふうに考えなかった。本当の権限は、別々に活動することではなく協力し合うことから生まれるのだと思った。人種の境界を越えることで、LCCUの強さや権限を高めているとの思いがあった。

三人の男たちをはじめとする理事会メンバーは、LCCUのビジネスモデルを確立すべく奮闘した。異なる視点を共有し、お互いから学んだ結果、相手への敬意が生まれていたが、それが時間とともに高いレベルの信頼関係へと進化した。かつては高かった人種の壁も少しずつ消え去った。集団のメンバーがお互いのことを知り、双方の利益のためにどうやって力を合わせればよいかを話し合うにつれ、権限や影響力の所在をめぐる不信感もなくなった。

ジョンとリンウッドのあいだによい関係ができたため、LCCUはラテン系の信用組合としては初めてNCMSCに加盟し、ジョンはリンウッドに請われてNCMSCの理事となった。

異なるコミュニティ同士の信頼関係が強まるなか、ジムとジョンも双方の組織に資する事業提携を結んだ。SECUは最終的に、必要な当初資本をLCCUに提供した。こうしたパートナーシップはコネクティングの目に見える成果である。つまりジョンは、人々をつなぎ、分断された集団に橋を架けることで、境界を無効にし、集団相互の信頼を築いたのである。三人の男たちは、自分たちを隔てていた人種の壁を乗り越え、ついにはそれを壊すことで、協働の下地となる信頼関係をつくることができた。壁や境界を越えて人々とつながるのは、簡単な仕事ではない。「相手がどこから来て、どんな痛みを抱えているかをわかっていると伝えることができたら、心を開いて話してもらえます。そうやってどうにか扉を開けることができたら、信頼が生まれます」とジョンは言う。信頼を築くことで、共通の土台づくりに必要な地ならしをすることができたのだ。

モビライジングを通じて集団同士のコミュニティをつくる

集団のあいだに安心、敬意、信頼という基盤を築いたジョンは、ネクサス効果の無限の可能性と優れた成果にさらに近づくことができた。ここでジョンとリンウッドは、重要な勝負を賭けてノースカロライナ州議会に出席した。資金調達のロビー活動が目的である。NCMSCはそれまでだいたい申請した額と同じ五〇万ドルを受け取っていたが、ジョンは、ラテン系コミュニティとアフリカ系アメリカ人コミュニティが団結して資金を申請すれば、議会も注意を払わざるをえないだろうと考えた。「黒人とヒスパニック。相当な数に達します。未来そのものです」。ジョンはリンウッドに、共同で一〇〇〇万ドル申請したいと言った。リンウッドはやはり「どうかしている」と思ったが、結束を示せば議会を説得できるとジョンに言われて、やがて納得した。

ジョンはこのときのことを次のように教えてくれた。「とても保守的なノースカロライナ州議会の廊下を、黒人の男とヒスパニックの男がいっしょに歩いていました。アフリカ系とラテン系が。信じられますか、議会は五〇〇万ドル提供してくれたのです。私が夢見てきたすべてが、この勝利に集約されていました。その日、州政府関係者はこんなふうに感じたのでしょう。……ついにわかってくれた。黒人とヒスパニックが協力しているじゃないか。助けてやろう。だって彼らは未来の姿なんだ」

州議会からの資金提供はLCCUだけでなくNCMSCにとっても大きな勝利だった。これだけの金額を受け取ったことはかつてなかったのだ。このことはマイノリティ支援というミッションの実現に大いに役立った。ジョンとリンウッドは、互いに協力し、共通の集団アイデンティティ――黒人とヒスパニックの協働――をつくることで達成できた成果に勇気づけられた。彼らが取り組んだのはモビライジングの実践である。すなわち、集団を越えた共通の目的やアイデンティティをつくることで、境界を再構成し、集団同士のコミュニティを築いたのだ。ふたつの人種を隔てていた壁が新たなフロンティアに姿を変えはじめ、双方の集団がこれを動員して大きな果実を得た。ジョンとリンウッドは境界を構成し直すことで、集団同士のコミュニティを築き、共通の目的を持つ共通のアイデンティティを生み出すことができた。

新たなフロンティアの発見

ウィービングを通じて集団間の相互依存を高める

コネクティングとモビライジングを通じて、ジョンは集団間に共通の土台をつくることができた。境界のマネジメントにおいては差別化への強い欲求を利用するが、共通の土台づくりでは同じように強い統合への欲求を利用する。そしていま、いよいよ最後のステップに差しかかろうとしていた。共通の土台づくりを越えて、新たなフロンティアを発見するのである。ここでは、類似点と相違点が交わるところに、新しい可能性、革新的なチャンスを見いだすことができた。ジョンはジムと密に協力して、LCCUにふさわしいビジネスモデルや融資方針を打ち立てようとした。

SECUで通用した融資方針がLCCUにも通用するだろうとジムは考えていたが、ジョンはそうではないとジムを説得した。当時のことを思い出してジョンは言う。「ローンはローンだ、とジムに言われたのを覚えています。相手が黒人だろうが、中国人、白人であろうが変わらない、と」。だがジョンは、ラテン系コミュニティは独特だから、白人とは違う、ヒスパニック独自の文化を考慮した融資方針が必要だと強く感じていた。州職員対象のSECUのどういう点がうまくいったか、その融資方針がどれだけ成功したかという話に、ジョンは熱心に耳を傾けたが、結局、LCCUは違う方針でいきたいとジムに語った。メキシコは現金ベースの経済だから、というのが理由だった。メキシコ人のほぼ三分の二が銀行口座を持っていない。「ラテンコミュニティでは借金は無責任を意味します。でも米国のラテン系住民は、毎日の出勤のためにローンを組んで中古車を買います」

言うまでもなく、米国で信用履歴を確立するには借金をつくることが重要である。そうすれば将来買い物をするための信用が得られる。信用は大切であり、ラテン系住民や移民が米国の金融システムのなかで一定の役割を果たすのに必要である。最終的にジムとジョンは、LCCUの融資方針をSECUのそれとは違うものにすることで合意した。その結果、LCCUは信用履歴がないメンバーに最高一万ドルを融資する、米国初の信用組合になった。従来の原則からすれば、これは誠に馬鹿げた方針であったが、ジョンは正しかった。メンバーのほぼ全員がローンを返済したのである。LCCUはノースカロライナ州のなかで債務不履行率が最も低く、現在は一%を切っている（全国的には三〇%の信用組合もあるほどだ）。

ジョンはウィービングを実践した。すなわち、集団の違いを引き出し、より大きな全体のなかで統合することにより、境界を織り合わせ、集団同士の相互依存を高めた。彼は白人文化とラテン文化の違いを利用し、ふたつを組み合わせて、SECUとLCCUのパートナーシップという大きな展望を提示することができた。ジムもジョンも最初は融資方針についてそれぞれ強いこだわりを見せていたが、両者の違いを調整・統合することで、新しいメンバーに最高一万ドルを融資するという創造的なソリューションに到達した。まったく前例のない出来事だったが、それが可能になったのは、両集団が相手から学び、双方の違いを上手に編み合わせたからだ。SECUとLCCUは、それぞれ独自のメンバー、独自の方針を持ちながら、パートナーシップを可能にする方針や原則を数多く共有しているという意味で、相互依存的になった。また、SECUがLCCU立ち上げに必要な当初資本を出したことも思い出してほしい。ジョンとジムは、より大きな共通のミッションと、それぞれのステークホルダー集団ならではのニーズをふたつながら心に留めていたからこそ、まったく新しいビジネスモデルを考え出し、最終的に大きな利益を得ることができた。

トランスフォーミングを通じて集団相互の改革を可能にする

集団のあいだにネクサスを築いたLCCU、SECU、そしてNCMSCは、単独で動いていたら得られなかったであろう成果を出した。ジョン、ジム、リンウッド、ならびにそれぞれの組織は、コミュニティにおける信用組合の存在や位置づけを根本的に変革した。彼らは境界を切断し、多数の集団を新たな方向へ束ね直すことで、集団の改革を可能にした。すなわちトランスフォーミングを実践したのだ。その結果、各組織だけでなくコミュニティにとっても素晴らしい成果が得られた。

境界の切断によってもたらされた改革の様子は、LCCUの九つの支部のどこかに足を踏み入れてみればよくわかるだろう。すぐさま目に入るのは、天井から下がる色鮮やかな国旗の数々。

ラテン系の国だけでなく、他のいろいろな国の旗もある。ジョンが振り返って言うには、ひとつだけ変えたい点があって、それは信用組合の名前らしい。いまやＬＣＣＵ（ラティーノ・コミュニティ・クレジット・ユニオン）はラテン系コミュニティだけでなく、アジア系、アフリカ系、ヨーロッパ系の移民にもサービスの対象を広げている。組合メンバーは自国の旗を持ち込み、それを自分たちの信用組合の天井から吊り下げるよう勧められる。ＬＣＣＵと理事会はトランスフォーミングを通じて信用組合の概念を変革し、多様な国、人種、ステークホルダーを代弁する信用組合をつくり上げた。

ジョン、ジム、リンウッドの三人と彼らの組織は、多様な人種のコミュニティがいっしょに学習・成長できる未来を新しく生み出した。ジョンは、バウンダリー・スパニングをなし遂げた結果、「白人は信用できない」という考え方を打ち破ることができたと考えている。自分たちの仕事がコミュニティ内の境界を越えた、将来的な協業のお膳立てをしたと考えている。三つの集団は現在も互いの成長・成功の手助けをしている。かつては境界線によって可能性が限定されていた場所に、いまは革新や協働の無限の可能性がある。

ネクサス効果の実現

境界線を壁とは見なさずフロンティアと見なすことで、ジョン・ヘレラ、リンウッド・コックス、ジム・ブレーンはネクサス効果——各集団が一致協力して達成できる（単独では達成できない）

無限の可能性や優れた成果——を生み出すことができた。ＬＣＣＵは誰もが予想さえできなかった成功を収めた。貧しい人や移民に融資するのは不可能だし、事業として間違っていると多くの人が考えたにもかかわらず、ＬＣＣＵは大成功し、リーダーが境界を越えて思考・行動したときに何が起きるかを証明してみせた。創設から一〇年たったＬＣＣＵの業績は目覚ましいものがある。そして未来の可能性は無限である。

ＬＣＣＵは現在、ノースカロライナ州に九つの支部を持つまでになり、資産総額は九一〇〇万ドルにのぼる。一〇年間で二億ドル相当の住宅ローンと自動車ローンを融資し、いまも毎月八〇〇人近くメンバーの数を増やしている。サービスを提供する対象は、多様なコミュニティの低所得世帯や移民。信用組合として米国一の成長スピードを継続中で、急速に拡大しながら次第に豊かになる移民層にとって、なくてはならない金融機関になろうとしている。

しかし、ジョン・ヘレラをはじめ多くの人たちが集団間のネクサスで生み出したエネルギーは、現在に限定されたものではない。集団がぶつかり、交わり、つながる場所でいったんネクサス効果が生じると、そのエネルギーは持続可能かつ拡張可能で、外向きにどんどん広がってゆく。ＬＣＣＵはいま、米国の他州のお手本になっている。オレゴン州からジョージア州、バーモント州からテキサス州まで、さまざまな州のリーダーが、このモデルを自州でどうやって再現したらよいかをジョンたちから学んでいる。財務長官のティモシー・ガイトナーは、全米で地域開発金融機関を強化するための戦略策定会議（ワシントンＤＣ）にＬＣＣＵを招待した。だが未来に目を向けると、この信用組合が一〇年前に創業した場所からほんの数ブロック離れた建物で、おそらく最もエキサイティングなチャンスがもうすぐ花開こうとしている。

二〇〇六年にノーベル平和賞を受賞したムハマド・ユヌスは、グラミン・アメリカの活動拠点のひとつをこの地域に開設しようとしている。これはノースカロライナ州ダラムの信用組合と地域開発金融機関の協力ぶりに感化された部分が大きい。バングラデシュを起源とするグラミン銀行は、七六〇万人を超す貧しい人々が小規模な事業を始めるための資金提供方法として「マイクロクレジット」という画期的なしくみを導入した。現在、全世界の八万一三四三の村に支部を置いており、ユヌスは全米一〇〇万人の低所得起業家にサービス提供することを構想している。ジョン、ジム、リンウッドのコミュニティもそこに含まれる。顧客が利用できる金融リソースのネットワークが広がるなか、LCCU、セルフヘルプ、SECU、NCMSCの未来は明るい。

集団がぶつかり、交わり、つながる場所でいったんネクサス効果が生じると、そのエネルギーは元の場所にとどまることなく、あちこちへ広がってゆく。そして新しいフロンティアが発見され、古い境界線は消え失せる。ジョン・ヘレラの優れたバウンダリー・スパニング・リーダーシップにも、あるいは本書で紹介した他のリーダーたちのストーリーにも、それが見てとれる。これらのストーリーに刺激されて、あなた自身も行動を起こし、ネクサス課題の解決へ向けた計画づくりに乗り出されることを願っている。

あなたのネクサス課題の解決

本書はここまで、集団のネクサスにおいて新しいチャンスを実現し、目覚ましい成果を出すためのバウンダリー・スパニングの六つの実践について説明してきた。CCLの研究に基づくこれら六つの実践は、集団横断的な協業を要する幅広い課題の解決に役立つはずだ。もちろん、あなた自身が抱える課題にも有効である。しかし、そこで利用すべき具体的な実践や戦術を決定できるのは、やはりあなたしかいない。この最後のアクティビティは、あなたがカギとなる知見をよく理解し、自身のネクサス課題解決のための次なるステップを明らかにすることを目的としている。第1章では、境界を越えたリーダーシップでしか解決できない課題を特定してもらった。六つの実践を解説した各章の終わりでは、振り返りの質問のなかで、あなたのネクサス課題を再確認した。自身の課題を認識し、現状を評価し、最後に行動を起こすことで、すべてのピースをつなぎ合わせよう。

このアクティビティを完了するには、以下のページに戻る必要がある。

- あなたのネクサス課題……第1章（59ページ）
- バッファリング……第4章（129ページ）

- リフレクティング……第５章（152ページ）
- コネクティング……第６章（178ページ）
- モビライジング……第７章（198ページ）
- ウィービング……第８章（230ページ）
- トランスフォーミング……第９章（253ページ）

認識――あなたのネクサス課題の性質を知る

アメリカの哲学者ジョン・デューイは「問題を適切に言い表せたら、半分解決したようなものだ」と言った。第１章で、あなたは自分のネクサス課題を表現するためにいくつかの手順を踏み、それに「見出し」をつけた。あなたの課題を評価し、行動を起こす前に、課題をどのように記述したかを再確認するのが重要である。本書をほぼ読み終えたこの時点で、第１章で答えた四つの質問について修正が必要だろうか？　具体的には、以下の点を考慮するとよい。

1　あなたのネクサス課題は何か？　前と課題を変えたいか？　見出しを変える必要があるか？

2　なぜそれが課題なのか？　これを重要な課題とする理由が変わったか？　組織の構造や体制以外に、人間関係におけるもっと深い問題点を感じるか？

3　この課題にどのように対応するか？　この課題への対応法について考え方が大きく変わったか？

4　もしこの課題を解決できたとしたら？　この課題をうまく解決できたときに生まれる結果について、何か考え方の変化があるか？

評価——現状を把握する

六つの実践を解説した各章の最後に、あなたのチームや組織を一〇段階で評価してもらった。その六つの数字を図10・1の空欄に書き入れよう。

自分の採点を振り返って、何か気になるポイントはあるだろうか？　どんなパターンに気づくか。どの実践の評価が高いか。逆に低いのはどれか。意外だった点はあるか。同じ課題がふたつとないように、リーダーによって評価の具合もばらばらだろう。境界のマネジメント（リフレクティングとバッファリング）が最高評価の人もいれば、六つすべての評価が高い人もいるだろう（オール10の人はさすがにいないだろうが）。六つすべてが低い人もいるかもしれない。

図 10.1　6 つの実践の評価

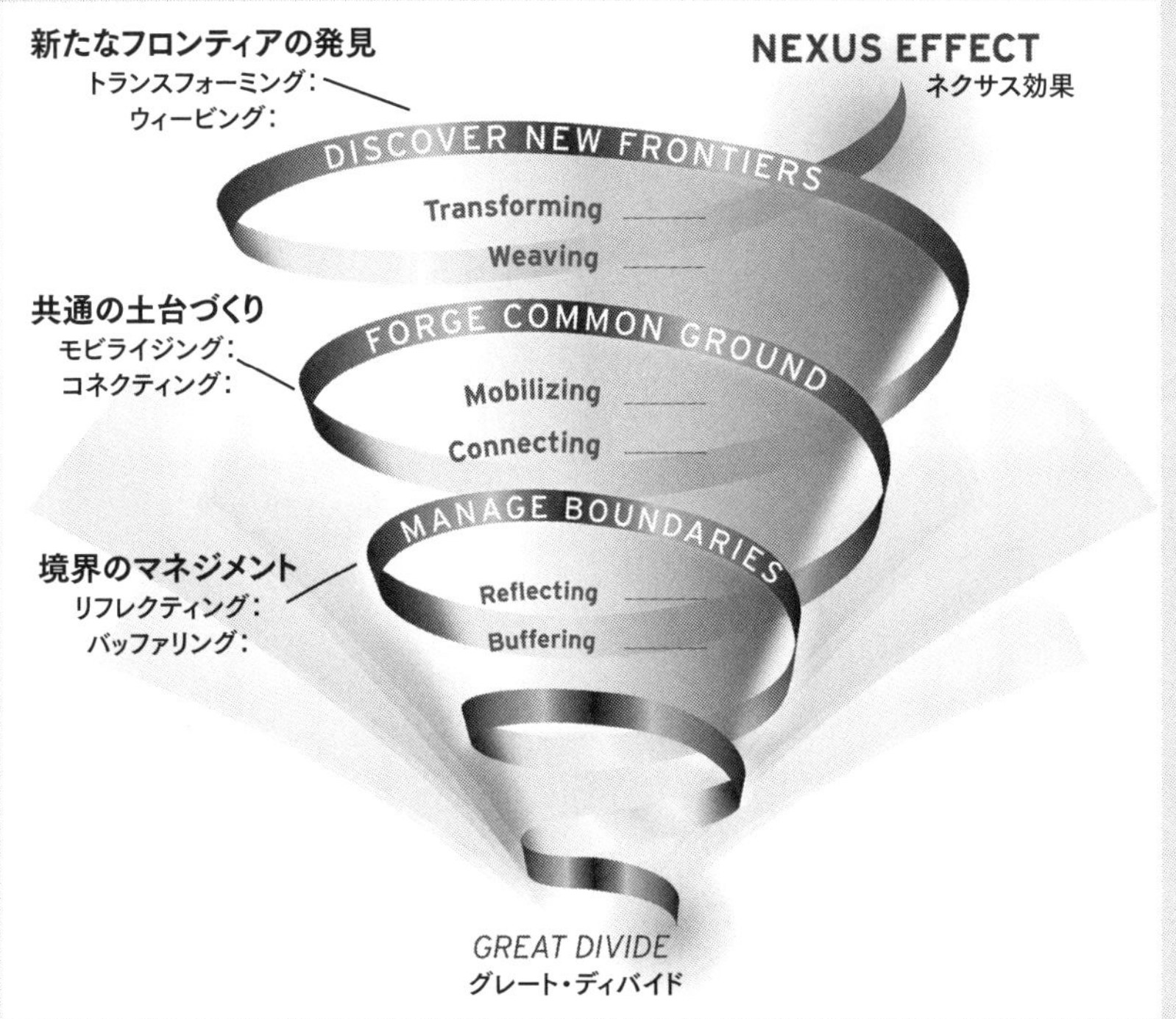

新たなフロンティアの発見
トランスフォーミング：
ウィービング：
NEXUS EFFECT
ネクサス効果
DISCOVER NEW FRONTIERS
Transforming
Weaving
共通の土台づくり
モビライジング：
コネクティング：
FORGE COMMON GROUND
Mobilizing
Connecting
MANAGE BOUNDARIES
境界のマネジメント
リフレクティング：
バッファリング：
Reflecting
Buffering
GREAT DIVIDE
グレート・ディバイド

では、こうした評価があなた自身のネクサス課題にどんな意味を持つのか？　それを考えてみよう。バウンダリー・スパニング・リーダーシップの六つの実践はけっして完璧ではないため、私たちはその動きを表すのにらせん状のイメージを用いている。前進や上昇だけでなく、時には後退・下降もする。集団がぶつかり、交わり、つながる場所には、ネクサス効果の可能性があるのと同時に、グレート・ディバイドの可能性もある。六つの実践は、一度やったらリストから消す「タスク」ではない。ネクサス課題をはじめ、集団を越えた方向性《ディレクション》、団結力《アラインメント》、責任感《コミットメント》を必要とする課題を解決するには、これらの実践が繰り返し何度も行われる環境をつくらなければならない。あなたは、集団同士のさらなる協業へ向けて、そしてネクサス効果へ向けて、集団を上方へ導きつづけなければならないことを知るだろう。とはいえ、ネクサス課題の解決は最初の一歩から。以下に、次なる具体的行動を明らかにするための問いかけを紹介しよう。

行動――次なるステップを明らかにする

六つの実践に関する各章は、次の質問でしめくくられていた。「ここまで学んだアイデア、戦術、新しい知見で、あなたのネクサス課題に適用できるものはどれか」。表10・1にアクションプランを整理できるようにした。空欄にあなたの回答を書き写し、

表 10.1　ネクサス課題アクションプラン

バウンダリー・スパニングの実践	戦術、アイデア、知見	必要なリソース	スケジュール
バッファリング			
リフレクティング			
コネクティング			
モビライジング			
ウィービング			
トランスフォーミング			

あわせて、次なるアクションを起こす際に考慮すべきリソースと日付を記入しよう。

この表以外に、あなたはどんな行動を起こせるだろう？　そのヒントとなる問いかけをいくつか紹介しておく。そこから何か新しい気づきがあったら、アクションプランに書き加えよう。

1　前出の「認識——あなたのネクサス課題の性質を知る」で、本書を読んだあとにネクサス課題の記述のしかたが大きく変わったかどうかを考えてもらった。もし課題の記述のしかたを変えたなら、それに伴って付け加えたいアクションはあるか？

2　付録Bでは、五種類の境界（垂直、水平、ステークホルダー、人口属性、地理）について、それぞれの実践のための具体的アクションをまとめている。この表を見て、何か付け加えたいアクションはあるか？

3　前出の「評価——現状を把握する」で、六つの実践についてあなたがチームや組織を評価した結果を振り返ってもらった。このなかで評価が高い（または低い）ものを見て、何か付け加えたいアクションはあるか？

これで、あなたのネクサス課題を解決するための次なるステップが明らかになった。本書で紹介したツールやアプローチは、現在の課題への対応のみならず、将来の協働への準備にも有効である。道のりは平坦ではないだろう。しかし、本書に登場したリーダーたちのストーリーが伝えるように、リーダーが境界を越えたとき、瞠目すべき成果を出すチャンスはたくさんある。変化しつづけるこの世界にあって、集団のあいだのネクサスには対立だけでなく、協業の機会がますます増えてゆくだろう。いまある境界を限界なきフロンティアへ変える――そのためのどんな可能性が未来に待っているだろう？　最後のエピローグで、この点を考えてみよう。

エピローグ

持ちつ持たれつの未来へ

人間性を育む市民は、自分自身を、単にどこかの地域や集団の市民としてではなく、何よりも認識や関心によって他の人間とつながった人間として捉える能力を必要とする。……ビジネスから農業、人権から飢餓救済まで、人間世界の諸問題は、われわれの想像力が狭苦しい集団ロイヤルティを飛び出し、もっと遠い人々の現実に思いを馳せることを要求する。――マーサ・C・ヌスバウム『Cultivating Humanity』（未邦訳）

歴史を通して、人間は集団で暮らし、働き、他者と協力することで生き延び、栄えてきた。今日、技術の進歩、グローバルな人口構成の変化、グローバリゼーションの加速によって、人間の協業範囲は世界のあらゆる方面へと広がった。われわれが協力するのは、ビジネスや日常生活で直面する課題が相互依存の関係にあるからだ。つまり、さまざまな集団が建設的に力を合わせないかぎり解決できない。しかし、せっかくの協業ポテンシャルがまだほとんど実現できていないのも事実である。世界は境界がなくフラットかもしれないが、われわれ人間はいまなお制約に縛られ、自由になれないでいる。

本書に登場したバウンダリー・スパニング・リーダーの取り組みが、今後完全に実現したらどうなるか？　それがこのエピローグで探ろうとする問題である。最後にもう一度だけ彼らのストーリーを訪ねて、リーダーがいまある境界を限界なきフロンティアへ変えたとき、最終的に何が可能になるかをイメージしてみたい。だがまず、これからのリーダーシップの展望について見ておこう。

私たちはもちろん未来を透視できるわけではないが、次のことだけは明らかである。階層間の垂直の境界、部門間の水平の境界、顧客やサプライヤー、コミュニティなどステークホルダーとの境界、多様な人々と働くうえでの人口属性上の境界、場所の遠近など地理的な境界――こうした境界を越える必要性は高まるばかりだろう。

CCLの「リーダーシップ・アット・ザ・ピーク（最高のリーダーシップ）」プログラムに参加した一二八人の経営幹部が述べているように、水平の境界を越えた協業の推進は、現代のリーダーが直面する最も根強い課題である。今後はおそらく、地理的な境界、人口属性上の境界、ステークホルダーとの境界を越えたリーダーシップも、同じくらい難しい課題になるだろう。組織が世界の隅々にまで影響範囲を拡大し、多様な人材を雇い、複雑なアライアンスやジョイントベンチャー、パートナーシップを通じて新たな競争優位を追求するようになると、本書で詳しく説明したバウンダリー・スパニングの六つの実践は、リーダーにとって当たり前の仕事になるだろう。世界がフラット化するなか、人間関係の境界を越え、そこに橋を渡す必要性は高まる一方である。

こうした現実は、見方によって、回避すべき頭痛の種にもなれば、ものにすべき大きなチャンスにもなる。本書は後者の立場をとっているし、紹介したリーダーたちも同様だ。それぞれのリーダーは集団をつなぐネクサスを築き、単独では果たせない新しい可能性や優れた成果を実現した。彼らのストーリーはここからどこへ向かうのか？　彼らの取り組みを通じて、問題解決のどんな可能性が新しく見えるのか？　どんな新しい未来が実現できるのか？　本書で紹介したリーダーたちが、ネクサス効果を通じて生み出したプラスのエネルギーをさらに維持・拡張できたとしたら？　そんなあれこれを想像してみてほしい。

もしジョー・ペティットとザネレ・モヨが協力して、アパルトヘイト後の南アフリカの組織の同僚のために、心理的にもっと安全な環境を築いたら？　ジョーが他の経営陣に対して、A保険の水面下で高まる人種間の緊張は、正面から取り組むべき重要な問題であると説得したら？　ザネレが同僚の黒人女性を代表して勇敢に声を上げつづけたら？　想像してほしい。こうした会話が広がり、集団同士の根深い緊張関係が非生産的な結果を招いているとの認識が広がったらどうなるか。A保険の黒人文化と白人文化を隔てるグレート・ディバイドが、可能性を制限する壁から新しい可能性をもたらすフロンティアに変わったらどうなるか。A保険は、黒人と白人では保険に対する見方が違うことを知る。それぞれの集団は保険について大切にしているものが違っている。もしA保険が、両文化独自の保険ニーズを特定し、その知識を使って南アフリカの黒人と白人の保険内容をカスタマイズしたらどうか？　市場シェアは競合他社をはるかにしのぎ、A保険は南アフリカを代表する保険会社になる。リーダーが境界を越えると、解決困難な課題が利益に変わり、素晴らしいソリューションがもたらされる。

もしノースカロライナ州チャタム郡の次世代のリーダーたちがリック・ギブンスの志を継ぎ、移民と非移民がお互いに敬意を抱くよう働きかけつづけたら？　近い将来、重要な移民政策をつくるための議会特別委員会が設置され、その委員会がチャタム郡のリーダーに相談してきたら？同郡は移民と非移民の関係改善のお手本になる。その結果、同郡のリーダーは、移民と非移民のあいだに橋を架けようとする全米のコミュニティで重要な役割を果たす。法案は議論に火をつけ、そのなかで境界線が確保され、戦線が引かれるが、それでも今回は、チャタム郡でつくられた別の未来に触発されたこともあり、議論はすべての立場の集団に対する理解を深める方向で進む。チャタム郡で育まれた相互敬意の種が成長を続け、市民や政府指導者に、現状の境界線を越えて思考・行動するよう促す。ついには、あらゆる立場の集団が、問題の複雑さを考慮した新しい移民施策を中心にまとまりを見せる。リーダーが境界を越えると、どんなに厄介な問題も創造的に解決できる。

もしセクター横断のタスクフォースのメンバーが、人々のつながりや信頼の構築についてダニエル・サットンから学んだことを、自分たちの携わる分野で活かしたら？　これによって企業経営幹部、環境保護論者、政府指導者のネットワークが急速に広がり、乗数効果が生じたら？　すると、この協業的なリーダーシップネットワークが、カーボンニュートラルな都市になるという目標へ向けてまとまりを見せる。彼らは数々のグリーンエネルギープロジェクトを大胆に推進する。市の経済は急速に多様化し、同時に、空気がきれいになり、自然環境がよくなる。世界初のカーボンニュートラルな都市と認められ、夢が現実になる。リーダーが境界を越えると、説得力あるビジョンを実現・維持するための方向性《ディレクション》、団結力《アラインメント》、責任感《コミットメント》が築かれる。

もしレノボが世界一革新的なＰＣをつくるポテンシャルをフルに発揮し、先進国でも新興国でも優位な市場ポジションを獲得したら？　レノボのリーダーたちが用いた戦術がきっかけで、文化の違う組織との合併のあり方が根本的に見直されるようになったら？　レノボの事例を参考に、今後の合併を主導するリーダーたちが、業務システムの統一だけでなく、新しい組織文化やアイデンティティの創出を積極的にめざしたらどうだろう。リーダーが境界を越えると、異なる価値観、経験、専門性が交わるところに、物理的、人間的、経済的な新しい価値の芽が見いだされる。さらに、レノボの成功に触発されて、東洋と西洋の創造的で刺激的なパートナーシップがほかにも誕生したらどうか？　協業の可能性は無限にある。新しい経済政策から新たな芸術形式まで、ホリスティック（全体的）医療から多国籍料理まで、はたまた国境を越えた事業提携から地球をもっと公正・安全・平和な星にするための取り組みまで。リーダーが境界を越えると、東と西、北と南を隔てている壁が、あすには革新的なフロンティアに変わる可能性がある。

もしCRYのビジョンが達成され、インドのすべての子どもたちが生まれや環境にかかわらず本当に平等になったら？　CRYのビジョンが単なる指針ではなく、全世界の国々で行動を呼びかけるメッセージになったら？　一九八九年の国連「児童の権利に関する条約」に書かれているように、二一世紀に生まれたすべての子どもは、生存、保護、発達、参加の権利を保障される。どこまで実現可能かを考えれば相当に大胆な内容だが、集団が力を合わせれば単独では不可能な成果をあげられるというCRYの信念も相当大胆である。イングリッドの言葉を借りれば、「必要なのはコミュニティが自分たちの権利を認識し、その確保のために団結すること」。リーダーが境界を越えると、人々にとって必要な、別の素晴らしい未来が築かれる。

もしマーク・ガーゾンやエネルギーをめぐるあらゆる立場のリーダーたちが、新しい可能性を求めて、今後も利害やイデオロギーの境界を越えつづけたら？　気候変動およびエネルギー安全保障の問題ほど、「一蓮托生」という現実を如実に伝える世界的問題はない。この課題に関してリーダーが人々や集団を新しい方向へ導くとき、アイデンティティがよい方向へはっきり変化しはじめるさまをイメージしてほしい。これが人々の覚醒を促し、マークの言葉を借りれば、「みんなが部分的・断片的なアイデンティティを超越し、もっと広くて重要な地球ビジョンを受け入れる」。このとき、エネルギーの持続可能性に関する協業的ソリューションが可能になるばかりか、完全に実現できるようになる。もしこれに刺激を受けた新世代のリーダーたちが、革新的テクノロジーの開発、自然災害への対応、グローバルリテラシーの強化、貧困の撲滅といった幅広い課題をめぐって境界を越え、そこに橋を架けたらどうだろう？　われわれ人間の協業ポテンシャルが一〇〇％発揮されたらどうなるだろう？

　歴史を通して、われわれが物理学などの科学、ビジネス、工学、医学、芸術、文化の新たなフロンティアを発見したのは、集団がぶつかり、交わり、つながる場所である。社会の変化や進歩のスピードは驚異的だ。おそらくわれわれはいま、最後の大きなフロンティア、すなわち人間相互の関係のふちにいる。境界をまたぐ世界にあっては、リーダーシップもまた境界をまたがなければならない。

　そこにこそ、相互依存的で協業的な未来、言い換えるなら持ちつ持たれつの未来の課題と機会が存在する。

付録A　研究について

本書の内容は主に、ふたつの研究プロジェクトに参加した現役リーダーの経験に基づいている。ひとつ目の「リーダーシップ・アクロス・ディファレンシズ（LAD）」は、センター・フォー・クリエイティブ・リーダーシップ（CCL）が複数年にわたって全世界で主導したプロジェクトである。このプロジェクトは世界の六つの地域で実施され、二八〇〇以上の調査回答、二八九件のインタビュー、幅広い二次データ（マスコミ報道、企業リリースなど）を含むデータベースを構築した。ふたつ目のプロジェクトでは、CCLの「リーダーシップ・アット・ザ・ピーク」プログラムに参加した企業幹部一二八人からデータを収集した。それらの詳細を以下に述べる。

リーダーシップ・アクロス・ディファレンシズ

LADプロジェクトは二〇〇一年に始まり、二〇〇八年まで続いた。目標は次の疑問に答えることだ。歴史や視点、価値観、文化が違う人々の集団に共通の方向性《ディレクション》、団結力《アラインメント》、責任感《コミットメント》を築くには、どんなリーダーシッププロセスが有効なのか？

グローバルな協働

ＬＡＤは四つのステージから成る多面的なプロジェクトである。ステージ１では、各種文献を幅広くレビューし、全世界のさまざまなセクターでインタビューを実施した。次にそこから得た知識をもとに、今後のデータ収集の指針となる理論枠組みを開発した。ステージ２では、国際的な研究アドバイザーたちと協力して、枠組みのなかの主要構成概念を測定するツールを開発した。次いでデータ収集の幅を広げ、アフリカ、アジア、ヨーロッパ、中東、北米、南米の六つの地域からデータを集めることで文化的価値観のばらつきを最大限にし、枠組みを精緻化した。ステージ３では、差異を越えたリーダーシップを支援するためのツールや技法を開発した。ステージ４では、私たちの研究から明らかになった知識やツール、技法の普及を試みた。

ＬＡＤプロジェクトは、ＣＣＬのスタッフメンバーのほか、ダイバーシティ、異文化関係、グローバルリーダーシップの分野で評価が高い国際的な研究者や実務家の協力を得た。ＣＣＬのメンバーは学習（研究・開発）と教育（応用・指導）のバランスがとれた視点を提供し、国際チームのメンバーは組織科学への貢献度に基づいて選抜され、さまざまな視点や専門知識をもたらした。また、国内の協力者にデータの収集・解釈を手伝ってもらうことも重要だった。これらの協力者は、チームのデータ解釈（とくにインタビューで収集された定性データの解釈）に影響を与える文化的価値観、（歴史、法律、政治、社会などの）文脈変数、組織慣行を明らかにしてくれた。

データ収集戦略

調査データは、さまざまな種類の組織（企業、NPO、ソーシャルセクターなど）のさまざまな階層や部門の二八〇〇人以上から収集した。データを収集した国・地域は、ブラジル、フランス、ドイツ、香港、インド、日本、ヨルダン、スコットランド、シンガポール、南アフリカ、スペイン、米国の一二。ステージ1で実施したインタビューに基づき、また研究方法論に詳しい国際的研究者と協力して、社会的アイデンティティ集団のあいだに緊張が存在し、リーダーが境界を越えることを要求される状況を、四つのシナリオで表現した。この四つのシナリオは、性別、人種、宗教、在留資格など、異なる社会的アイデンティティ集団に焦点を当てた。回答者にはシナリオを読んでもらい、集団間の境界を橋渡しするのに用いられるさまざまなリーダーシップ戦略の効果を評価してもらった。調査は、状況に応じて、紙ベースまたはオンラインで実施した。

組織評価は、データ収集拠点ごとに実施した。ひとり以上の人事マネジャーまたは組織開発専門家にインタビューを行った。それぞれ六〇〜九〇分のインタビューで、アイデンティティ、差異、公正などの諸問題に対応するための組織慣行や方針について情報を得た。

本書で紹介する情報に最も影響を与えたのは、二八九件のインタビューである（所要時間は一〜三時間）。調査質問の性質、インタビュー相手が提供した情報の内容やポイントに応じて、インタビューのデータベース全体の一部を分析した。以下では、データ収集方法と、その分析について述べる。

最前線の人たちへのインタビュー

ＬＡＤ研究プロジェクトのステージ1では、一一の国・地域（バリ、ドイツ、イスラエル、モザンビーク、サウジアラビア、シンガポール、南アフリカ、英国、米国、ザンビア、ジンバブエ）の五〇人からインタビューデータを集めた。まず、サンプルを特定した。そのために、多文化環境でのリーダーシップ開発の実情に詳しいインタビュアーと協力し、そのインタビュアーたちに、職場でのアイデンティティの対立を経験または目撃したことがありそうな人々を特定してもらった。インタビュー対象の勤務先は、一般企業、社会福祉組織、病院、学校など多岐にわたり、階層も上から下まで幅広かった。リーダーがアイデンティティの対立に対処するうえで直面する課題を多様な視点から検討するため、実際にリーダーのポジションにいる人と、リーダー権限のない人の両方にインタビューした。

ステージ2では、一一の国・地域（ブラジル、フランス、ドイツ、香港、インド、ヨルダン、シンガポール、南アフリカ、スペイン、英国、米国）の二三九人からインタビューデータを集めた。インタビューデータ収集の第二ラウンドではサンプリングの方法をいくつか変更した。ひとつの組織で最低一〇人にインタビューすることとし、性別、人種、組織内での階層などができるだけ多様になるよう留意した。また、文化が違っても同じような事象が起きるのかを調べるため、サンプルの文化的ばらつきも最大限にし、営利企業と非営利組織の両方を対象とした。

どちらのラウンドでも、半構造化インタビュー（ある程度の質問を事前に用意しておくインタビュー法）を使ってデータを収集した。プロトコル質問の一部は収集データの増加に伴って年々修正したが、境界を越えたポジティブないしネガティブな相互作用を特定するための中心的質問はほとんど変えていない。ネガティブな事象を特定するために用いた中心的質問は以下のとおり。

次のような事実を知ったときのことを思い出してください。異なる社会的集団の出身者がいっしょに働いていますが、なかなか思うような成果が出せません。集団がお互いに反目し合っているのです。誤解があるのかもしれませんし、あからさまな緊張や対立があるのかもしれません。このときのことについて教えてください。何がありましたか？　どうして集団がうまくいっていないとわかりましたか？

バウンダリー・スパニング・リーダーシップのお手本やポジティブな事象に関する情報を引き出すための中心的質問は以下のとおり。

次のような事実を知ったときのことを思い出してください。先ほどの異なる社会的集団の出身者がいっしょに働いており、今度は思うような成果を出しています。このときのことについて教えてください。集団のメンバーが今後の方向性を共有したのかもしれませんし、団結して役割を担い、行動を起こしたのかもしれません。あるいは、今後の目標について同じように責任感を抱いたのかもしれません。

インタビューには、社会歴史的・文化的な文脈、関係するアイデンティティ集団の歴史、対立が生じる背景、対立が解決したか否か（解決したならどのように）を、インタビュアーがさらに知るためのサンプル質問も盛り込んだ。

インタビュアーには研究チームのメンバーもいれば、国内の研究協力者もいた。インタビューを行う国内研究協力者には、データ収集前に、研究チームが作成した指針を確認してもらった（指針には、効果的にインタビューを行うための助言と、研究上の疑問に答えるのに必要な重要情報を得るための提言が記されている）。さらにフォローアップ電話をかけて質問に答え、データ収集に関するさらなる助言を提供した。インタビュアーに対しては、インタビュー相手と信頼関係を築き、クリティカルインシデント法を用いて、アイデンティティの対立につながった事象を特定するよう徹底した。

インタビューデータ収集プロセスでは、インタビュー相手との信頼を築き、公正で豊富な定性データを入手するための策を講じた。たとえばインタビュー相手に、データの保秘を徹底し、所属組織の誰にもフィードバックしないことを約束した。それぞれの組織には、データ提供の返礼として総合的な情報を提供した。インタビューから得られた情報ではなく、あくまで調査結果全体にフォーカスしたものである。

インタビュー内容はすべて許可を得て録音し、英語以外の言語で行ったものはデータ分析のために英語に翻訳した。LAD研究チームのメンバーみんなで二八九件のインタビュー結果すべてに目を通した。その後、インタビュー中に明らかになった重要な出来事やリーダーシップ戦略を要約するために準備した質問に、研究者が個別に回答した。次に二人一組で、定性データに対する反応やその解釈を共有し、それぞれのインタビューのサマリーメモを作成した。したがって詳細分析では、インタビュー原稿とサマリーメモの両方を利用した。研究で用いた方法論的手順や分析手順については、『ヒューマン・リレーションズ』誌に発表した二〇〇九年の論考に詳しい（巻末の参考文献リスト「LAD研究の参考文献」を参照）。

トリガーの特定

インタビューデータベース全体の一部を使ってトリガーを特定した。全部で一三四件のインタビューが、研究チームが設定した、トリガーとなる出来事としての基準を満たした。ふたりの研究者がインタビューを読み、データ内のトリガーを特定しコード化するために用いるコードブックの作成にとりかかった。別の三人の研究者から成る二番目のチームが、データをコード化し、評価者間の一致度を評価した。このように、五人の研究者のチームが定性データの分析に関わった。この分析から浮かび上がったのが、一般に見られる四種類のトリガー、すなわち「異なる社会的アイデンティティ集団のふたり以上の人間が関わる出来事で、アイデンティティを組織内で脅威にさらすきっかけとなるもの」である。バウンダリー・スパニング・リーダーにとって深刻な課題となるこれらのトリガーについては、本書の第3章で詳しく述べている。

バウンダリー・スパニングの実践の特定

インタビューデータは各種のトリガーの特定に役立っただけでなく、境界を越えて方向性、団結力、責任感を築くためにリーダーが用いるさまざまな実践法を知る助けにもなった。六人の研究者から成る別の分析チームは、一六四件のインタビュー原稿とサマリーメモをチェックした。今度はリーダーシップの実践を明らかにするヒントを探すためだ。LADプロジェクトのステージ1で行った文献レビューをもとに、チームは集団間の効果的な協働を支えるための四つの理論的アプローチまたは実践法を特定した（非カテゴリー化、再カテゴリー化、サブカテゴリー化、切断）。研究チームはこの分野の幅広い文献を使ってコードブックを作成した（作成プロセスおよびデザイン面では、トリガー分析用のコードブックと同様）。これを使ってデータをレビューし、組織のリーダーがこれらの理論的アプローチを用いた頻度やその形式を評価した。同時に、文献から特定した四つに当てはまらないリーダーシップ実践がインタビュー中に見受けられれば、それを書き留めた。

この分析をもとに、チームは差異を越えたリーダーシップに関する一般的な結論をいくつか導くことができた。リーダーは文献で特定された四種類のリーダーシップ実践のいずれかをたしかに用いている。しかし、現実の組織のリーダーは研究室では見当たらない数多くの変数と戦わなければならず、事情はもっと複雑になる。分析からはその他の実践も浮かび上がった。リーダーシップ実践の「その他」に分類されるふたつの広いカテゴリーが研究チームの目を引いた。それはバウンダリー・スパニング（境界の橋渡し）とバウンダリー・マネジメント（境界のマネジメント）である。その結果、研究チームは再度文献にあたって、このふたつに関連する理論研究と実証研究をチェックした。

本書の核心であるバウンダリー・スパニング・リーダーシップの六つの実践（第4～9章で解説）は、ＬＡＤプロジェクトの一環として行われたリーダーシップ戦略研究に起因している。各章で紹介したリーダーシップストーリーの多くは、私たちが実施したインタビューが直接の出所であり、六つの実践の当初の概念化もＬＡＤインタビューの分析が起源である。しかし、ＬＡＤの研究者たちと何年にもわたってデータを収集・分析しても、私たちはまだまだデータを収集し足りないと考えた。もっとデータを集めれば、リーダーが越えるべき境界の種類やその先に待っている機会の全体像がもっとクリアになるだろう。こうして、エグゼクティブクラスの組織人を対象としたＣＣＬのリーダーシップトレーニングプログラムに参加したリーダーたちから、さらに調査データを集める運びとなった。

リーダーシップ・アット・ザ・ピーク

第二のCCL研究プロジェクトは、「リーダーシップ・アット・ザ・ピーク」プログラムの参加者からデータを収集した。このプログラムが対象とするのは、組織の上位三階層のいずれかで一五年以上経営に携わり、五〇〇人以上の部下のリーダーを務める経営幹部である。二〇〇八〜二〇〇九年の参加者に、バウンダリー・スパニングに関するさまざまな情報を集めるためのアンケート調査に協力してもらった。質問内容は、直近のトレンドや課題、境界を越えるにあたってのリーダーの役割、ならびに方向性、団結力および責任感を築こうとする際にリーダーが感じる境界の種類など。全部で一二八人のプログラム参加者がオンラインアンケートに答えてくれた(男性七五%、女性二五%)。回答者の過半数(六〇%)はシニアバイスプレジデントか重役。三二%がCEOか社長で、残る八%はバイスプレジデントや工場長だった。

この調査からわかったことは、本書のバックボーンとなる考え方に主にふたつの意味で影響を与えた。第一に、境界を越えたリーダーシップは重要かつ困難だという私たちの認識が確認された。すでに述べたように、経営幹部の八六%が、いまのリーダーとしての役割のなかで境界を越えた協業(すなわちバウンダリー・スパニング)が「非常に重要」だと答えた。しかし、それが「非常によくできている」と答えたのは七%にすぎなかった。七九%ものギャップがある。回答したリーダーたちはいずれも世界有数の企業で働く、経験豊かでパフォーマンスが高いエグゼクティブだ。この大きなギャップによって、私たちがＬＡＤ研究の分析や現場リーダーとの仕事から学んだことが確認された。そう、バウンダリー・スパニング・リーダーシップは注目に値するテーマなのだ。

また、現代のリーダーが協働をめざして越えるべき五種類の境界が明らかになった。調査では次のようなフリーアンサー形式の質問もした。「現在の役割のなかであなたが越えなければならない境界にはどんなものがありますか」。全参加者が言及した境界は全部で一八一例あった。平均すると、ひとり最低一種類の境界を挙げたことになる。なかには四種類の境界に言及した人もいた。データを分析すると、「水平」「垂直」「ステークホルダー」「人口属性」「地理」という五つの次元が浮かび上がってきた。以上が第１章で紹介した内容のベースになっている。

ネクサス効果の出現

ＬＡＤプロジェクトおよびリーダーシップ・アット・ザ・ピーク調査から得た情報が、本書の構成や内容の基礎となった。しかし執筆を進めるうちに、新しい考え方が姿を現しはじめ、古い考え方が新しい形態や意味を帯びるようになった。バウンダリー・スパニング・リーダーシップの研究を深めていくと、集団の結節点《ネクサス》に無限の可能性や素晴らしい成果が生まれることがわかってきた。リーダーがいまある境界線を新しいフロンティアに転換したとき、何が起きるか？

バウンダリー・スパニング・リーダーシップの成果に対する理解を深めていくと、「ネクサス効果」という考え方が少しずつ形を現しはじめた。私たちはCCLの同僚数人とともに、模範的なバウンダリー・スパニング・リーダーたちに最後のインタビューを行った。境界を越えて集団を束ね、持続的な優れた成果を達成したリーダーである。たとえば、メディエーターズ財団の創設者兼代表のマーク・ガーゾン、ラティーノ・コミュニティ・クレジット・ユニオンの創設者ジョン・ヘレラ、東南アジア諸国連合（ASEAN）事務総長を務めたオン・ケン・ヨン。彼らは、リーダーが境界を越えることを学んだときに生じる可能性について、きわめて重要な知見を提供してくれた。これらのインタビューで収集した定性データは第4〜10章で使用している。

研究は続く

総じて、本書の結論を裏づけるデータは一〇年に及ぶ研究活動から得られたものだ。全世界の五〇人以上の研究者との協力、世界六地域での調査データやインタビューデータの収集、そして境界を越えたリーダーシップの重要性と危険性をみずから経験した何百人ものリーダーからの学び。

著者である私たちは、この研究活動の成果を本書に結晶させる機会に恵まれた。だが、研究はまだまだ続く。二一世紀のいま、バウンダリー・スパニング・リーダーシップという考え方やその実践の重要性は、ますます高まってゆくだろう。巻末に「ＬＡＤ研究の参考文献」として、本書のテーマと関連する、ＬＡＤプロジェクト由来の刊行物の一覧を掲げておく。

付録B
バウンダリー・スパニング・リーダーシップ一覧表

表B・1は、五種類の境界のそれぞれについて、バウンダリー・スパニングのそれぞれの実践のためにリーダーがとれる具体的行動をまとめたものである。あくまで例示であり、状況や前後関係によってもっといろいろな行動が考えられる。最初の「境界のマネジメント」から最後の「新たなフロンティアの発見」へ進むに従って、集団同士の協力レベルが高まる条件が整い、その結果、問題解決の可能性を高め、革新的なソリューションを実現し、変革をなし遂げることができる。

境界のマネジメント		
ステークホルダーとの境界（パートナー、サプライヤー、顧客、コミュニティ）	人口属性の境界（性別、宗教、年齢、文化、民族、学歴、思想）	地理的な境界（場所、地域、言語、市場）
ジョイントベンチャーであなたのチームと外部のチームがどのようにやりとりするかを定めた「行動基準」や「譲歩不可事項」を決める。	組織内の類縁集団（女性、ヒスパニックなど）を支援し、非支配的な集団がネットワークを築き、自集団のメンバーと経験を共有する機会を持てるようにする。	思惑がかちあうときは、あなたのチームと本社のあいだに「バッファー」を築く。チームの成果物を要約した文書をつくり、本社から書面による賛同を得る。
あなたのチームが顧客の拠点や市場を訪ねる「現地調査」を企画する。そこで写真を撮り、組織のプロジェクトや戦略に関連することを文書に残すよう依頼する。	人種や性別、宗教に関わる問題が起きたら、それを奇貨として、みんなでお互いの違いや独自の視点を共有・学習する。	他国への出張者に滞在を1日延ばして、街へ出かけ、文化を体験し、地元市場について知るよう奨励する。戻ったら、見聞きしたことをチームミーティングで伝えてもらう。
共通の土台づくり		
主要ベンダーとのミーティングをお互いの拠点で交互に開く。ベンダーの拠点に行ったときは、チームメンバーを歩き回らせ、相手組織の人たちの「名前と顔を一致させる」時間をつくってもらう。	オフィス以外の場所で交わる機会をつくる。さまざまな世代、人種、国籍の人たちを集めてスポーツイベントを開く。	隔月開催のグローバルビデオ会議の最初の15分を関係づくりに充てる。その時間を使って個人的な出来事や関心事を伝え合う。
市場の共通のライバルを倒すため、あなたの組織と別の組織が協力できる目標を明確に示す。	あらゆる属性の集団を包括し、その意欲を引き出す、組織のコアバリューを明らかにする。	コミュニティを築き、全力投球の象徴となる、組織共通のシンボルやアイコン、壁掛けを全世界すべてのオフィスに掲げる。

表 B.1　バウンダリー・スパニング・リーダーシップ一覧表

	境界のマネジメント	
	垂直の境界（階層、地位）	水平の境界（部門、ユニット、専門分野）
バッファリング： 集団の境界を越えた情報やリソースの流れを監視・保護して、境界を画定し、集団間の安全を築く。	組織の危機に際して、適切なコミュニケーションチャネルを従業員に思い起こさせ、階層を越えた重要な情報のフローを正しく効果的に確保する。	チームの役割や責任を記した「憲章」を作成する。それを組織内の人々と共有し、あなたの集団が効果的に対応可能な業務量を理解してもらう。
リフレクティング： 異なる視点を代弁し、知識の交換を促すことで、境界を理解し、集団相互の敬意を育む。	部下が考えた革新的アイデアを推奨できるよう、経営幹部とのミーティングを開催する。	他のユニットのリーダーを自チームのミーティングに招き、組織の差し迫った問題の解決をユニット同士でどう助け合えるかを話し合う。
	共通の土台づくり	
コネクティング： 人々を結びつけ、分裂した集団に橋を架けることで、境界線を保留にし、集団相互の信頼を築く。	ランチピクニックを企画し、組織のさまざまな階層の人間を集める。いつもはいっしょになることがない相手と「同じ毛布を共有」させる。	ふたつの部門のあいだのスペースに椅子とホワイトボードを置いて、部門の垣根を越えたインフォーマルで協力的な会話を促す。
モビライジング： 集団の境界を越えた共通の目的やアイデンティティをつくることで、境界を再構成し、集団同士のコミュニティを築く。	あなたの部下があなたの上司と、高次の組織目標や戦略について話し合う「スキップレベル」ミーティングを開催する。	合併後、両組織の同じ部門の人たちを集め、全員の旗印となる新しいビジネスチャンスについて説得力あるミッションを考えさせる。

新たなフロンティアの発見		
ステークホルダーとの境界（パートナー、サプライヤー、顧客、コミュニティ）	人口属性の境界（性別、宗教、年齢、文化、民族、学歴、思想）	地理的な境界（場所、地域、言語、市場）
あなたの組織ならではの強みと、別のセクターの組織（NPO、政府機関など）が持つ強みを組み合わせ、地域社会の共通の問題を解決する。	異なる属性の集団を集めて、それぞれの集団内の市場ニーズやトレンドについて話し合い、組織がそこへ向けてどんな新製品を出せるかを議論する。	「グローカルな」ソリューションを見いだす。あなたの会社のグローバルな成功事例とローカルな市場知識を組み合わせて、新しい製品、サービス、内部プロセスを構想する。
最大のライバルと小規模なパートナーシップを結ぶ。協力して新しいフロンティアの発見をめざす。	年齢、性別、人種、文化、学歴、個性など、多様性を最大限にした行動学習チームを編成し、現在とは違うまったく新しい製品・サービスのビジネスプランを立案する。	すべての集団を関与させる。年に一度、世界中からリーダーを集め、革新的なビジネスチャンスを思い描かせる。

表 B.1　バウンダリー・スパニング・リーダーシップ一覧表（続き）

新たなフロンティアの発見		
	垂直の境界（階層、地位）	水平の境界（部門、ユニット、専門分野）
ウィービング： 集団の違いを引き出し、より大きな全体のなかで統合することにより、境界を織り合わせ、集団同士の相互依存を高める。	幅広い階層の集団を集め、組織の成功事例の要因が何だったかを、それぞれの観点から話し合う。	部門同士が何らかの問題をめぐって対立しているとき、それぞれの違いがどこにあるかを述べさせ、その違いを組織全体のために創造的に調整する方法を考えさせる。
トランスフォーミング： たくさんの集団を新しい方向へ導いて境界を切断し、集団相互の改革を可能にする。	トップからボトムまで幅広い階層のスタッフを集め、「自社ビジネスの諸問題をどう考えるか」について意見交換してもらい、そこから前例にとらわれないアイデアを探す。	「別の未来について語る会」を主催する。組織内の誰でも出席可能で、議題はただひとつ、「5年後の新しい理想的な組織像」。

付録C　次なる課題
——バウンダリー・スパニング・リーダーシップをめぐるCCLリソース

境界を越えたリーダーシップが難しいのは、個人と全体の両方が変わらなければならないせいもある。本書はバウンダリー・スパニング・リーダーシップの必要性や可能性に対するあなたの認識を高めることを主眼にしてきたが、センター・フォー・クリエイティブ・リーダーシップ（CCL）としては、リーダーシップがもっぱら個人の担うべき役割とはかぎらないことも理解している。バウンダリー・スパニングを幅広く持続的に実行しようとするなら、企業、機関、共同体、学校、政府などの組織もリーダーシップ能力を身につけなければならない。

CCLの「組織リーダーシッププラクティス」は、個人のリーダーシップ能力の特定・開発、チームやグループ、組織の能力向上、組織全体で方向性《ディレクション》、団結力《アラインメント》、責任感《コミットメント》を築く能力の開発を旨としている。その一環として、各種の境界（垂直、水平、ステークホルダー、人口属性、地理）をいかにして越えるかを顧客に指南する機会も増えている。

組織が境界を意図的・体系的に越えられるようにしたいと考えるリーダーに対して、CCLは本書の内容をもとにした方法をいくつか提供している。組織のリーダーシップ戦略上、協業的なバウンダリー・スパニングが新しく求められる場合、次の三つの領域への投資が考えられる。それは、人材システム、リーダーシップ文化、応用学習システムだ。

人材、文化、学習システムがバウンダリー・スパニング・リーダーシップにどう関連するのかを、以下で簡単に説明する。

人材システム

リーダーシップ能力とは、組織の成功に必要な能力の持ち主を継続的に惹きつけ、育成・維持できるかどうかとも言える。したがって人材システムは、「人材サステナビリティ」に必要な戦略や開発プロセスの設計・実行業務と考えられる。

組織におけるキャリア開発で従来重視されているのは、リーダーを垂直方向に押し上げ(出世させ)、より重い責任を担わせることだ。組織のヒエラルキーの上下方向に焦点を当てた「出世の階段」のような考え方が一般的である。だが、個人のバウンダリー・スパニング能力を高めるには、キャリア開発パスは垂直の階段ではなく、各種の境界をまたぐジグザグ形でなければならない。リーダーが境界を越えた仕事や役割に従事するときに得られる豊かな体験や学習機会を、CCLは「バウンダリー・クロッシング・アサインメント」という言葉で表現している。[1] 違う部門での勤務、ジョイントベンチャーの運営、海外駐在などのアサインメント（任務）は、リーダーがバウンダリー・スパニングのスキルを磨き、組織の視点を広げるチャンスとなる。

バウンダリー・スパニング能力を高めるための組織メカニズムの改善はあらゆる層のリーダーに関係するが、CCLの研究からは、ニーズが最も大きいのは中間管理層《ミドルマネジメント》だと思われる。ミドルマネジャーは役割上、バウンダリー・スパニングの必要性がこれから高まってゆく。また、シニアレベルの仕事へ移行する準備中でもある。

「リーダーシップ・アット・ザ・ピーク」の調査では、一二八人の経営幹部《シニアエグゼクティブ》の九二％が、ミドルからシニアレベルへ移行すると、境界を越えた協業能力がもっと重要になると考えていた。階層がひとつ上がるごとに、越えるべき境界が増え、全社的な調整がさらに重要となり、組織と外部環境の橋渡しが求められる。組織のシニアレベルで成功を収めるには、部門の境界のなかでリーダーを務めるという考え方から、もっと大きなビジネス戦略やビジョンをふまえ、組織の境界を越えて部門をリードするという考え方へのマインドセットシフトが必要になる。

同じ調査では、シニアエグゼクティブの九一％が、バウンダリー・スパニングはミドルマネジャーにとって重要であると回答した。だが、ミドルマネジャーはそれができていると回答したのはわずか一九％で、七二％ものギャップが見られた。

リーダーシップ人材を効果的に育成しようとするなら、何よりも、五種類の境界すべてを越えてリーダーシップを発揮できるような体験を従業員にさせなければならない。また、シニアマネジャーになったらバウンダリー・スパニングがおのずとできるようになると考えてはならない。組織の人材育成に際しては、以下の問いかけをするのが重要である。

- バウンダリー・スパニングに長けた組織になろうとしたら、どんな能力を養わなければならないか?
- 従業員のバウンダリー・スパニング能力を高めるには、どんな体験やサポートを提供するべきか?
- マネジャーやチームの協業努力を、組織としてどのように評価すればよいか?

組織によって答えは違うだろう。しかしCCLの経験から、コーチングや応用学習システムに加えて、一定のアサインメントが、バウンダリー・スパニング・リーダーシップ開発の有効な戦略であることがわかっている。

リーダーシップ文化

リーダーシップ文化とは、組織のなかに方向性、団結力、責任感を築くための、個人および全体の信条や慣習が絡み合ったものをいう。多くの組織が、少数のトップリーダーに依存する文化から、組織全体の数多くのリーダーが協力して変化を起こす文化へとシフトしつつある。

リーダーシップ文化に関わる取り組みのゴールは、目的意識を持って前向きに仕事ができる力を新たに身につけることだ。それによって、組織の成功につながる新しい思考法、ツール、プロセスが実現可能になる。バウンダリー・スパニング・リーダーシップの必要性が高まり、その実践が複雑化するなか、組織はそのリーダーシップ文化を進化させ、五つの境界をもっと上手に越えようとする努力を惜しまないようにしなければならない。

ＣＣＬはさまざまな組織のシニアリーダーと協力して、彼らのリーダーシップ文化を明らかにし、現状と理想のギャップを見極めている。私たちの研究によれば、リーダーシップ文化には三つのカテゴリー（レベル）がある（図Ｃ・1を参照）[2]。

組織のリーダーシップ文化は、境界を越えて働くという課題や機会に対する人々の反応のしかたに直接影響を及ぼす。一般に、相互依存型のリーダーシップ文化は、それ以外の組織よりもバウンダリー・スパニングの能力が高い。リーダーシップ文化の相互依存度が高まると、内外の境界を越えて協力し合うのが自然な仕事のしかたになる。とはいえ、バウンダリー・スパニングの六つの実践は、どんなリーダーシップ文化でも応用できる。

実際、リーダーやチーム、組織全体が実験を重ね、六つの実践のそれぞれで新しい能力を身につけてゆくと、組織の文化も協業や相互依存が高まる方向へ向かう。たとえばバッファリングとリフレクティングは、依存型のリーダーシップ文化で主となる実践法かもしれない。なぜなら、このふたつの実践から生じる結果――安全と敬意――は、権威的・依存的な文化で重んじられる価値観だからだ。しかし、組織の人々がコネクティングやモビライジングなど他の実践にも関わるようになると、リーダーシップ文化は依存型から独立型、さらには相互依存型へ移行しはじめる。バウンダリー・スパニング能力を高めようとする組織はまた、六つの実践が花開きやすい方向でリーダーシップ文化を理解・開発する必要もある。

応用学習システム

応用学習システムは、実際の困難な仕事体験から学ぶ、リーダーシップ

図 C.1　リーダーシップ文化

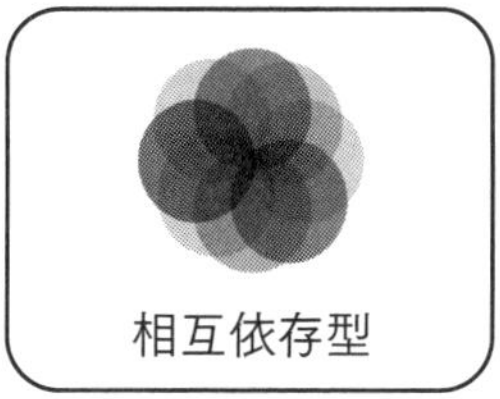

リーダーシップを、相互質問、学習、複雑な課題への取り組み能力を必要とする集団活動と見なす。

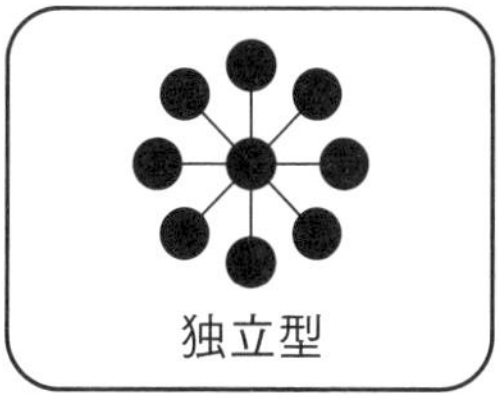

リーダーシップは、多様な個人の知識や専門性をベースに必要に応じて生じると考える。

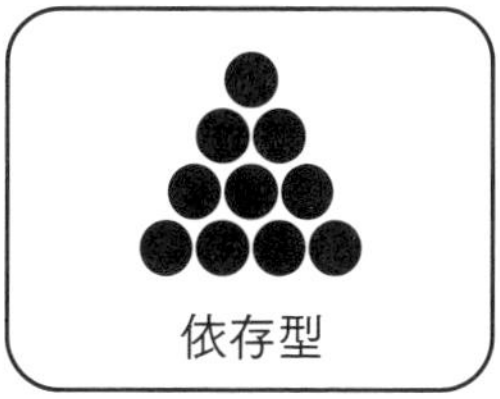

権限ある地位の者だけがリーダーシップの責任を負うと考える。

開発手法である。ＣＣＬが三〇年以上にわたって手がける「経験からの学習」という研究プログラムによると、文化や文脈を越えた発達体験には次の五種類がある。難易度の高い仕事、発達関係、困難な状況、学習課題・訓練、個人的経験。[3] このなかで最も学ぶ機会が多いのは、難易度の高い仕事（責任範囲の拡大、変化を起こすことが求められるプロジェクト、ステークホルダーのエンゲージメントを高める活動など）である。この点をふまえて、ＣＣＬの応用学習システムは、仕事そのものを通じたリーダーシップの育成をめざす。

応用学習アプローチは、バウンダリー・スパニング・リーダーシップの基礎となる諸課題に適した手法であり、リーダーは高次のビジョンやゴールをめざして境界を越えた方向性、団結力、責任感を築かなければならない。たとえばＣＣＬの「アクション開発」手法は、現実の戦略変更目標に関する業務を組み込みながら、本書で紹介したリーダーシップ能力を開発する——そんな応用学習アプローチである。「アクション開発」プログラムに参加するリーダーは、境界横断的なチームで協働して戦略目標の達成をめざす一方で、個人と組織の能力開発に対する手厚いサポートを受ける。組織の境界を越えて相互依存するなかで、リーダーは環境を内部からだけでなく外部からも認識し、組織の統合的な理解をもとにリーダーシップを発揮できるようになる。「アクション開発」は個人のバウンダリー・スパニング能力を高めるだけでなく、広範囲の協業を促して組織の変化適応を支援するために必要な「安全・安心、敬意、信頼、コミュニティ、相互依存、改革」をも強化する。

最後に、CCLの「組織リーダーシップのプラクティス」は、リーダーシップのポテンシャルを引き出すことで組織戦略を加速させる。組織戦略上、バウンダリー・スパニングの協業能力の構築が求められ、人材システム、リーダーシップ文化および応用学習システムがそうした取り組みをバランスよくサポートするなら、あなたの組織は早々に成功を収め、将来の課題にも対応できるだろう。

CCLのプロジェクトおよびプログラム

CCLでは、各種の講演を請け負うほか、バウンダリー・スパニング・リーダーシップに関するワークショップ、プログラム、プロジェクトを提供しています。詳しくはCCLのウェブサイト（www.ccl.org）をご覧ください。以下の顧客サービスアドバイザーにご連絡いただいても結構です。

CCLアメリカ……＋1 336 545 2810
CCLヨーロッパ、中東、アフリカ……＋32（0）2 679 09 10
CCLアジア太平洋……＋65 6854 6000

著者について

クリス・アーンストは、センター・フォー・クリエイティブ・リーダーシップ（ＣＣＬ）のシニアファカルティ〔原書執筆時。現在は、ビル&メリンダ・ゲイツ財団のディレクターを務めている〕。個人や組織、コミュニティにバウンダリー・スパニング・リーダーシップを根づかせ、相互依存の高まる世界で彼らが成功するよう支援している。

ＣＣＬの「組織リーダーシッププラクティス」の中核メンバーでもある。このプログラムは、人材システム、リーダーシップ文化、応用学習システムの開発によって組織戦略を推進し、リーダーシップポテンシャルを引き出すのがねらいである。以前は、アジア太平洋地域の研究ディレクターとして、ＣＣＬの研究・イノベーショングループ（シンガポール）の立ち上げに関わった。

リーダーシップに対する協業的アプローチの研究では第一人者とされる。本書以外の共著書に『Success for the New Global Manager』（未邦訳）がある。本書の下敷きとなった世界六地域での研究プロジェクト「リーダーシップ・アクロス・ディファレンシズ」の共同リーダーを務めた。

実務家としては、アジアやヨーロッパに長年駐在したほか、多文化チームのマネジメント、多様な文化・組織におけるリーダーシップ介入の設計・促進に携わる。ＣＣＬの同僚とともに、本書で紹介した考え方をモジュール、ツール、アプリケーションなどに変換し、顧客の問題解決に貢献しつづけている。

研究で得た知識を現実世界の経験と組み合わせながら、全世界の組織やコミュニティのために革新的なリーダーシップソリューションを提供することをめざしている。ノースカロライナ州立大学で産業組織心理学の博士号を取得。


ドナ・クロボット＝メイソンは、シンシナティ大学准教授（心理学）。同大学の組織リーダーシップセンターのディレクターも務める。ダイバーシティとリーダーシップというふたつの分野をにらみつつ、多様な従業員をリードするうえでの課題や機会を深く理解しようと努めている。

組織心理学、ダイバーシティおよびリーダーシップの講座で一二年以上、教鞭をとる。リーダーシップセンターのディレクターとしては、境界を越えた学際的研究チームを築き、幅広い理論的・方法論的観点からリーダーシップについて調べている。

研究者として数々のカンファレンスへの出席、書籍の執筆協力、査読誌への論文掲載など、幅広い実績がある。また、有力な経営専門誌の編集審査委員会にも複数関わっている。

キャリアのスタートは、ゼロックスの人事担当者から。また、数多くの組織と情報交換し、ダイバーシティの現状評価や教育研修プログラムの開発に携わった経験もある。ダイバーシティ研究者としての力量や応用研究への熱意から、ＣＣＬの「リーダーシップ・アクロス・ディファレンシズ」プロジェクトに招請され、それが本書の執筆に結びついた。

研究者として、現実の問題を科学的に解明し、その成果を多様性の高いスタッフ集団のリーダーが活かせるようにしたいと考えている。ジョージア大学で応用心理学の博士号を取得。

センター・フォー・クリエイティブ・リーダーシップについて

センター・フォー・クリエイティブ・リーダーシップ（CCL）は、リーダーシップの開発・研究を通じて個人や組織のポテンシャルを引き出すことをめざす、世界的なエグゼクティブ教育機関。『ビジネスウィーク』誌および『フィナンシャル・タイムズ』紙の評価で、エグゼクティブ教育分野の世界トップ5に入る。一九七〇年に非営利教育機関として設立され、さまざまなプログラム、製品、サービスを通じて、世界中の顧客による創造的なリーダーシップ——境界を越えた思考や行動によって思わぬ成果を出す能力——の開発を支援している。本部はノースカロライナ州グリーンズボロ。コロラド州コロラドスプリングス、カリフォルニア州サンディエゴ、ベルギーのブリュッセル、シンガポールに拠点がある。四五〇人を超すメンバーやスタッフがその研究を支える。

組織リーダーシップセンターについて

シンシナティ大学組織リーダーシップセンター（http://www.artsci.uc.edu/departments/psychology/col.html）は、組織リーダーシップの多様な研究分野を統合した研究機関。主なテーマは、リーダーが境界を効果的に越えて、個人・集団・組織のパフォーマンスを高めるにはどうすればよいか。学生のリーダーシップ能力開発をサポートし、質の高い研究成果を生み出し、さまざまな組織と連携してリーダーシップの実践を強化している。

謝辞

本書は、バウンダリー・スパニングが持つ力をまさに証明している。私たちと一〇年以上いっしょに仕事をした数多くの同僚や協力者の才能、献身、創造性なくして、本書は完成しなかっただろう。センター・フォー・クリエイティブ・リーダーシップ（CCL）が複数年にわたって実施した「リーダーシップ・アクロス・ディファレンシズ（LAD）」プロジェクトでは、さまざまな仲間たちが大陸や職能、階層、専門分野などの違いを越えて協力した。LADチームは境界を越えたリーダーシップを研究しただけでなく、実践したのだ。だからこそ私たちは、バウンダリー・スパニングがいかに難しいか、そしていかにやりがいがあるかを知ることができた。この研究に長年貢献し、リーダーシップに対する新しい革新的な切り口のヒントを提供し、優れたスキルや専門知識、コミットメントを発揮してくれた皆さんに感謝したい。

私たちの思考に最も影響を与えた、LADチームのコアメンバーにはとりわけ感謝する。マリアン・ルーダーマンのリーダーシップ（フォーマル、インフォーマルを問わない）、概念化・分析・執筆の才能、そして私たちふたりに惜しみなく与えられた激励と友情。このプロジェクトを実現するうえでの、マキシン・ダルトンの先見性。ケリー・ハナムは（クリスとともに）何年もプロジェクトリーダーを務めてくれた。ジェフリー・イップの尽きることない好奇心と創造力は、本書制作の大きな原動力になった。以下、ＬＡＤプロジェクトに多大な貢献をしてくれた全チームメンバーに心から感謝する。キャスリン・カートナー、マキシン・ダルトン、ジェニファー・ディール、レイチェル・フォイ、ビル・ジェントリー、サラ・グローバー、マイケル・ホッペ、アンセラ・リバーズ、ベリンダ・マクフィーターズ、ビジャヤン・ムヌサミ、パティ・オーロット、マリアン・ルーダーマン、ロビー・ソロマン、ジョーン・タバレス、トッド・ウェーバー、ジェフリー・イップ、さらには世界中から力を貸してくれた外部スタッフのリゼ・ブーイセン、デビッド・ディンウッディ、クロード・レヴィ＝ルボワイエ、ヨンナ・ルーブリエ、ムフセン・マハメラー、シグマー・マルベッツィ、ステラ・ヌコモ、タミー・ルーベル、ライラッチ・サギフ、シャロム・シュワルツ、ピーター・スミス。

　さまざまなリソースを提供してくれたＣＣＬにも感謝する。おかげで本書の執筆・制作が可能になった。とくにデビッド・アルトマンは私たちの研究を信頼し、プロジェクトを支援してくれた。アイデアを実行に移すことを重んじる、そんなＣＣＬに謝意を表したい。

　ＣＣＬによる資金援助以外にも、シンガポール経済開発庁、Ｚ・スミス・レイノルズ財団、マロー基金から助成金を提供していただいた。感謝申し上げる。多くの組織が世界中で私たちの研究に参加してくれた。とりわけ以下の企業や団体からのサポートに感謝したい。メリルリンチ、ブルークロス・ブルーシールド、ブリストル・マイヤーズ スクイブ、ＣＡＲＥ、チャブ保険、コノコフィリップス、CRY、グラクソ・スミスクライン、グリーンズボロ消防局、レノボ、ルーテル・ファミリー・サービス、マーシー・コー、スイス・リー、シンジェンタ、ベライゾン。

本書が完成するまでつねに私たちに伴走し、集中力の維持をサポートしてくれた編集チームに感謝する。ピーター・シスコはいくつもの草稿を読み、フィードバックやアドバイス、そして（これが一番大切だと思うが）激励をくれた。メアリー・グレン、ノックス・ヒューストンをはじめとするマグローヒル・プロフェッショナルの出版チームメンバーは、私たちの当初のアイデアを気に入り、それを本の形にするため手を貸してくれた。クリス・アーニー、トレイシー・カーター、フェレシア・コルベット、カレン・ルイスは本書の制作をサポートし、レベッカ・ガローは私たちが言うべきことを上手に言えるよう手助けしてくれた。やはり原稿を読み、貴重な意見や提言をくれた多くの同僚や家族――ジョン・アレクサンダー、ディック・アーンスト、ウィニフレッド・アーンスト、デイブ・メイソン、マリアン・ルーダーマン、ジェフ・イップ――にもお礼を言いたい。

最後に、みずからのストーリーを教えてくれた多くのリーダーに感謝する。貴重な時間や知見、そして集団の境界が交わり、ぶつかるときに生じる危険と可能性の両方の事例を提供してくれた。なかでもマーク・ガーゾンはグローバル市民としての私たちに大きな刺激をくれ、ジョン・ヘレラは「ラティーノ・コミュニティ・クレジット・ユニオン」の創設にいたるまでの長く厳しい道のりについて教えてくれた。あらためて感謝したい。

ドナの謝辞

ＣＣＬの同僚や友人に感謝したい。これまで出会ったこともないほど聡明、有能で思いやりのある人たちと仕事ができたのは、とても光栄なことだった。彼らから刺激を受けた私は、世界をもっとよい場所にしたいという思いが強くなった。私の世界をもっとよいものにしてくれて感謝している。

シンシナティ大学の同僚や友人、とくにジョセフ・ガロ、ステイシー・ファースト、テッド・ダス、ハル・マッカラには、私を励ましつづけてくれたことに感謝したい。

バウンダリー・スパニング・リーダーシップのお手本をいろいろ見せてくれた「女子友」たちにお礼を言いたい。マリアン・ルーダーマン、ベル・ローズ・ラジンス、ゲイル・フェアハースト、スザンヌ・マスターソンは、研究者としての私の相談にずっと乗ってくれただけでなく、熱意と価値観、正義への探究心が研究の指針になることを教えてくれた。支援と新鮮な視点を絶えず提供してくれたことに関して、ナグズ・ハートとリーダーシップ研究に協力してくれたみんな――ステイシー・ブレイクビアード、フェイ・クロスビー、ペギー・ストックデール、ケシア・トーマス、マージー・クレスト――に感謝する。そして生涯の友人であるリッチェル・サウスウィック、マギー・ダニエルズ、ジュリー・ホリデー＝ウェイン、エイミー・マニス、キャサリン・ミラーは、友情という贈り物と、夢をかなえるための「女子力《ガールパワー》」をくれた。どうもありがとう。

このプロジェクトに限らず、人生の節目節目でサポートを提供してくれた家族に感謝する。子どもたちのおかげで、将来の可能性に目を向けながらも、少し余裕を持って現在を楽しむことができた。エマリーは雨の日や曇りの日の私の太陽、そしてアレックスは幸福や愛について私にたくさんのことを教えてくれる。夫のデイブはいつも私といっしょにがんばってくれる。本書に費やす時間ができたのも彼のおかげだ。ふたり仲よく歳をとり、(願わくば)賢くなりましょう。両親はあらゆる方法で私をサポートしてくれた。母には、チキンサラダとオートミール・チョコレートチップクッキー、温かいハグ、わが家の掃除、そして(これが何よりも大切なのだけれど)私の一番のファンでいてくれることに感謝したい。父には、世界一のおじいちゃんでいてくれること、私が素直な信仰心を持ち、私自身や他人、神を理解できるよう助けてくれたことに感謝する。私が本書の執筆にかかっているあいだに子どもたちの面倒を見てくれたベビーシッターや近隣の方々にもお礼を言いたい。愛すべき素晴らしいファミリーが支えてくれたおかげで、私は楽しい企画に参加し、クリスといっしょに本書の推敲作業(とスラロームスキーの上達)のためにロングレイクで思い出深い一週間を過ごすことができた。

そして最後に、共著者にして共犯者のクリスに感謝したい。この素晴らしい冒険に誘ってくれてありがとう。(ほぼ)すべてが楽しい時間でした。

クリスの謝辞

ＣＣＬはつねに、私が境界を越えるのを支援してくれる実り多き場所であり、そのおかげで、今度は私が他の人々にその能力を伝授している。この協働ダイナミクスを誰よりも体現しているのは、チャック・パルスとジェフリー・イップだ。ふたりは周りのみんなの創造力、統合力、思考力を高めてくれる。そしてみんなを楽しくさせてくれる。本書執筆の終盤へ向けて貴重なパートナーとして助言をくれたチャック、プロジェクトスタート時に大いに協力してくれたジェフに感謝する。「バウンダリー・スパニング・リーダーシップ」や「ネクサス効果」といった本書の基本用語は、シンガポールの街中でジェフとおしゃべりしながら、あるいはボリューム満点の食事をしながら生み出したものだ。

ＣＣＬにはチャックやジェフのような人がほかにもたくさんいるが、ここでは本書の執筆をそれぞれ独自のやり方で後押ししてくれた以下の人々に謝意を表したい。ビル・ドラス、リン・フィック＝クーパー、デビッド・ホース、レニー・ハルティン、ジェニファー・マルティノー、シンディ・マコーリー、ジョン・マクガイア、ビル・パスモア、リンドン・レゴ、ダイアン・ラインホールド、それからアジアで三年間助手を務めてくれたミーナ・ウィルソン。本を書くたびに新しい仲間との新しい協力関係ができるので、このリストは長くなる一方だろう。

世界中の友人や、近所に住む隣人に感謝したい。デベロー通りの往来は、コミュニティの一員として暮らすことの意味を毎日のように思い出させてくれる。

本書の構想を根づかせ、羽ばたかせてくれた、そして完成まで愛情を持って我慢強く支えてくれた家族に感謝したい。妻と私の実家が「第二の故郷」となってくれたおかげで、母親が論文執筆で身動きがとれず、父親がインタビュー原稿の山に埋もれているときも、子どもたちはすくすくと育つことができた。マドレーヌとウィルソン、心から愛しています。妻のウィニフレッドへ――ふたりがいっしょにいれば、きっとなんだってできる。

ドナにも感謝する。T・S・エリオット風に言うなら、長い探究の果てに、出発した場所にたどり着き、初めてその場所を知る――そんな素晴らしい経験を共有できた。

解説

組織の壁を越えることの必要性と本書の価値

アクション・デザイン代表　加藤　雅則

現在、多くの日本企業は縦割り組織の弊害に悩んでいる。複雑化した環境に効率的に対応するため、組織の細分化と専門特化が進み、誰もが自分の領域以外で何が起きているかを知らず、また、知ろうともしなくなっている。そのような状況に対して、組織を活性化させるために、縦割りを越える試みも行われているが、うまくいかない事例も多い。本書は、そのような課題を持つ人に向けて、「実務家が組織の壁を越えていくために、どういう実践がありうるのか」を伝えてくれる。リーダーシップ教育で定評のあるＣＣＬ（Center for Creative Leadership）の研究がベースになっているだけあって、理論と実践のバランスが絶妙だ。本書が提唱する六つの実践の利点と弊害を両論併記している点にも信頼がおける。しかし、主に日本企業で組織開発を実践している立場から、ここでは敢えて補助線として、一つの論点を強調したい。

壁を越える前にやることがある

その論点とは、「壁を越える前にやることがある」ということだ。巷には、越境するとこんなにいいことがあると、その成果について語る議論は数多くある。特にイノベーションの文脈では、異分野の異なる視点が意図せざる化学反応を起こすことが語られている。しかし、本書は壁を越える前に、まず安全・安心を確保した上で（バッファリング）、他の集団への敬意を育む（リフレクティング）段階の重要性を説く。まずは自分たちの集団と他の集団の間にある境界をマネジメントするのだ。つまり、自分たちの安全・安心を確保し、その上で相手集団への敬意を育んだ上で、相互の信頼を築き、共通のコミュニティ感覚を養い、徐々に相互依存を深めて、ようやく改革が可能になる、というストーリーだ。言い換えると、異なる集団同士の「感情」が段階を追ってどのように変化していくのかに注目しているといえる。

なぜバッファリング・リフレクティングが重要なのか

あなたの組織のトップは、縦割り組織の弊害については十分認識しているだろう。だからこそ、縦割り組織に対して横串を刺そうと、様々な施策を展開しようとする。横串を刺すという行為はまさしくバウンダリー・スパニングだ。しかし、それがなかなか上手くいかない。なぜか？　縦割り組織の中で働いている人々のことを想像してみてほしい。自分の手元を見て、必死に仕事をこなしている姿が見えるのではないだろうか。「何とか納期までに、自分の仕事を終わらせなければいけない。自分のところで失敗はできない。失敗したら、他に迷惑をかけることになる。とても全体を見る余裕などない」。読者の皆さんもきっとこのように感じたことがあるだろう。そうした状況にあって、他の部門から横串を刺す施策と言って越境されてきたら、どう感じるだろうか。「この忙しいのに、何しに来た？」と、違和感や反発が生まれるのは当然だ。

部分最適な効率を求めてＰＤＣＡが回っている組織では、基本的に新しい試みに対して反対・抵抗が生じやすい。そこは日常業務が高度かつ複雑にルーティン化された世界だからだ。新しい試みや、余計なことが許される余裕はない。しかし、このルーティン化が曲者である。ルーティン化は確実に人のやる気を削ぐ、モチベーション低下の元凶だからだ。つまり、縦割り組織は確かに組織機能の効率を上げるには有効な面があるが、長期的には必ずどこかで組織の活性度が下がってくるという宿命を抱えているのである。したがって、縦割り組織の弊害をバランスさせるためには、越境的な施策は不可欠となる。しかし、新しい施策を展開する前に、組織の抱える感情に注目して欲しい。ここで安全・安心を確保するバッファリング、相手への敬意を育むリフレクティングという姿勢が重要になってくる。

バッファリング・リフレクティングの可能性

私が組織開発の実践において、組織の抱える感情に着目しどのような実践を行っているのか、具体的なイメージをあげておこう。組織開発では、会社組織全体の状況を大まかに把握した上で、組織を活性化するという観点から、問題を抱えている現場部門や組織階層に介入する。「観察－解釈－介入」という基本プロセスを取るのだ。組織開発コンサルタント（ファシリテーター）は、経営企画部や人事部からの依頼を受けて、社内メンバーと共に事務局チームを編成し、現場に入っていく。直接、実際の現場に入る場合もあれば、間接的に研修の形式をとって、現場からキーマンたち（部課長）を集める場合もある。いずれの形式をとるにしても、その際、事務局チームが経験するのは、現場の人たちからの反発だ。「この施策は何のためにやるんだ？」、「なぜ、今なんだ？（このクソ忙しい時期に）」、「そんなこと言われても、俺達にはできないよ」。こうした言動は外部からの介入に対する現場からの抵抗のサインに他ならない。

こうした状況において、対話型組織開発のアプローチでは、理屈やあるべき論で論理的に説得するのではなく、できる限り、納得感が得られる筋を探っていく。つまり、感情にフォーカスするのだ。具体的な方法の一つとして、例えば、対話の場を設定する。一旦、忙しい業務の手を止め、PDCAのサイクルが抜け出てもらって、内省の機会を作る。「今、自分や自分のチームがどうなっているか」を振り返ってもらうのだ。評価や判断を手離して、自分自身や自分たちがどうみえるのか、語り直してもらうことを通じて、安全・安心の場を確保していく。そして、お互いの語りを聞いた印象を語り合う。さらに、その語りを聞いたコンサルタント（ファシリテーター）は、そうした語りが外部の視点からどう見えたかを本人たちに丁寧に返していく。「私にはこう見えた・聞こえた」と伝えながら、その場の感情にラベルを貼っていくようなイメージだ。また、事務局スタッフからも同じ会社ではありながら、違う部門の視点として感想を伝えていく。そうすると、「担当している仕事は違っても、実は同じ問題に悩んでいるんだなぁ」というような共通感覚であったり、「自分たちの知らないところで、そんな役割を担ってくれている人がいるんだ」という眼差しが生まれてくる。このようにして、異なる立場への敬意が育まれていくのだ。こうした実践はまさしく本書が言うところの、バッファリングとリフレクティングだろう。

それでは、バッファリング・リフレクティングを行わず、相手側の感情を無視するとどうなるのか。当然、反発や抵抗が起こる。それを権威や何らかの力を使って押し込めれば、一時的に理屈やあるべき論が勝ることもあるだろう。しかし、抑え込まれた感情エネルギーは、必ずどこかで、何かをキッカケにして、より複雑な形となって浮上してくるものだ。面従腹背の状態は長くは続かない。急がば回れである。

「人間の基本的欲求」から組織を捉える

最後に本書から得られる実践への示唆を二つ補足的に紹介しておきたい。一つ目は、本書が人間の基本的で普遍的な欲求を押さえている点だ。著者は、「私たち」と「彼ら」を分ける境界や壁の正体が、実は集団のもつ「アイデンティティ」であり、そのアイデンティティは独自でありたいという欲求（差異化）と所属していたいという欲求（統合化）の相互作用から生まれると考えている。わかりやすく言えば、遠心力と求心力ということになるだろう。せめぎあう二つの根本的な欲求から、集団のアイデンティティ（我々は何者か?、どこから来て、どこへいくのか?）を理解し、その欲求のどちらかを六つの実践の各段階に応じて活用していこうとするのが、バウンダリー・スパニングなのだ。

実際、組織開発の実践で対話を繰り返していると、必ず生まれてくる言葉がある。「そうか、私たちは○○だったということなんですよね」。自分で自分を物語るという行為は、最終的には自分の存在に関する語りとなる。対話の主語が、業務やお客様のこと（三人称）から、「わたし」（一人称）、さらに「私たち」へと変化していく。つまり、私たちは何者なのか、どこから来て、どこへいくのか、という集団のアイデンティティに関する語りに変化していくのだ。語りによって生まれる自分の部門・組織のアイデンティティに対する納得感は、自部門への誇りや自信を育むだけでなく、他の部門のアイデンティティに対する敬意を育む土台ともなる。それは結果として、無謀な「上から目線の越境」とは異なる「謙虚な越境」を生み出すことになるだろう。

組織を語る語彙を豊かにする

二つ目の示唆は、本書を読むと組織を語る語彙が豊かになることだ。各章の最後に、その章のキーコンセプトが「定義 - 根拠 - 戦術 - 結果」と各レイヤーで見事に整理されている。感覚派の私としては、多面的な表現方法を学んだ。

組織の壁を越えるにあたって、組織を語る語彙の豊かさはとても重要だ。まず自分の組織の現状をどう伝えるのか、さらに相手の組織のことをどう語るのか。これによって他の部門からの信頼を得られるかどうかが決まってしまう。多くの場合、抽象的な言葉や評価・判断を含んだ言葉を羅列する結果、越境しようとした真意が伝わらないことが多い。越境される側からしてみれば、越境という行為は基本的に大きなお世話なのだ。真意が誤解されてしまい、結果として反発や抵抗を生んでしまうと、とてもお互いが共通目的を語りあうところまで辿り着けない。

これまでの組織開発の現場では、「何を語るか（What）以上に誰が語るか（Who）が大切だ」と思ってきた。しかし本書を読んで振り返ってみると、語るキャラクターもさることながら、実は経験に裏打ちされた語彙をどれだけ持っているかが大切なのではないだろうかと考えるようになった。本書の語彙の豊かさは、読者がこれまでの実務経験を振り返り、組織を語る表現力の筋トレをする上で、とてもよい壁打ちの相手となってくれるだろう。

おわりに

本書を読み終わったときに、数年前、某社の組織開発ワークショップで、ある事業部長に言われた言葉が鮮やかに蘇ってきた。縦割り組織の弊害をどう乗り越えるか、他部門の部長たちと対話するワークショップの最後に、その事業部長はこう述べた。

「これまでずっと組織の壁だと思ってきたけど、実はそれは隙間なんだよね」

本書には組織の隙間をまたぐ実践上の智慧が詰まっている。

二〇一八年一一月

Leading across Differences: Cases and Perspectives, edited by Kelly M. Hannum, Belinda B. McFeeters, and Lize Booysen. San Francisco: Pfeiffer, pp. 81–86, 2010.
Ruderman, Marian, Donna Chrobot-Mason, and Todd J. Weber. "Identity Crisis: Recognizing the Triggers of a Growing Type of Conflict." *Leadership in Action* 27(3):3–8, 2007.
Ruderman, Marian, Sarah Glover, Donna Chrobot-Mason, and Chris Ernst. "Leadership Practices across Social Identity Groups." In *Leading across Differences: Cases and Perspectives*, edited by Kelly M. Hannum, Belinda B. McFeeters, and Lize Booysen. San Francisco: Pfeiffer, pp. 95–114, 2010.
Ruderman, Marian, and Vijayan Munusamy. "Know Thyself." *Concepts & Connections* 15(2):1–4, 2007.
Yip, Jeffrey. "Sense and Sensibility: A Conversation with Ong Keng Yong." *Leadership in Action* 27(3):19–20, 2007.
Yip, Jeffrey, Chris Ernst, and Michael Campbell. "Boundary Spanning Leadership: Mission Critical Perspectives from the Executive Suite." Center for Creative Leadership. http://www.ccl.org/leadership/pdf/research/BoundarySpanningLeadership.pdf (2010 年 4 月 7 日アクセス).
Yip, Jeffrey, Serena Wong, and Chris Ernst. "The Nexus Effect: When Leaders Span Group Boundaries. *Leadership in Action* 28(4):13–17, 2008.
Yip, Jeffrey, Edward Twohill, Chris Ernst, and Vijayan Munusamy. "Leadership in Faith-Based Nonprofits." *Nonprofit Management and Leadership* 20(4): 461–472, 2010.

2 John B. McGuire and Gary B. Rhodes, *Transforming Your Leadership Culture*. San Francisco: Jossey-Bass, 2009.

3 Cynthia D. McCauley, Ellen Van Velsor, and Marian N. Ruderman (eds.), *The Center for Creative Leadership Handbook of Leadership Development*, 3rd ed. San Francisco: Jossey-Bass, 2010 の第 2 章を参照。

LAD 研究の参考文献（付録A）

Chrobot-Mason, Donna, Marian N. Ruderman, Todd J. Weber, and Chris Ernst. "The Challenge of Leading on Unstable Ground: Triggers That Activate Social Identity Faultlines." *Human Relations* 62:1763–1794, 2009.

Chrobot-Mason, Donna, Marian N. Ruderman, Todd J. Weber, Patricia J. Ohlott, and Maxine A. Dalton. "Illuminating a Cross-Cultural Leadership Challenge: When Identity Groups Collide." *International Journal of Human Resource Management* 18:2011–2036, 2007.

Dalton, Maxine, and Donna Chrobot-Mason. "A Theoretical Exploration of Manager and Employee Social Identity, Cultural Values, and Identity Conflict Management." *International Journal of Cross Cultural Management* 7:169–183, 2007.

Ernst, Chris, Kelly M. Hannum, and Marian N. Ruderman. "Developing Intergroup Leadership." In *The Center for Creative Leadership Handbook of Leadership Development*, 3rd ed., edited by Ellen Van Velsor, Cynthia D. McCauley, and Marian Ruderman. San Francisco: Jossey-Bass, pp. 375–404, 2010.

Ernst, Chris, and Jeff Yip. "Boundary Spanning Leadership: Tactics to Bridge Social Identity Groups in Organizations." In *Crossing the Divide: Intergroup Leadership in a World of Difference*, edited by Todd L. Pittinsky. Boston: Harvard Business School Press, pp. 87–91, 2009.

Ernst, Chris, and Jeffrey Yip. "Breaking Down Boundaries in the Climate Debate: A Case Study of Mark Gerzon." *Leadership in Action* 29(3):12–16, 2009.

Ernst, Chris, and Jeffrey Yip. "Bridging Boundaries: Meeting the Challenges of Workplace Diversity." *Leadership in Action* 28(1):3–6, 2008.

Gentry, William, Lize Booysen, Kelly M. Hannum, and Todd J. Weber. "Leadership Responses to Gender-Based Tension: A Comparison of Responses between Men and Women in the US and South Africa." *International Journal of Cross-Cultural Management* (accepted for publication).

Glover, Sarah, and Kelly Hannum. "Learning Respect: Showing and Earning Esteem Is Crucial for Leaders." *Leadership in Action* 28(4):3–7, 2008.

Hannum, Kelly M., *Social Identity: Knowing Yourself, Leading Others*. Greensboro, NC: Center for Creative Leadership, 2007.

Hannum, Kelly M. "Branching Out: Social Identity Comes to the Forefront." *Leadership in Action* 28(1):7–11, 2008.

Hannum, Kelly M., Belinda B. McFeeters, and Lize Booysen. *Leading across Differences: Cases and Perspectives*. San Francisco: Pfeiffer, 2010.

Hoppe, Michael H. "Bridging the Identity Gap." *Leadership in Action* 24(3):14–15, 21, 2004.

Ohlott, Patty J., Donna Chrobot-Mason, and Maxine A. Dalton. "Collision Courses: When Social Identity Leads to Conflict." *Leadership in Action* 24(3):8–11, 24, 2004.

Ruderman, Marian, and Donna Chrobot-Mason. "Triggers of Social Identity Conflict." In

5 Etienne Wenger, Richard McDermott, and William M. Snyder, *Cultivating Communities of Practice*. Boston: Harvard Business School Press, 2002.
6 Michelle A. Marks, Leslie A. DeChurch, John E. Mathieu, Frederick J. Panzer, and Alexander Alonso, "Teamwork in Multiteam Systems." *Journal of Applied Psychology* 90:964–971, 2005.

第 9 章

1 John McGuire, Charles Palus, William Pasmore, and Gary Rhodes, "Transforming Your Organization," Organizational Leadership White Paper, 2010.
2 マーガレット・ジェンキンスは、いくつかの出来事をもとにイメージした人物。そのなかには、筆者のクリス自身が、近所の対立するふたつのグループの対話を後押しした経験も含まれる。
3 筆者のクリスはCCLの同僚Bill Drath、David Horth、Chuck Palusとの会話を通じて、こうした特徴を明らかにすることができた。トランスフォーミングの実践など、リーダーシップに対する相互依存的なアプローチの促進については、Ernst, Palus, and McGuire, "Developing Interdependent Leadership." In *The Center for Creative Leadership Handbook of Leadership Development*, 3rd ed., edited by E. Van Velsor, C. D. McCauley, and M. N. Ruderman. San Francisco: Jossey-Bass, 2010, pp. 405–428を参照。
4 Marilynn M. Brewer, "Managing Diversity: The Role of Social Identities." In *Diversity in Work Teams*, edited by Sharon E. Jackson and Marian N. Ruderman. Washington, DC: American Psychological Association, 1995, pp. 47–68.
5 Barbara Benedict Bunker and Billie T. Alban, *The Handbook of Large Group Methods: Creating Systemic Change in Organizations and Communities*. San Francisco: Jossey-Bass, 2006.
6 このストーリーは、2009年に実施されたマーク・ガーゾンとのインタビューが下敷きになっている。詳細はChris Ernst and Jeffrey Yip, "Breaking Down Boundaries in the Climate Debate: A Case Study of Mark Gerzon." *Leadership in Action* 29(3):12–16, 2009を参照。

第 10 章

1 From *Merriam-Webster's Collegiate Dictionary*, 11th ed.: (1) connection, link; (2) a connected group or series; (3) center, focus.
2 ネクサス効果という考え方を最初に用いたのは、Jeffrey Yip, Serena Wong, and Christopher Ernst, "The Nexus Effect: When Leaders Span Group Boundaries." *Leadership in Action* 28(4):13–17, 2008。

付録 C

1 Cynthia D. McCauley, Ellen Van Velsor, and Marian N. Ruderman (eds.), *The Center for Creative Leadership Handbook of Leadership Development*, 3rd ed. San Francisco: Jossey-Bass, 2010の第2章および13章を参照。

Organizations." Connected Leadership Project white paper. Greensboro, NC: Center for Creative Leadership.
8 Nicholas Negroponte, *Being Digital*. New York: Vintage Books, 1995.
9 Rob Cross and Robert J. Thomas, "How Top Talent Uses Networks and Where Rising Stars Get Trapped." *Organizational Dynamics* 37(2):165–180, 2008.

第 7 章

1 Rebecca Buckman, "Not East or West." *Forbes*, article posted November 27, 2008, http://www.forbes.com/forbes/2008/1222/050.html (2010 年 2 月 12 日アクセス).
2 J. Yip, S. Wong, and C. Ernst, "The Nexus Effect: When Leaders Span Group Boundaries." *Leadership in Action* 26(6):3–7, 2008.
3 Sumantra Ghoshal and Lynda Gratton, "Integrating the Enterprise." *MIT Sloan Management Review* 44(1):31–38, 2002.
4 この心理的プロセスは、共通のカテゴリーの下に人々を再編しようとするため、「再カテゴリー化」として知られる。S. L. Gaertner and J. F. Dovidio, "Reducing Intergroup Bias." In *Motivational Aspects of Prejudice and Racism*, edited by Cynthia Willos-Esqueda. New York: Springer, 2007 を参照。
5 Jeffrey Yip, Edward Twohill, Chris Ernst, and Vijayan Munusamy, "Leadership in Faith-Based Nonprofits." *Nonprofit Management and Leadership*, 20(4), 461–472, 2010.
6 Charles J. Palus and David M. Horth, *The Leader's Edge: Six Creative Competencies for Navigating Complex Challenges*. San Francisco: Jossey-Bass, 2002.
7 Stephen Denning, *The Springboard: How Storytelling Ignites Action in Knowledge-Era Organizations*. Woburn, MA: Butterworth-Heinemann, 2001.
8 Stephen Reicher, S. Alexander Haslam, and Nick Hopkins, "Social Identity and the Dynamics of Leadership: Leaders and Followers as Collaborative Agents in the Transformation of Social Reality." *Leadership Quarterly* 16:547–568, 2005; S. Alexander Haslam, Stephen Reicher, and Michael Platow, *The New Psychology of Leadership: Identity, Influence, and Power*. New York: Psychology Press, 2008.

第 8 章

1 Jeffrey Yip, Serena Wong, and Christopher Ernst, "The Nexus Effect: When Leaders Span Group Boundaries." *Leadership in Action* 28(4):13–17, 2008.
2 John B. McGuire and Gary B. Rhodes, *Transforming Your Leadership Culture*. San Francisco: Jossey-Bass, 2009.
3 この心理的プロセスは「サブカテゴリー化」として知られる。Miles Hewstone and Rupert Brown, "Contact Is Not Enough: An Intergroup Perspective on the Contact Hypothesis." In *Contact and Conflict in Intergroup Encounters*, edited by M. R. C. Hewstone and R. J. Brown. Oxford: Blackwell, 1986, pp. 1–44 を参照。
4 このストーリーの下敷きになっているのは、Jeffrey Yip, Serena Wong, and Chris Ernst, "The Nexus Effect: When Leaders Span Group Boundaries." *Leadership in Action* 28(4):13–17, 2008 である。同論考の発表後に行ったメチャイ・ビラバイダヤとのインタビューをもとに補足した。

8 C. Marlene Fiol, Michael G. Pratt, and Edward J. O'Connor, "Managing Intractable Identity Conflicts." *Academy of Management Review* 34:32–55, 2009.

9 ロスマンはARIAと呼ばれる4段階の戦略を提案している。対立（antagonism）、共鳴（resonance）、考案（invention）、行動（action）の4段階である。Jay Rothman, *Resolving Identity-Based Conflict in Nations, Organizations, and Communities*. San Francisco: Jossey-Bass, 1997.

10 J. Rothman and M. L. Olson, "From Interests to Identities: Towards a New Emphasis in Interactive Conflict Resolution." *Journal of Peace Research* 38(3):289–305, 2001.

11 ドライブタイムは、CCLのレポートに登場するケーススタディ。Cynthia D. McCauley, Charles J. Palus, Wilfred H. Drath, Richard L. Hughes, John B. McGuire, Patricia M. G. O'Connor, and Ellen Van Velsor, *Interdependent Leadership in Organizations: Evidence from Six Case Studies*. Greensboro, NC: Center for Creative Leadership, 2008を参照。

12 効果的な質問の詳細や、その包括的な例については、C. Ernst and A. Martin, *Critical Reflections: How Groups Can Learn from Success and Failure*. A Center for Creative Leadership Guidebook, 2006、Charles J. Palus and David M. Horth, *The Leader's Edge: Six Creative Competencies for Navigating Complex Challenges*. San Francisco: Jossey-Bass, 2002を参照。

13 研究者はこの現象を「外集団同質性効果」と呼ぶ。詳しくはTodd D. Nelson, *The Psychology of Prejudice*. Boston: Allyn & Bacon, 2002を参照。

14 C. Marlene Fiol, Michael G. Pratt, and Edward J. O'Connor, "Managing Intractable Identity Conflicts." *Academy of Management Review* 34:32–55, 2009.

15 Ruth Sheehan, "Sheriff's Position: Quiet," *News & Observer*, February 2, 2009, p. B1.

第6章

1 ダニエル・サットンと部門横断的タスクフォースのストーリーは、いくつかの事例を組み合わせたものである。

2 Thomas F. Pettigrew and Linda R. Tropp, "A Meta-Analytic Test of Intergroup Contact Theory." *Journal of Personality and Social Psychology* 90:751–783, 2006.

3 この心理的プロセスは「非カテゴリー化」として知られる。Norman Miller and Marilynn M. Brewer, "Beyond the Contact Hypothesis: Theoretical Perspectives on Desegregation." In *Groups in Contact: The Psychology of Desegregation*, edited by Norman Miller and Marilyn M. Brewer. New York: Academic Press, 1984, pp. 281–302を参照。

4 Chris Ernst and Jeff Yip, "Boundary Spanning Leadership: Tactics to Bridge Social Identity Groups in Organizations." In *Crossing the Divide: Intergroup Leadership in a World of Difference*, edited by Todd L. Pittinsky. Boston: Harvard Business School Press, 2009, 89–99.

5 Michael J. Muller, "Participatory Design: The Third Space in HCI." In *The Human-Computer Interaction Handbook: Fundamentals, Evolving Technologies and Emerging Applications*, 2nd ed., edited by Andrew Sears and Julie A. Jacko. New York: Erlbaum Associates, 2008, pp. 1061–1083.

6 Jade Chang. "Behind the Glass Curtain." Metropolis magazine, article posted June 19, 2006. http://www.metropolismag.com/story/20060619/behind-the-glass-curtain（2010年2月12日アクセス）.

7 Richard L. Hughes and Chuck J. Palus, "The Development of Effective Collaboration in

15 David Migoya, "EEOC: Swift Acted with Bias." *Denver Post*, September 1, 2009, business section.
16 CCL, "Tension Triggers: What Sets Off Identity Conflict?" *Leading Effectively* e-newsletter, July 2005. 職場のフォルトラインやトリガーを特定するためのツールとしては、他に Kelly M. Hannum, Belinda B. McFeeters, and Lize Booysen, eds., *Leading across Differences: Cases and Perspectives*. San Francisco: Pfeiffer, 2010 を参照。
17 客観的な指標でも、相手集団に対するネガティブな固定観念や態度がなくなったことが確かめられた。

第4章

1 この話の詳細は、次のケーススタディにも一部紹介されている。Lize Annie Eliza Booysen and Stella Nkomo, "The Tea Incident Case Study: Lessons in Social Identity Tensions, Diversity and Social Identity Conflict Management." *International Journal of Diversity in Organizations, Communities, and Nations* 7(5):97–106, 2007.
2 Samer Faraj and Aimin Yan, "Boundary Work in Knowledge Teams." *Journal of Applied Psychology* 94:604–617, 2009.
3 リサは架空の人物。
4 Christian Homburg and Matthias Bucerius, "Is Speed of Integration Really a Success Factor of Mergers and Acquisitions? An Analysis of the Role of Internal and External Relatedness." *Strategic Management Journal* 27:347–367, 2006.
5 Lynda Gratton, Andreas Voigt, and Tamara J. Erickson, "Bridging Faultlines in Diverse Teams." *MIT Sloan Management Review* 48(4):22–29, 2007.
6 Todd L. Pittinsky and Stefanie Simon, "Intergroup Leadership." *Leadership Quarterly* 18:587–605, 2007.

第5章

1 Ned Glascock, "Mexico Trip 'Humbling' for Official." *News & Observer*, February 16, 2000, p. A1.
2 この実地ツアーを主導したのは、本書の著者クリス・アーンストの妻、ウィニフレッド・アーンストと、国際理解センター長のミリー・ラベネルである。同センターの詳細は、ウェブサイト http://ciu.northcarolina.edu を参照。リック・ギブンスのストーリーの詳細は、Bill Ong Hing, *Deporting Our Souls: Values, Morality, and Immigration Policy*. Cambridge and New York: Cambridge University Press, 2006 を参照。
3 NPR morning edition, October 23, 2006, Jennifer Ludden, "Policymakers Get Cross-Border View of Immigration."
4 これは NPR（ナショナル・パブリック・ラジオ）の2部シリーズの第1部。もうひとつは "N.C. Officials Learn from Mexico Visits," October 24, 2006, by Jennifer Ludden。
5 Ned Glascock, "Mexico Trip 'Humbling' for Official." News & Observer, February 16, 2000, p. A1.
6 "Chatham Rejects Immigration Program." *News & Observer*, January 13, 2009.
7 C. Marlene Fiol, Michael G. Pratt, and Edward J. O'Connor, "Managing Intractable Identity Conflicts." *Academy of Management Review* 34:32–55, 2009.

を指し示していた。つまり、イーグルスとラトラーズは競い合っていたため、相手グループに対する感情がどんどん悪くなっていたのだ。

6 Walter G. Stephan and Cookie W. Stephan, "Intergroup Anxiety." *Journal of Social Issues* 41(3):157–175, 1985.

7 バート・ハンターは架空の人物だが、この話は 2008 年 9 月 12 日付の『デンバー・ポスト』紙の記事「コロラドの工場とソマリア労働者、礼拝をめぐって対立」で報じられた実際の出来事に基づいている。

8 Dora C. Lau and J. Keith Murnighan, "Demographic Diversity and Faultlines: The Compositional Dynamics of Organizational Groups." *Academy of Management Review* 23:325–340, 1998.

9 Donna Chrobot-Mason, Marian R. Ruderman, Todd Weber, and Chris Ernst, "The Challenge of Leading on Unstable Ground: Triggers That Activate Social Identity Faultlines." *Human Relations* 62(11):1763–1794, 2009.

10 この種の調査は私たちが初めてなので、今後、新たなトリガーが明らかにされる可能性もある。

11 Matthew L. Sheep, Ellaine C. Hollensbe, and G. E. Kreiner, "Tearing Fabric or Weaving Tapestry? Discursive Interplay of Culture and Organizational Identities." Paper presented at the 69th Annual Academy of Management Meeting, Chicago, 2009; Peter J. Boyer, "A Church Asunder: The Episcopal Tradition Confronts a Revolt." *New Yorker*, April 10, 2006.

12 LAD データのなかには、関係者が増えるにしたがって出来事の規模や範囲が急拡大し、バート・ハンターのようなリーダーがこれに備えられないという事例が数多く見受けられた。いったん職場でトリガーが生じると、次のどちらかの現象がそれに続くことがわかった。(1) 関係者が対立を避けようとしたり、何をしても無駄だと感じたりするので、状況が落ち着く。(2) アイデンティティへの脅威が増すにつれて、対立が激しくなる。共通の土台が見つからないとき、または自力で解決を導けないとき、関係者はたびたび他の人たちを関与させる。変化が起こることを期待して、自分の声を届けようとするのだ。これが失敗すると、マスコミ、労働組合、法定代理人などの部外者が関与し、対立はさらにエスカレートする。その後、各集団が共通の土台を見つけられないと、最終的に事態は落ち着くものの、集団間の緊張や不信感は根強く残り、将来的にもっと簡単にトリガーが発生しやすくなる。そして各集団間の距離は前よりさらに広がる。Terrell A. Northrup, "The Dynamic of Identity in Personal and Social Conflict." In *Intractable Conflicts and Their Transformation*, edited by Louis Kriesberg, Terrell A. Northrup, and Stuart J. Thorson. Syracuse, NY: Syracuse University Press, 1989, pp. 55–82 を参照。
アイデンティティの違いに起因する対立を、研究者は「解決困難なアイデンティティ対立」だと言う。そうした対立が解決困難なのは、不信感が強く、集団の安全が脅かされるからだ。内集団と外集団の差が誇張され、共通の土台を見つけるのが非常に難しい。Marlene Fiol, Michael G. Pratt, and Edward J. O'Connor, "Managing Intractable Identity Conflicts." *Academy of Management Review* 34:32–55, 2009 を参照。

13 Stephen Young, "Micro-Inequities: The Power of Small." *The Workforce Diversity Reader*, Winter 2003, pp. 88–95.

14 Mathew J. Pearsall, Aleksander P. J. Ellis, and Joel M. Evans, "Unlocking the Effects of Gender Faultlines on Team Creativity: Is Activation the Key?" *Journal of Applied Psychology* 93:225–234, 2008.

edited by Jay W. Lorsch. Englewood Cliffs, NJ: Prentice-Hall, 1987, pp. 190–222 を参照。
7 Peggy McIntosh, "White Privilege and Male Privilege: A Personal Account of Coming to See Correspondences through Work in Women's Studies." In *Gender Basics: Feminist Perspectives on Women and Men*, 2nd ed., edited by Anne Minas, 2nd ed. Belmont, CA: Wadsworth, 1993, pp. 30–38; Kecia M. Thomas and Donna Chrobot-Mason. "Group-Level Explanations of Workplace Discrimination." In *Discrimination at Work: The Psychological and Organizational Bases*, edited by Robert L. Dipboye and Adrienne Colella. Mahwah, NJ: Lawrence Erlbaum Associates, 2005, pp. 59–84.
8 *A Class Divided*, videocassette directed by William Peters (1986; Alexandria, VA: PBS, 2003). http://www.pbs.org/wgbh/pages/frontline/shows/divided.
9 Henri Tajfel and John C. Turner, "The Social Identity Theory of Intergroup Behavior." In *Psychology of Intergroup Relations*, edited by Stephen Worchel and William G. Austin. Chicago: Nelson, 1986, pp. 7–24.
10 Henri Tajfel, Michael G. Billig, R. P. Bundy, and Claude Flament, "Social Categorization and Intergroup Behavior." *European Journal of Social Psychology* 1(2):149–178, 1971; John F. Dovidio, Samuel L. Gaertner, and Betty A. Bachman, "Racial Bias in Organizations: The Role of Group Processes in its Causes and Cures." In *Groups at Work: Theory and Research*, edited by Marlene. E. Turner. Mahwah, NJ: Lawrence Erlbaum Associates, 2001, pp. 415–444; John F. Dovidio, Nancy Evans, and Richard B. Tyler, "Racial Stereotypes: The Contents of Their Cognitive Representations." *Journal of Experimental Social Psychology* 22(1):22–37, 1986.
11 Anne Tsui and Barbara A. Gutek, *Demographic Differences in Organizations: Current Research and Future Directions*. Lanham, MD: Lexington Books, 1999.
12 S. Alexander Haslam, *Psychology in Organizations*: The Social Identity Approach. London: Sage, 2001.
13 John C. Turner, "The Analysis of Social Influence." In *Rediscovering the Social Group: A Self-Categorization Theory*, edited by John. C. Turner, M. A. Hogg, P. J. Oakes, S. D. Reicher, and M. S. Wetherell. Oxford: Blackwell, 1987, pp. 68–88.
14 Michael A. Hogg, "A Social Identity Theory of Leadership." *Personality and Social Psychology Review* 5:184–200, 2001.
15 Todd L. Pittinsky and Stefanie Simon, "Intergroup Leadership." *Leadership Quarterly* 18:587–605, 2007.

第3章

1 少年たちは以前に会ったことがなかったものの、共通点が多くあった。全員が同じような社会文化的バックグラウンドを持つ白人で、教育水準も同じだった。
2 キャンプの指導員は実は研究者で、実験に参加していた。
3 Gordon Willard Allport, *The Nature of Prejudice*, 25th anniversary ed. Reading, MA: Addison-Wesley, 1979.
4 Thomas F. Pettigrew and Linda R. Tropp, "A Meta-Analytic Test of Intergroup Contact Theory." *Journal of Personality and Social Psychology* 90:751–783, 2006.
5 研究者はポイント、ポイントで、相手グループに対する判断を少年たちに依頼した。こうして、少年たちのお互いに対する行動を観察するだけでなく、外集団に言及する際の決まり文句についてもデータを集めた。主観・客観、どちらのデータも同じ結論

2010, pp. 105–112.
6 International Labour Office, *Global Employment Trends Brief*, January 2007.
7 "2009 World Population Data Sheet." Population Reference Bureau, http://www.prb.org/Publications/Datasheets/2009/2009wpds.aspx (2010年2月12日アクセス).
8 Maxine Dalton, Chris Ernst, Jennifer Deal, and Jean Leslie, *Success for the New Global Manager: How to Work across Distances, Countries, and Cultures*. San Francisco: Jossey-Bass-Wiley, 2002.
9 Medard Gabel and Henry Bruner, *Global INC: An Atlas of the Multinational Corporation*. New York: New Press, 2003.
10 James K. Glassman, "Playing the China Card." *Kiplinger's Personal Finance*, September 2009, pp. 18–21.
11 Nancy J. Adler, *From Boston to Beijing: Managing with a Worldview*. Cincinnati: Thomson Learning, 2002. Schon Beechler and Mansour Javidan, "Leading with a Global Mindset." *Advances in International Management* 19:131–169, 2007 も参照。
12 どのリーダーも5つの境界に関わる問題に対応しなければならないが、境界の範囲や種類は産業分野、階層、部門、地域などによって変わってくる。たとえば、シニアエグゼクティブに対する私たちの調査で垂直の境界があまり重要視されなかったのは、組織ヒエラルキーにおける彼らのポジションが理由かもしれない。ヒエラルキーの上位にいるリーダーにとって、階層や階級の問題は重要度が低いわけだ。とはいえ、さまざまな組織に対するコンサルティング業務や、南北アメリカ、アジア、ヨーロッパの中間層〜幹部層のリーダーを対象とした小規模なオンライン調査では、境界の言及頻度についてほぼ同じような結果が出た。すなわち、水平の境界が最も重要な境界として群を抜いた認知度を獲得し、以下、地理的境界、ステークホルダーとの境界、垂直の境界、属性の境界と続く。

第2章

1 Marilyn B. Brewer, "The Social Self: On Being the Same and Different at the Same Time." In *Intergroup Relations: Essential Readings*, edited by Michael A. Hogg and Dominic Abrams. New York: Psychology Press, 2001, 245–253.
2 Henri Tajfel, "Social Categorization," English version of "La Categorisation Sociale." In *Introduction a la Psychologie Sociale*, edited by Serge Moscovici, vol. I. Paris: Larousse, 1972.
3 このアクティビティの出典は、Taylor Cox and Ruby L. Beale, *Developing Competency to Manage Diversity: Readings, Cases & Activities*. San Francisco: Berrett-Koehler, 1997。
4 Stella M. Nkomo and Marcus M. Stewart, "Diverse Identities in Organizations." In *The SAGE Handbook of Organization Studies*, 2nd ed., edited by Stewart R. Clegg, Cynthia Hardy, Thomas B. Lawrence, and Walter R. Nord. London: Sage, 2006, pp. 520–540.
5 Marilynn B. Brewer and Rupert J. Brown, "Intergroup Relations." In *The Handbook of Social Psychology*, 4th ed., vol. 2, edited by Daniel. T. Gilbert, Susan. T. Fiske, and Gardner Lindzey. New York: McGraw-Hill, 1998, pp. 554–595.
6 クレイトン・アルダファーは集団間のダイナミクスをめぐる優れた論考のなかで、「境界浸透性」という概念や、境界を越えた協働を成功させるのに必要な前提条件としての、集団アイデンティティの強化の重要性について検討している。Clayton P. Alderfer, "An Intergroup Perspective on Group Dynamics." In *Handbook of Organizational Behavior*,

原注

序章

1 Chris Ernst and Jeffrey Yip, "Boundary Spanning Leadership: Tactics to Bridge Social Identity Groups in Organizations." In *Crossing the Divide: Intergroup Leadership in a World of Difference*, edited by Todd L. Pittinsky. Boston: Harvard Business School Press, 2009, pp. 89–99.

2 バウンダリー・スパニングは組織論のなかで長い伝統を有し、主に組織構造上の壁や情報の壁に着目してきたが、本書では集団間の壁・境界を越えるうえでのリーダーシップの役割に焦点を当てる。Howard Aldrich and Diane Herker, "Boundary Spanning Roles and Organization Structure," *Academy of Management Review* 2(2):217–230, 1977 を参照。もっと最近では MIT の Deborah Ancona らが先駆的な研究を行い、リーダーとチームがいかに伝統的な境界線を越えて活動するかを調べている。Deborah Ancona and Henrik Bresman, *X-Teams: How to Build Teams That Lead, Innovate, and Succeed*. Boston: Harvard Business School Press, 2007 を参照。

3 リーダーシップおよびリーダーシップ開発に関する CCL の手法や方針については、E. VanVelsor, C. D. McCauley, and M. N. Ruderman (eds.), *The Center for Creative Leadership Handbook of Leadership Development*, 3rd ed. San Francisco: Jossey-Bass, 2010 を参照。ディレクション、アラインメント、コミットメントを切り口としたリーダーシップの定義については、W. H. Drath, C. McCauley, C. J. Palus, E. Van Velsor, P. M. G. O'Connor, and J. B. McGuire, "Direction, Alignment, Commitment: Toward a More Integrative Ontology of Leadership." *Leadership Quarterly* 19:635–653, 2008 を参照。

4 M. B. Brewer, "The Social Self: On Being the Same and Different at the Same Time." *Personality and Social Psychology Bulletin* 17:475–482, 1991.

第 1 章

1 Jeffrey Yip, Chris Ernst, and Michael Campbell, "Boundary Spanning Leadership: Mission Critical Perspectives from the Executive Suite." A Center for Creative Leadership Organizational Leadership White Paper, 2009.

2 この調査の詳細については付録 A の「リーダーシップ・アット・ザ・ピーク」の項を参照。

3 GE などの組織で行われた優れた研究で、ロン・アシュケナスらは「垂直」「水平」「外部」「地理」という 4 種類の境界を明らかにした。Ron Ashkenas, Dave Ulrich, Todd Jick, and Steve Kerr, *The Boundaryless Organization: Breaking the Chains of Organizational Structure*. San Francisco: Jossey-Bass, 1998 を参照。

4 Elizabeth Mannix and Margaret A. Neale, "What Differences Make a Difference? The Promise and Reality of Diverse Teams in Organizations." *Psychological Science in the Public Interest* 6(2):31–55, 2005.

5 Marian Ruderman, Sarah Glover, Donna Chrobot-Mason, and Chris Ernst, "Leadership Practices across Social Identity Groups." In *Leading across Differences: Cases and Perspectives*, edited by Kelly Hannum, Belinda McFeeters, and Lize Booysen. Hoboken, NJ: Wiley,

●著者

クリス・アーンスト　Chris Ernst

ビル＆メリンダ・ゲイツ財団のディレクター（原著執筆当時は、Center for Creative Leadership のシニアファカルティ）。多様な文化、組織におけるリーダーシップ研究を専門とし、研究から得られた知見を実践につなげるための活動を積極的に行っている。ノースカロライナ州立大学で産業組織心理学の博士号を取得。

ドナ・クロボット＝メイソン　Donna Chrobot-Mason

シンシナティ大学准教授（心理学）。同大学の組織リーダーシップセンターのディレクターを務める。ダイバーシティとリーダーシップにまたがる研究を行っている。ジョージア大学で応用心理学の博士号を取得。

●訳者

三木俊哉　Toshiya Miki

京都大学法学部卒業。会社員を経て産業・出版翻訳者。訳書に『ストレッチ』（海と月社)、『スノーデンファイル』（日経 BP 社)、『神経ハイジャック』（英治出版）など。

●解説者

加藤雅則　Masanori Kato

エグゼクティブ・コーチ、組織コンサルタント。

慶應義塾大学経済学部卒業、カリフォルニア大学バークレー校経営学修士（MBA)。

ハーバード大学ケネディスクール APL 修了。

日本興業銀行、環境教育 NPO、金融庁検査官など様々な職を経て、コーチングに出会う。2000 年から 7 年間、日本におけるコーアクティブ・コーチングの普及に取り組んだ。現在はアクション・デザイン代表。経営トップへのエグゼクティブ・コーチングを起点とした対話型組織開発に従事している。著書に『組織は変われるか―経営トップから始まる「組織開発」』（英治出版)、『自分を立てなおす対話』（日本経済新聞出版社）など。

●英治出版からのお知らせ

本書に関するご意見・ご感想を E-mail（editor@eijipress.co.jp）で受け付けています。また、英治出版ではメールマガジン、ブログ、ツイッターなどで新刊情報やイベント情報を配信しております。ぜひ一度、アクセスしてみてください。

メールマガジン：会員登録はホームページにて
ブログ　：www.eijipress.co.jp/blog
ツイッター ID　：@eijipress
フェイスブック：www.facebook.com/eijipress
Web メディア　：eijionline.com

組織の壁を越える

「バウンダリー・スパニング」6つの実践

発行日　2018 年　12 月 18 日　第 1 版　第 1 刷

著者　クリス・アーンスト、ドナ・クロボット=メイソン
訳者　三木俊哉（みき・としや）
解説　加藤雅則（かとう・まさのり）
発行人　原田英治
発行　英治出版株式会社
〒 150-0022 東京都渋谷区恵比寿南 1-9-12 ピトレスクビル 4F
電話　03-5773-0193　FAX　03-5773-0194
http://www.eijipress.co.jp/
プロデューサー　平野貴裕
スタッフ　高野達成　藤竹賢一郎　山下智也　鈴木美穂　下田理
田中三枝　安村侑希子　上村悠也　山本有子
渡邉吏佐子　中西さおり　関紀子　瀧口大河
印刷・製本　中央精版印刷株式会社
校正　株式会社ヴェリタ
装丁　新井大輔

ISBN978-4-86276-261-0　C0034　Printed in Japan